SOLIDÃO

John T. Cacioppo e William Patrick

SOLIDÃO

A natureza humana e a necessidade de vínculo social

Tradução de
Julián Fuks

Revisão técnica de
Igor Torres Oliveira Ferreira

EDITORA RECORD
RIO DE JANEIRO • SÃO PAULO
2011

CIP-Brasil. Catalogação na fonte
Sindicato Nacional dos Editores de Livros, RJ.

Cacioppo, John T
C127s   Solidão / John T. Cacioppo e William Patrick ; tradução de Julián Fuks. – Rio de Janeiro : Record, 2010.

Tradução de: Loneliness
Inclui índice
ISBN 978-85-01-08643-3

1. Solidão. 2. Solidão – Aspectos psicológicos. 3. Relações humanas. I. Título.

10-2282   CDD: 155.92
                                                  CDU: 159.923.33

Texto revisado segundo o novo Acordo Ortográfico da Língua Portuguesa.

Título original em inglês:
LONELINESS

Copyright © 2008 by John T. Cacioppo and William Patrick
Copyright das ilustrações © 2008 by Alan Witschonke Illustration
Originalmente publicado nos Estados Unidos por W.W. Norton & Co.

Composição de miolo: Abreu's System

Todos os direitos reservados. Proibida a reprodução, armazenamento ou transmissão de partes deste livro através de quaisquer meios, sem prévia autorização por escrito.
Proibida a venda desta edição
em Portugal e resto da Europa.

Direitos exclusivos de publicação em língua portuguesa para o Brasil adquiridos pela
EDITORA RECORD LTDA.
Rua Argentina, 171 – Rio de Janeiro, RJ – 20921-380 – Tel.: 2585-2000, que se reserva a propriedade literária desta tradução.

Impresso no Brasil

ISBN 978-85-01-08643-3

Seja um leitor preferencial Record.
Cadastre-se e receba informações sobre nossos lançamentos e nossas promoções.

Atendimento e venda direta ao leitor:
mdireto@record.com.br ou (21) 2585-2002

Para Wendi e Carolyn

Sumário

AGRADECIMENTOS 9

PARTE 1: *O coração solitário*

1. Sozinho em um mundo social 19
2. Variação, regulação e uma coleira elástica 37
3. A perda do controle 53
4. Genes egoístas, animais sociais 71
5. O universal e o particular 91
6. O desgaste da solidão 111

PARTE 2: *De genes egoístas a seres sociais*

7. Correntes de compreensão 131
8. Um organismo indissociável 147
9. Conhece-te a ti mesmo entre outros 165
10. Em conflito por natureza 189
11. Conflitos na natureza 203

PARTE 3: *Encontrando sentido nos vínculos*

12. Três adaptações.. 221
13. Acertando as coisas... 241
14. O poder do vínculo social................................... 267

NOTAS 291
ÍNDICE... 315

Agradecimentos

ESCRITA DESTE LIVRO foi uma colaboração entre dois autores, uma forma inestimável de vínculo social, mas apenas um participou da pesquisa científica de mais de vinte anos que constitui a base desta história. Assim, em nome da conveniência e da clareza, preferimos escrever na primeira pessoa do singular com John Cacioppo como voz narrativa. Empregamos essa convenção também nestes agradecimentos.

Mas, mesmo a pesquisa que "eu", John Cacioppo, conduzi não foi um esforço solitário. A pesquisa sobre vínculo social começou no início dos anos 1990 na Universidade do Estado de Ohio, onde eu lecionava. Nós (meus colegas cientistas e eu) começamos com a simples pergunta de quais seriam os efeitos das associações humanas. Para tratar dessa questão, a princípio conduzimos experimentos em que os indivíduos eram randomicamente determinados a permanecer sozinhos ou acompanhados de pessoas de tipos variados (como amigos ou estranhos) para realizar uma tarefa. Logo supusemos que eram as percepções do indivíduo em relação à situação social o que mais importava. Deslocamo-nos do interesse no suporte social ao interesse na percepção de isolamento social — a solidão — como sistema modelo para estudar o papel do mundo social na biologia humana e no comportamento. Ao fazer isso, alteramos também nossa maneira de conceber a mente humana.

A metáfora dominante do estudo científico da mente humana durante a segunda metade do século XX foi o computador: um aparelho solitário com capacidade de processar uma enorme quantidade de informações. Nossos estudos da solidão nos deixaram insatisfeitos com essa metáfora. Hoje os computadores são aparelhos amplamente interconectados, com capacidade de se estenderem muito além dos hardwares e softwares de uma única máquina. Tornou-se evidente para nós que os telerreceptores do cérebro humano (como olhos e ouvidos) têm fornecido há milênios uma interconectividade por rede sem fio aos humanos. Assim como os computadores têm capacidades e processos que os atravessam mas que se estendem muito além do hardware de um único computador, o cérebro humano evoluiu para promover capacidades e processos sociais e culturais que se estendem muito além de um único cérebro. Para entender toda a capacidade dos humanos, é preciso apreciar não apenas a memória e a capacidade de processar informações de seu cérebro, mas sua capacidade de representar, compreender e se relacionar com outros indivíduos. Ou seja, é preciso reconhecer que evoluímos para um cérebro *social*, poderoso e criador de significados.

A noção de que os humanos são criaturas inerentemente sociais já não é contestável, mas o que isso significa precisamente para as vidas e para as sociedades tampouco é algo avaliado em sua plenitude. Governos do mundo inteiro confiam em conselheiros econômicos e publicamente zombam dos estudos científicos sobre relações sociais. Em um número da popular revista científica *Scientific American*, os editores observaram que "sempre que publicamos artigos sobre tópicos sociais, alguns leitores protestam que deveríamos nos ater à ciência 'real'". Os editores prosseguem dizendo:

> Ironicamente, raras vezes ouvimos essas queixas de físicos e biólogos em atividade. Eles são os primeiros a apontar que o universo natural, apesar de toda sua complexidade, é mais fácil de compreender do que o ser humano. Se as ciências sociais parecem vagas e sentimentais, em grande medida é pelo fato de o assunto em questão ser tão difícil, não porque os humanos possam ser de alguma maneira inadequados à investigação científica. ("The Peculiar Institution", 30 de abril de 2002, p. 8).

O fato de que a solidão é desagradável é óbvio. No Gênesis, a punição de Adão e Eva por desobedecer a Deus foi seu exílio do Éden. Nas *Meta-*

morfoses, de Ovídio, Zeus decidiu destruir os homens da Idade do Bronze inundando Hellas. Deucalião sobreviveu ao construir uma arca e, com Pirra, flutuar até o Monte Parnaso. Deucalião percebeu que por mais difícil ou impossível que seja viver entre outros, mais difícil e mais impossível ainda é viver sem eles, na completa solidão. Quando Zeus lhe concedeu que escolhesse o que desejasse, ele escolheu que outros fossem criados. Contudo, não é tão evidente a noção de que a solidão tem uma função importante para os humanos, assim como a dor física, a fome ou a sede, e de que a compreensão dessa função e de seus efeitos na cognição social guarda alguns dos segredos para vidas mais saudáveis, mais prósperas, mais felizes.

Talvez de maneira apropriada, este livro sobre a ciência dos vínculos sociais reflete as contribuições de muitos colegas, amigos, estudantes e funcionários brilhantes e admiráveis. Nossos estudos científicos das causas, da natureza e das consequências da solidão e dos vínculos sociais atravessaram fronteiras disciplinares, institucionais e internacionais. A pesquisa incluiu análises genéticas, imunológicas, endocrinológicas, autonômicas, de representação cerebral, comportamentais, cognitivas, emocionais, de personalidade, de psicologia social, demográficas e sociológicas. O espectro de estudos que buscamos conduzir excede a minha especialidade, de modo que cientistas de várias disciplinas contribuíram com seu tempo, seus conhecimentos, suas percepções. Essas colaborações científicas forneceram sinergias que transformaram a pesquisa que éramos capazes de conduzir e que amplificaram a história científica que se desdobrou a nossa frente.

Nós (William Patrick e eu) queremos agradecer a todos os indivíduos que se ofereceram a participar desta pesquisa nas últimas duas décadas. Sem sua participação e assistência nada disto teria sido possível. Este livro descreve as histórias de algumas das pessoas que estudamos ou que intervieram para dar rostos a nossas descobertas. Bill e eu trocamos nomes e vários detalhes irrelevantes sobre esses indivíduos para garantir que sua verdadeira identidade seja protegida. No caso de Katie Bishop, uma pessoa a cujo exemplo nos reportamos repetidamente neste livro, utilizamos um personagem composto. Isso foi feito para proteger o anonimato dos indivíduos que participaram de nossos estudos.

Entre aqueles a que devemos um reconhecimento e um agradecimento especial estão Louise Hawkley (Universidade de Chicago), uma cientista que colaborou de perto em todos os aspectos desta pesquisa por mais de uma década, e Gary Bernston (Universidade do Estado de Ohio), um colaborador próximo nas últimas duas décadas. Além deles, Jan Kiecolt-Glaser (Escola de Medicina da Universidade do Estado de Ohio), William Malarkey (Escola de Medicina da Universidade do Estado de Ohio), Ron Glaser (Escola de Medicina da Universidade do Estado de Ohio), Michael Browne (Universidade do Estado de Ohio), Robert MacCallum (Universidade da Carolina do Norte), Phil Marucha (Universidade de Illinois Chicago), Bert Uchino (Universidade de Utah), John Ernst (Illinois Wesleyan University), Mary Burleson (Universidade do Estado de Arizona), Tiffany Ito (Universidade de Colorado), Mary Snydersmith (Universidade do Estado de Ohio), Kirsten Poehlmann (California San Diego University), Ray Kowalewski (Microsoft Corporation), David Lozano (Mindware Corp.), Alisa Paulsen (Universidade do Estado de Ohio) e Dan Litvack (Universidade do Estado de Ohio) tiveram papéis importantes nas primeiras fases de nosso programa de pesquisa.

Em meados da década de 1990, juntei-me à Fundação John D. e Catherine T. MacArthur na Integração Mente-Corpo, dirigida por Robert Rose. Bob alimentou ainda mais nosso interesse pelas causas, pela natureza e pelas consequências da solidão, e os demais membros da MacArthur foram generosos em seu tempo e em seus conhecimentos. Agradecemos a Bob e aos outros membros da Fundação, David Spiegel (Universidade de Stanford), Esther Sternberg (Institutos Nacionais de Saúde), William Lovallo (Centro de Ciências da Saúde da Universidade de Oklahoma), Kenneth Hugdahl (Universidade de Bergen), Eve Van Cauter (Universidade de Chicago), J. Allan Hobson (Universidade de Harvard), John Sheridan (Universidade de Ohio), Steve Kosslyn (Universidade de Harvard), Martha McClintock (Universidade de Chicago), Anne Harrington (Universidade de Harvard) e Richard Davidson (Universidade de Wisconsin), por suas sugestões, assistência e suporte.

Quando me mudei para a Universidade de Chicago em 1999, juntei-me a mais acadêmicos talentosos e generosos de ciências sociais e biológicas, incluindo Linda Waite (Universidade de Chicago), Ronald Thisted (Universidade de Chicago), M. E. Hughes (Universidade Johns Hopkins),

Christopher Masi (Universidade de Chicago), Steve Cole (Universidade da Califórnia, Los Angeles), Thomas McDade (Universidade Northwestern), Emma Adam (Universidade Northwestern), Ariel Kalil (Universidade de Chicago), Brigitte Kudielka (Universidade de Trier), Howard Nusbaum (Universidade de Chicago), W. Clark Gilpin (Universidade de Chicago), Dorret Boomsma (Universidade Livre de Amsterdam), Penny Visser (Universidade de Chicago), Jean Decety (Universidade de Chicago), Tanya Luhrmann (Universidade de Stanford), Farr Curlin (Universidade de Chicago), Gun Semin (Universidade de Utrecht), Kellie Brown (Escola de Medicina de Wisconsin), Ming Wen (Universidade de Utah), L. Elizabeth Crawford (Universidade de Richmond), Jarett Berry (Escola de Medicina da Universidade Northwestern), Kristopher Preacher (Universidade de Kansas), Nick Epley (Universidade de Chicago), Adam Waytz (Universidade de Chicago), Steve Small (Universidade de Chicago), Kathryn Tanner (Universidade de Chicago), Omar McRoberts (Universidade de Chicago), Roberto Lang (Universidade de Chicago), Roy Weiss (Universidade de Chicago), George Monteleone (Universidade de Chicago), Jos Bosch (Universidade de Birmingham), Chris Engeland (Universidade de Illinois em Chicago), Phil Schumm (Universidade de Chicago), Edith Rickett (Universidade de Chicago), Diana Green (Universidade de Chicago), Kathleen Ziol-Guest (Universidade de Harvard), Catherine Norris (Faculdade de Dartmouth), Matthew Christian (Universidade de Chicago), Ken Olliff (Universidade de Chicago), Jeffrey Darragh (Universidade de Chicago) e Barnaby Marsh (Universidade de Oxford). Devemos agradecimentos, também, aos muitos outros funcionários e estudantes que trabalharam de modo tão diligente conosco ao longo dos anos.

Uma pesquisa científica como a que é descrita neste livro é custosa. Por isso somos gratos ao suporte de pesquisa dado ao longo dos anos pelo Instituto Nacional com a concessão Nº PO1AG18911, pela Fundação de Ciência Nacional com a concessão Nº BCS-0086314, pelo Instituto Nacional de Saúde Mental com a concessão Nº P50 MH72850, pela Fundação John D. e Catherine T. MacArthur e pela Fundação John Templeton. As opiniões contidas neste livro são as dos autores, é claro, mas, sem financiamento para nossa pesquisa científica básica, teríamos consideravelmente menos a dizer sobre a questão da solidão e dos vínculos sociais.

Finalmente agradecemos a Lisa Adams, que não só nos convenceu a empreender este livro, mas tornou possível que o fizéssemos, e Maria Guarnaschelli, de Norton, que foi tudo e muito mais do que alguém esperaria encontrar em um editor. Camille Smith, que por anos edita os originais e já fez centenas de acadêmicos parecerem mais inteligentes do que são, fez o mesmo por nós. Obrigado, Camille. E, mais importante, agradecemos a nossas famílias e a nossas esposas, Wendi e Carolyn, por nos ensinarem o valor e o poder do vínculo social.

Este livro é sobre a vida, a solidão e o poder dos vínculos sociais. Talvez seja irônico o fato de que, enquanto trabalhávamos neste livro, ambos tenhamos perdido nossas mães. Cada uma delas viveu uma vida plena e feliz, e cada uma faleceu em paz cercada por familiares e amigos. Embora esperadas, suas mortes liberaram um tsunami de sentimentos e emoções por termos de lidar com a perda de nosso primeiro vínculo com outra pessoa. Lidar com a perda delas nos fez ainda mais gratos do que antes a nossas famílias e a nossos amigos pela bondade e pela generosidade, mais convictos da importância fundamental dos vínculos sociais e mais empáticos em relação àqueles que vivem na mortalha da percepção de isolamento social. Dedicamos este livro à memória de nossas mães, Mary Katherine Cacioppo e Bernice Turner.

John T. Cacioppo e William Patrick

Se quer ir rápido, vá sozinho. Se quer ir longe, vá acompanhado.

Provérbio africano

PARTE 1

O CORAÇÃO SOLITÁRIO

Tenho 56 anos e sou divorciada há muito tempo. Quando ainda estava com meu marido e contava a alguém que me sentia sozinha, todos me diziam: "mas você é casada." Aprendi a diferença entre estar sozinha e me sentir sozinha. No meio da multidão, no trabalho, mesmo em um ambiente familiar, sempre me sinto sozinha. Chega a ser devastador às vezes, uma sensação física. Meus médicos já chamaram de depressão, mas é diferente. Li uma vez que você nasce sozinha e morre sozinha. Mas e quanto a todos os anos entre esses acontecimentos? É possível de fato pertencer a outra pessoa? É possível resolver o sentimento interior de estar sozinha? Comprar não resolve. Comer não resolve. Sexo casual não faz isso desaparecer. Se e quando vocês encontrarem qualquer resposta, por favor escrevam de volta para me contar.

— Carta de uma mulher que leu sobre a pesquisa em uma revista

1

Sozinho em um mundo social

KATIE BISHOP CRESCEU cercada de tias e tios, avós e primos, em uma pequena comunidade muito intrincada e cuidadosamente entretecida. Entre eventos familiares, eventos da igreja, esportes e música, toda sua infância transcorreu entre as mesmas pessoas amigáveis. Verdade seja dita, ela mal podia esperar para escapar. Apesar de toda a comunhão, ela sempre se sentia um pouco excluída, e assim que se formou no colégio viu-se pronta para uma mudança. Como não tinha dinheiro suficiente para ir a uma faculdade distante, acabou vivendo os quatro anos seguintes confinada na mesma casa. Assim que conseguiu seu diploma, no entanto, mudou-se para o lugar mais longe que podia para assumir um emprego na indústria de programas de computador.

A nova carreira de Katie exigia que ela passasse semanas seguidas saltando de cidade em cidade. Ainda conversava com a mãe e com a irmã uma ou duas vezes por semana, mas agora o contato era mediado por seu celular, pelo laptop ou pelo telefone da cozinha. Depois de seis meses nessa rotina tão diferente, ela percebeu que não estava dormindo bem. Na verdade, todo seu corpo parecia estar afetado. Se um resfriado ou uma gripe se alastrasse por algum lugar na vizinhança, ela pegaria. Quando não estava viajando ou trabalhando por horas a fio, ou fazendo aulas de ioga para tentar lidar com as dores nas costas e no pescoço provocadas pelas longas horas de trabalho ou viagem, passava boa parte do tempo em frente à televisão, tomando sorvete direto do pote.

Seis meses depois de começar sua vida nova e independente, Katie Bishop estava sete quilos mais gorda e verdadeiramente infeliz. Não se sentia apenas gorda, sentia-se feia. E, depois de uma discussão desagradável na matriz do escritório e de um desentendimento com um de seus vizinhos, começava até a se perguntar se de fato chegaria a ser aceita socialmente fora da pequena cidade que a fizera sentir-se tão aprisionada.

Não é preciso um diploma em psicologia para descobrir que Katie Bishop sentia-se só. Mas a solidão de Katie era mais do que apenas a leve dor no coração que fomenta músicas pop e colunas de aconselhamento. Katie estava lidando com um problema sério que tinha raízes profundas em sua biologia, assim como em seu ambiente social. Começava com uma predisposição genética que elevava muito sua expectativa de vínculo social, embora também pudéssemos expressar isso como uma alta sensibilidade para a ausência de vínculos. Decerto não há nada de ruim em ter expectativas elevadas de vinculação, mas sua necessidade psicológica, contraposta a um ambiente que falhava em supri-la, começava a distorcer suas percepções e seu comportamento. Também colocava em movimento uma série de acontecimentos celulares que podiam comprometer seriamente sua saúde.

Enquanto crescia naquela comunidade bem entretecida, Katie nunca pensou muito nas relações sociais. Quando criança podia ser um pouco mal-humorada às vezes, um pouco difícil, e de vez em quando seus pais pensavam que ela podia estar deprimida. Um de seus professores de inglês, distinguindo-a quase como se fosse motivo de honra, descrevia Katie como "alienada". Uma descrição mais precisa poderia dizer que, mesmo quando criança, mesmo quando cercada pela família e por outras pessoas amigáveis, Katie sempre vivenciou uma sensação subjetiva de isolamento social. Pelos parâmetros de Katie, os vínculos de seu mundo pareciam de alguma forma frágeis ou distantes. Ela não conseguia articular conscientemente o que a incomodava, mas, assim que pôde, optou por uma mudança dramática de cenário. Pensava que estar inteiramente por sua conta era aquilo de que ela precisava. Na verdade, não precisava de *menos* relações sociais, mas de relações que lhe parecessem mais significativas — um nível de ligação compatível com sua predisposição determinada por genética.

Quase todos sentem as pontadas da solidão em algum momento. Pode ser algo breve e superficial — ser o último escolhido para uma equipe ou para uma brincadeira — ou algo agudo e severo — sofrer a morte de uma esposa ou de um amigo querido. A solidão transitória é tão comum que a aceitamos como parte da vida. Os humanos são, afinal, seres inerentemente sociais. Quando se pergunta às pessoas que prazeres contribuem mais para a felicidade, a imensa maioria menciona o amor, a intimidade e a proximidade social antes de falar em riqueza ou fama, e mesmo antes de falar em saúde física.[1] Dada a importância dos vínculos sociais para a nossa espécie, então, é ainda mais perturbador saber que, em qualquer momento, aproximadamente 20% dos indivíduos — o que daria sessenta milhões de pessoas apenas nos EUA — sentem-se isolados o bastante para que isso seja uma fonte principal de infelicidade em suas vidas.[2]

Essa revelação torna-se ainda mais pujante quando consideramos que o isolamento social tem um impacto na saúde comparável ao efeito da pressão sanguínea alta, da falta de exercícios, da obesidade e do tabaco.[3] Nossa pesquisa da última década demonstra que o réu que se esconde atrás dessas horríveis estatísticas não costuma ser o fato de alguém estar literalmente só, mas a *experiência* subjetiva conhecida como solidão. Você pode estar em casa com sua família, trabalhando em um escritório abarrotado de pessoas jovens, brilhantes e atraentes, passeando pela Disneylândia ou sentado sozinho em um hotel sujo do lado errado da cidade, e *sentimentos* crônicos de isolamento podem dar início a uma cascata de acontecimentos psicológicos que de fato aceleram o processo de envelhecimento. A solidão não só altera o comportamento, mas também se apresenta nas medições de hormônios de estresse e nas funções imunológicas e cardiovasculares. Com o tempo, essas mudanças na fisiologia vão se compondo de formas que podem estar precipitando milhões de pessoas para o túmulo.

Para medir o nível de solidão de uma pessoa, os pesquisadores usam uma ferramenta psicológica de avaliação chamada Escala da Solidão da UCLA, uma lista de vinte perguntas que não preveem respostas corretas ou incorretas. Reproduzimos as perguntas aqui na figura 1. Não se baseiam em informações, mas em sentimentos humanos muito comuns. Quando me refiro a pessoas solitárias, ou "com alto nível de solidão", quero dizer aqueles que, independentemente de suas circunstâncias objetivas, têm uma pontuação elevada neste exame feito com papel e lápis.

Se você quiser fazer o teste, explico como saber a pontuação na nota 4 da página 291.[4]

---

1. Com que frequência você se sente "em sintonia" com as pessoas a seu redor?* ____
2. Com que frequência você sente que lhe falta companhia? ____
3. Com que frequência você sente que não tem ninguém a quem recorrer? ____
4. Com que frequência se sente só? ____
5. Com que frequência você se sente parte de um grupo de amigos?* ____
6. Com que frequência você sente que tem muito em comum com as pessoas a seu redor?* ____
7. Com que frequência sente que já não é mais próximo de ninguém? ____
8. Com que frequência sente que seus interesses e ideias não são compartilhados pelas pessoas em volta? ____
9. Com que frequência se sente expansivo e amigável?* ____
10. Com que frequência se sente próximo às pessoas?* ____
11. Com que frequência se sente excluído? ____
12. Com que frequência sente que suas relações com os outros não são significativas? ____
13. Com que frequência sente que ninguém te conhece bem de verdade? ____
14. Com que frequência se sente isolado dos outros? ____
15. Com que frequência sente que pode encontrar companhia quando o deseja?* ____
16. Com que frequência sente que há pessoas que realmente te entendem?* ____
17. Com que frequência se sente tímido? ____
18. Com que frequência sente que as pessoas estão *ao redor de* você, e não *com* você? ____
19. Com que frequência sente que há pessoas com quem você pode conversar?* ____
20. Com que frequência sente que há pessoas com quem você pode contar?* ____

FIGURA 1. Escala de Solidão da UCLA (versão 3). De Daniel W. Russell, "UCLA Loneliness Scale (version 3): Reliability, validity, and factor structure", *Journal of Personality Assessment 66* (1996). Usado com permissão.

Considere, contudo, que todos podemos entrar e sair do estado de solidão. Sentir-se sozinho em um momento específico significa simplesmente que você é humano. De fato, boa parte deste livro é dedicada a demonstrar que a necessidade de vínculo social significativo e a dor que sentimos sem ele são características definitivas de nossa espécie. A solidão torna-se uma questão com que se preocupar apenas quando se estabelece por tempo suficiente para criar um labirinto persistente, autoalimentado, de pensamentos, sensações e comportamentos negativos.

Considere, também, que sentir a dor do isolamento não é uma característica puramente negativa. As sensações associadas à solidão evoluíram porque contribuíam para nossa sobrevivência como espécie. "Estar isolado de seu grupo", escreveu John Bowlby, o psicólogo do desenvolvimento pioneiro na *teoria do apego*, "e, em especial quando jovem, estar isolado em particular de alguém que zele pela segurança, é um ato carregado de grande perigo. Podemos imaginar, então, que cada animal está equipado com um dispositivo instintivo para evitar o isolamento e manter a proximidade?"[5]

A dor física protege o indivíduo dos perigos físicos. A dor social, também conhecida como solidão, evoluiu por uma razão similar: porque protegia o indivíduo dos perigos de permanecer isolado. Nossos ancestrais dependiam dos laços sociais para a segurança e para a replicação bem-sucedida de seus genes na forma de uma prole que por si só sobrevivesse tempo suficiente para reproduzir. Sentimentos de solidão avisavam-lhes que os laços protetores estavam em risco ou deficientes. Da mesma maneira que a dor física serve como um alerta para mudar de comportamento — a dor de uma queimadura de pele aconselha você a tirar o dedo de uma frigideira — a solidão se desenvolveu como estímulo para fazer com que os humanos prestassem mais atenção a seus vínculos sociais, e procurassem os outros para renovar os laços desgastados ou partidos. Mas essa era uma dor que nos alertava a nos comportarmos de maneiras que nem sempre serviam ao nosso interesse individual e imediato. Era uma dor que nos tirava de nós, ampliando nosso quadro de referências para além do momento.

Em inglês, temos uma palavra para dor e uma palavra para sede, mas não temos termos específicos e singulares que designem o contrário. Apenas nos referimos à ausência dessas condições adversas, o que faz sentido, porque sua ausência é considerada parte do estado normal. Nossa pesquisa sugere que "sem-solidão" — não há termo melhor ou mais específico para isso — é algo como "sem-sede" e "sem-dor", algo que faz parte do estado normal das coisas. A saúde e o bem-estar para um membro de nossa espécie requerem, entre outras coisas, estar satisfeito e seguro em seus laços com outras pessoas, uma condição de "não se sentir só" que, por falta de palavra melhor, chamamos de vínculo social.

Essa ideia de solidão como uma dor social é mais do que uma metáfora. Imagens feitas por ressonância magnética mostram-nos que a região emocional do cérebro que se ativa quando experimentamos a rejeição é, de fato, a mesma região — o córtex cingulado dorsal anterior — que registra as reações emotivas à dor física (ver figura 2).

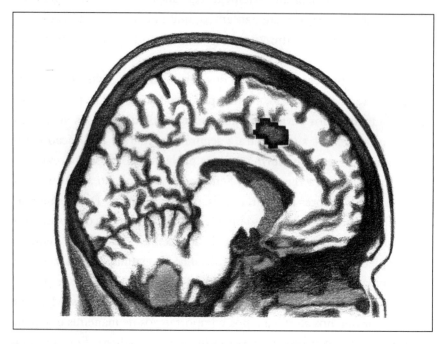

FIGURA 2. O cérebro humano reagindo à dor social. A mancha escura retangular próxima ao topo do cérebro representa a ativação do córtex cingulado dorsal anterior em resposta à rejeição social. O cérebro reage à dor física similarmente. Adaptado de N. I. Eisenberger, M. Lieberman e K. D. Williams, "*Does rejection hurt? An fMRI study of social exclusion*", *Science* 302 (10 de outubro de 2003): 290-292.

A descoberta de que os sentimentos de rejeição social (isolamento) e as reações à dor física dividem o mesmo hardware começa a sugerir por que, uma vez que a solidão se torna crônica, não se pode escapar dela apenas "saindo de dentro de sua concha", perdendo peso, trocando o guarda-roupa ou encontrando o homem ou a mulher ideal. A dor da solidão é uma ferida profundamente perturbadora. A disrupção, tanto fisiológica quanto comportamental, pode transformar uma necessidade insatisfeita de vínculo em uma condição crônica; quando isso acontece, melhorar as coisas exige levar em conta toda a profundidade e complexidade do papel que a solidão desempenha em nossa biologia e em nossa história evolutiva. Seguir o exemplo de Katie Bishop e tentar sentir-se melhor com comida engordativa e reprises de *Friends* só vai piorar as coisas.

Ligando os pontos

Venho trabalhando há mais de trinta anos para desvendar como o funcionamento de nosso cérebro e de nosso corpo estão entrelaçados com nossas reações sociais. Ensino psicologia na Universidade de Chicago e ali dirijo o Centro de Neurociência Cognitiva e Social. Também tenho a sorte de fazer parte de uma ampla rede de parceiros nessa pesquisa. Isso inclui colegas do presente e do passado na Universidade de Chicago e na Universidade do Estado de Ohio, assim como uma equipe de psicólogos e psiquiatras, sociólogos e bioestatísticos, cardiologistas e endocrinologistas, geneticistas comportamentais e neurocientistas que se reúnem para formar a MacArthur Mind-Body Network; uma equipe similarmente diversificada da mesma fundação chamada MacArthur Aging Society Network; e a Rede de Pesquisa Templeton da Universidade de Chicago, cujos membros, de neurologistas a teólogos, de bioestatísticos a filósofos, trabalham juntos para tentar entender as relações entre nossas reações fisiológicas e nossas aspirações sociais e mesmo espirituais.

Reunir pesquisadores de tão diversos campos nos capacitou a ver de perto cada peça do quebra-cabeça, mas também a recuar e levar em conta o quadro geral de um modo integrado. Alguns de meus colegas levaram o escaneamento do cérebro para além da trilha da dor, para identificar as regiões específicas envolvidas na empatia.[6] Outros estudos baseados em ressonâncias magnéticas nos mostram que, quando os humanos veem outros humanos ou mesmo figuras de humanos, seus cérebros reagem de modo diferente em relação a quando veem outros tipos de objetos.[7] (É interessante que proprietários de animais domésticos que realmente os amam mostrem um vislumbre dessa mesma reação cerebral quando lhes é mostrada a foto de um cachorro ou de um gato). E imagens de humanos expressando emoções intensas, em comparação com expressões neutras, fazem com que o cérebro reaja com intensidade correspondente.[8]

Dada a especial importância de "outros seres humanos" como uma categoria refletida em nosso aparato neural, faz sentido que os rituais mais básicos das sociedades humanas em toda parte reflitam a importância do contexto social. Desde que a nossa espécie começou a deixar traços de existência, as evidências sugerem que as experiências mais evocativas emocionalmente na vida têm sido casamentos, nascimentos e mortes — acontecimentos associados com os inícios e términos de laços sociais. Esses laços são a força centrípeta que sustenta a vida. O bálsamo especial de aceitação que esses laços proveem, e a dor desigualmente perturbadora da rejeição quando eles são negados, é o que faz dos humanos seres tão atentos à avaliação social. Preocupamo-nos profundamente com o que os outros pensam de nós e é por isso que, entre as dez fobias mais comuns que fazem as pessoas procurarem tratamento, três têm a ver com ansiedade social: medo de falar em público, medo de multidões, medo de conhecer pessoas novas.[9]

Ao tentar entender o tremendo poder dos vínculos e das interações sociais no âmbito de nossa própria espécie, alguns cientistas rastrearam as raízes dos impulsos sociais até a longínqua "evitação" dos polvos e a "extroversão" de alguns peixes de aquário, como os guppies. Outros, trabalhando com insetos sociais, descobriram que as relações são tão próximas que é fácil pensar nas colmeias ou nos formigueiros como um único organismo estendido.

Entre nossos companheiros mamíferos, vemos vínculos sociais que nos são familiares — lobos organizando equipes para coordenar a caça, uivando juntos antes e depois —, alguns muito surpreendentes — esses mesmos carnívoros ferozes trazendo carne para outros membros da matilha impossibilitados de caçar ou que estão amamentando filhotes. Vemos autossacrifícios altruísticos em alguns roedores quando um indivíduo solta o primeiro alerta diante da aparição sorrateira de um gavião, ainda que esse alerta faça dele o alvo principal do predador. E, em sociedades de macacos, tal como em toda cultura humana já estudada, vemos infrações contra a ordem social sendo punidas pela negação do vínculo social — a dor deliberadamente induzida conhecida como ostracismo. À medida que os hominídeos evoluíram para formar os humanos, e à medida que os bandos se tornaram tribos e as culturas se tornaram reinados, a dor do banimento continuou sendo a punição mais severa, ainda mais que a tortura ou a morte, imposta por reis e potentados.[10] Não é por acaso que mesmo hoje, nas instituições correcionais modernas, o último recurso de penalidade seja o confinamento em solitária.

As raízes de nosso impulso humano de vínculo social são tão profundas que o sentimento de estarmos isolados pode minar nossa habilidade de pensar com clareza, um efeito que tem uma certa justiça poética, dado o papel do vínculo social na forja da inteligência. A maioria dos neurocientistas concorda agora que, por um período de dezenas de milhares de anos, foi a necessidade de dar e receber, de interpretar e confiar em redes sociais cada vez mais complexas que proporcionou a expansão do manto cortical do cérebro humano e possibilitou uma interconectividade cada vez maior. Em outras palavras, foi a necessidade de lidar com outras pessoas, em grande medida, que fez com que nos tornássemos o que somos hoje.[11]

Não deve surpreender, então, que a experiência sensorial do vínculo social, profundamente intrincada no que hoje somos, nos ajude a regular nosso equilíbrio fisiológico e emocional. O ambiente social afeta os sinais neurais e hormonais que governam nosso comportamento, e nosso comportamento, em contrapartida, provoca no ambiente social mudanças que afetam nossos processos neurais e hormonais. Para usar como exemplo um de nossos companheiros primatas, já ficou demonstrado que níveis mais altos de testosterona em machos de macaco Rhesus promovem o comportamento sexual; mas esses mesmos níveis de testosterona são, em contrapartida, influenciados pela disponibilidade de fêmeas receptivas no cenário próximo.[12] Correr geralmente é uma atividade que proporciona um cérebro saudável, mas, em estudos conduzidos com ratos de laboratório, correr mostrou-se menos benéfico aos cérebros dos animais mantidos em isolamento social.[13] Em humanos, ficou demonstrado que a própria solidão pode predizer a progressão do mal de Alzheimer.[14] E um dos nossos estudos recentes sugere que a solidão tem de fato o poder de alterar a transcrição do DNA nas células do sistema imunológico.[15]

Nessas e em uma miríade de outras formas, sentimentos de vínculo social, assim como de falta de vínculo, exercem uma enorme influência em nossos corpos e em nossos comportamentos. Todos nós passamos por um declínio físico mais cedo ou mais tarde, mas a solidão pode agravar o ângulo da ladeira descendente. De modo oposto, vínculos saudáveis podem ajudar a atrasar o declínio. Uma vez que entramos nos domínios de um "elevado bem-estar social" — e isso é possível para qualquer um de nós — nos beneficiamos com os efeitos positivos e restaurativos que podem nos ajudar a viver mais fortes e por mais tempo.

Quem se sente só?

Ninguém nega que ser o novo aluno da escola, perder a esposa ou sobreviver aos amigos são ocasiões que podem aumentar o desafio de travar relações significativas. As circunstâncias objetivas de fato importam. O casamento, por exemplo, pode ajudar a mitigar a sensação de estar só. Pessoas casadas são, em média, menos solitárias que pessoas não casadas. Porém, cabe dizer, casamento não é garantia de nada. O sentimento de estar miseravelmente só dentro de um casamento tem sido desde sempre matéria-prima para a literatura, de *Madame Bovary* a *A família Soprano*. E estar casado às vezes pode limitar oportunidades de formar outros vínculos, mesmo que platônicos. Talento, sucesso financeiro, fama, adoração — nada disso oferece proteção em relação à experiência afetiva de estar sozinho. Um ícone dos anos 1960, Janis Joplin estava tão isolada fora dos palcos quanto intensamente ligada aos outros durante seus shows, chegou a afirmar pouco antes de sua morte que estava trabalhando numa canção chamada *"I just made love to twenty-five thousand people, but I'm going home alone"* ("Acabo de fazer amor com 25 mil pessoas, mas estou indo sozinha para casa"). Três das mulheres mais idolatradas do século XX, Judy Garland, Marilyn Monroe e a princesa Diana, eram sabidamente pessoas solitárias. O mesmo era verdade para Marlon Brando e outros lendários homens proeminentes.

E ainda, estar só não significa necessariamente sentir-se só. Em seu livro *Solitude*, o psicanalista Anthony Storrs explora — chega até a recomendar — os prazeres de estar sozinho. Pense em um naturalista fazendo suas investigações na floresta tropical, ou em um pianista em uma maratona de ensaios, ou em um ciclista praticando nas montanhas. Reza e meditação, assim como estudo e escrita, também envolvem longos períodos de solitude, assim como a maior parte dos empreendimentos artísticos e científicos. Precisar de "tempo para si mesmo" é uma das grandes reclamações de homens e mulheres nos casamentos tormentosos de hoje, seja porque estão sobrecarregados por duas carreiras e a família, seja porque um deles está trabalhando sessenta horas por semana no escritório enquanto o outro fica em casa com as crianças. Na verdade, com justiça ou não, as pessoas costumam julgar carentes ou neuróticos os indivíduos que não conseguem tolerar a solidão.

Coerentemente, não há rótulos fáceis de estabelecer quando se trata de solidão. Quando um homem tresloucado chamado Russell Weston Jr. atormentou o congresso americano em 1998, sua foto apareceu na capa da *Newsweek* sob a manchete: "O solitário". A mídia aplicou o mesmo julgamento vago para Ted Kaczynski, o Unabomber,* para John Hinckley, agressor do presidente Ronald Reagan, para o autor da chacina da Universidade Virginia Tech, Cho Seung-Hui, e para uma grande quantidade de outros indivíduos marginalizados.

Contudo, nossos estudos de um grupo diversificado de jovens saudáveis mostram que pessoas comuns que sentem a dor do isolamento de maneira muito aguda — pessoas que se sentem tremendamente solitárias — não têm mais em comum com as almas perigosas e atormentadas que fazem as manchetes do que qualquer outro. Há extremos em todos os

---

* Ativista político condenado por terrorismo (*N. do T.*)

povos; na média, ao menos entre jovens, aqueles que se sentem sós na verdade não passam mais tempo desacompanhados do que aqueles que se sentem incluídos. Não são menos ou mais atraentes do que a média, e em geral não diferem dos não solitários em termos de altura, peso, idade, educação ou inteligência. Mais importante é o fato de que, quando observamos um espectro mais amplo (e não somente os extremos) das pessoas que se sentem sós, descobrimos que elas têm capacidade para se adequar socialmente tanto quanto quaisquer outros. Sentir-se só não significa ter uma deficiência nas habilidades sociais.[16] Os problemas surgem quando o fato de nos sentirmos sós torna mais improvável o emprego dessas habilidades.

O problema em três partes

Os poderosos efeitos da solidão derivam da interação de três complexos fatores que quero explorar com mais profundidade. São eles:

1. *Nível de vulnerabilidade para a falta de vínculo social.* Cada um de nós herda de nossos pais um certo nível de necessidade de inclusão social (também expressa como sensibilidade à dor da exclusão social), assim como herdamos um certo tipo físico básico e um nível básico de inteligência. (Em cada caso, a influência do ambiente no destino a que essa herança genética nos conduz também é fundamental.) Essa propensão individual e geneticamente enraizada opera como um termostato, ligando e desligando sinais de sofrimento de acordo com o atendimento ou o não atendimento dessa necessidade de vínculo.

2. *Habilidade para autorregular as emoções associadas à sensação de isolamento.* Uma autorregulação bem-sucedida significa ser capaz de lidar com os desafios mantendo uma base suficientemente estável — não apenas na exterioridade, mas também na interioridade mais profunda. À medida que a solidão aumenta e persiste, começa a perturbar parte dessa habilidade, em uma "desregulação" que, em um nível celular, nos deixa mais vulneráveis a várias pressões, e também menos capazes de empreender funções curativas e tranquilizadoras como dormir.

3. *Representações, raciocínios e expectativas mentais em relação aos outros.* Cada um de nós emoldura nossa experiência por meio de nossas percepções, o que nos torna, em alguma medida, o arquiteto de nosso próprio mundo social. O sentido que tiramos a partir de nossas interações com os outros se chama cognição social. Quando a solidão se estabelece, as maneiras como vemos a nós mesmos e aos outros, assim como os tipos de reações que esperamos deles, sofrem uma pesada influência tanto de nossos sentimentos de infelicidade e ameaça quanto de nossa habilidade enfraquecida de autorregulação.

Algumas pessoas adoram temperos picantes — salpicam-nos em tudo. Para outros, um toque de pimenta mexicana faz engasgar e correr em direção à jarra d'água mais próxima. A variação humana no desejo de vínculo social é similarmente ampla. A necessidade de inclusão ou a sensibilidade à exclusão de algumas pessoas é baixa o bastante para que possam tolerar sem muito sofrimento um afastamento grande em relação aos amigos e à família. Outros foram moldados por genes e ambientes para precisar de uma imersão diária em contatos físicos estreitos para se sentirem tranquilos. Para os que sofrem mais facilmente, é a interação entre autorregulação e cognição social o que determina o que acontece em seguida. Uma pessoa conseguirá aguentar até que apareça a próxima oportunidade de vínculo, enquanto outra pode imergir em uma espiral descendente de pensamentos e comportamentos derrotistas e autodestrutivos, do tipo que encorajam reações celulares que, em longo prazo, mostram-se dramaticamente corrosivas.

Seja qual for nossa sensibilidade individual, nosso bem-estar é minado quando nossa necessidade particular de vínculo não é suprida. Como os primeiros humanos tinham mais chance de sobreviver quando se mantinham juntos, a evolução reforçou a preferência por fortes laços humanos ao selecionar genes que favoreçem o prazer da companhia e produzem inquietude quando se está involuntariamente desacompanhado. Além disso, algo que é central no tema deste livro, a evolução nos moldou não apenas para nos sentirmos bem quando estamos conectados a outros, mas também para nos sentirmos seguros. O corolário vital é que a evolução nos moldou não apenas para nos sentirmos mal quando isolados, mas para estarmos inseguros, como se ameaçados fisicamente. Como veremos, uma vez que esses sentimentos afloram, a cognição social pode tomar essa sensação de perigo e carregá-la consigo.

A pessoa que começa a ter a sensação dolorosa, mesmo assustadora, de estar sozinha pode passar a ver perigos em toda parte na paisagem social. Filtrados através das lentes de uma cognição social de solidão, os outros podem parecer mais críticos, competitivos, aviltadores, ou, ao menos, pouco receptivos. Esses tipos de interpretação logo se transformam em expectativas, à medida que a solidão converte o medo perfeitamente normal de avaliação negativa em uma prontidão para defender-se de golpes. E aí a trama se adensa. O medo que pode nos forçar a um encolhimento defensivo também pode nos custar algo de nossa habilidade de autorregulação. Quando a solidão se prolonga, uma regulação enfraquecida, combinada a uma cognição social distorcida, pode diminuir nossa aptidão para reconhecer a perspectiva de outros. Podemos nos tornar menos capazes de avaliar as intenções dos outros, o que pode nos tornar socialmente estranhos e também nos fazer vulneráveis à manipulação de pessoas com motivos ocultos ulteriores. Ao mesmo tempo, o medo de ataques estimula uma maior tendência a culpar os outros precipitadamente. Às vezes, esse medo nos faz partir para o ataque. Às vezes, faz com que nos desesperemos para agradar, e, às vezes, faz com que banquemos as vítimas.

A triste ironia é que esses comportamentos parcamente regulados, motivados por sensações de terror, amiúde produzem a rejeição que tanto tememos. Ainda mais desconcertante, com o passar do tempo, é o fato de que a sensação de vulnerabilidade que advém da solidão pode fazer com que estejamos mais propensos à insatisfação e mais desconfiados em relação aos vínculos sociais que temos. Uma jovem recém-casada certa vez repreendeu duramente seu marido por ter comprado o tipo errado de geleia. O fato de ele ter ido à mercearia e abastecido a geladeira não lhe rendeu nenhum ponto positivo. "Você sabe que eu odeio uva", ela lhe disse. Na verdade, a questão das geleias nunca viera à tona. Ele pensou que estivesse fazendo uma coisa boa para tornar mais confortável o novo lar em uma nova comunidade. Na cabeça dela, no entanto, ele estava intencionalmente desrespeitando suas preferências. Incapaz de dissipar a sensação de mágoa, ela desmontou em um jorro de lágrimas. Podemos suspeitar de maneira razoável que a verdadeira questão para ela não era a geleia, mas as dúvidas e os medos em relação ao casamento, que geravam a sensação de isolamento e exposição à ameaça que chamamos de solidão.

Quando nos sentimos isolados, percebemo-nos fazendo tudo o que podemos em favor de nossas relações, mesmo que toda evidência objetiva indique o contrário. É a companheira solitária quem solta comentários ácidos a noite inteira, e então quando encontra resistência aos insultos diz: "Você está sempre me criticando!" Quando isso conduz a uma discussão, ela pode ser quem começa a gritar, fazendo com que outros também levantem um pouco a voz para poderem argumentar com ela. "Pare de gritar comigo!" não é uma resposta improvável de alguém cuja cognição social percebe um mundo que é ameaçador de todos os lados, alguém cuja habilidade de autorregulação foi perturbada por essas mesmas percepções.

O mesmo tipo de distorções pode afetar relações íntimas e persistir por anos. Um parceiro em uma relação tem uma necessidade maior de vínculo do que o outro costuma suprir — quiçá maior do que o outro *pode* suprir. Talvez esse outro parceiro seja frio e narcisista, mas, vale lembrar, talvez seus genes e sua experiência de vida simplesmente lhe proporcionaram um nível diferente (ou mais baixo) de necessidade. O ponto não é estabelecer "culpas" em relação a um ou outro, mas reconhecer que há um descompasso. Desafortunadamente, o parceiro cuja necessidade não é satisfeita pode começar a agir de maneiras que o outro considera "difíceis", ou "muito exigentes" ou "carentes", o que faz com que ele ou ela se retraia ainda mais, deixando o parceiro que já se sente sozinho sentindo-se ainda mais negligenciado e isolado, o que propele o padrão espiralado e descendente rumo a uma infelicidade cada vez maior. Ver essa dinâmica familiar pela lente da solidão, e às vezes pela lente dos níveis de necessidade de vínculo geneticamente determinados — e distintos em cada indivíduo — pode permitir situar o problema e aprofundar a busca por soluções.

Assim como qualquer um pode se sentir sozinho de tempos em tempos, qualquer um pode cometer um erro que desperta ansiedade social e provoca pensamentos e ações de autodefesa. Com certeza a escola, o trabalho e a vida familiar apresentam diversos momentos em que é razoável antecipar críticas eventuais, ataques, ou mesmo deslealdades e traições. A diferença-chave é que a solidão faz com que apliquemos essas percepções defensivas em situações que são neutras ou benignas. Essas expectativas negativas, então, encontram um modo de se tornarem profecias que se autoconcretizam.

Mas, por mais lúgubre que essa dança interpessoal pareça, o fato de que a solidão nos faz contribuir involuntariamente para a coreografia é, na verdade, uma vantagem. A mesma cognição social que amplia o problema também nos proporciona um ponto de acesso. O modo como emolduramos a realidade pelo filtro de nossos próprios pensamentos é algo que, com esforço, podemos aprender a modificar. A mesma sensação de ameaça que acumulamos inconscientemente, podemos aprender, de maneira muito consciente, a moderar.

Assumindo o comando

Sempre me pareceu que certas figuras públicas se mostram perpetuamente isoladas (pense no Príncipe Charles), enquanto outras se mostram cálidas e magnéticas (pense em Oprah). Na vida privada, também, algumas pessoas parecem ser conectores sociais naturais, aquelas que facilmente estabelecem laços com outros e de quem todo mundo gosta de estar próximo. Em geral, embora nem sempre, são felizes no casamento e têm uma elevada inteligência tanto social quanto emocional. Mas essas pessoas de sorte raramente são santos, astros de televisão, políticos cativantes ou celebridades radiantes. Sua qualidade distintiva não é a habilidade em dar uma grande festa ou governar as massas, mas um elemento de calidez, abertura e generosidade que envolve os outros. É muito mais fácil vê-los ajudando na escola de seus filhos ou fazendo hora extra no trabalho do que atravessando o tapete vermelho cercados por paparazzi. E, principalmente, com essas habilidades inerentes, essas pessoas afortunadas não diferem de nenhum de nós.

O segredo para ganhar acesso ao vínculo e ao contentamento social é deixar-se distrair menos por nossas próprias questões psicológicas — especialmente as distorções baseadas em sensações de ameaça. Quando qualquer um de nós se sente conectado, a ausência de dor social e de sensação de ameaça nos permite estar verdadeiramente *presente*: em sincronia com os outros. Essa falta de excitação negativa nos deixa livres para estarmos mais engajados e disponíveis de maneira mais genuína para qualquer vínculo real que se desenvolva. Se uma sensação de pertencimento influencia a cognição é em uma direção positiva e generosa que nos ergue ao mesmo tempo em que estimula aos outros. Estar socialmente satisfeito não faz de nós a alma de uma festa, mas uma influência generosa e otimista com frequência significa que os outros vão nos achar mais agradáveis e até mais interessantes.

Uma das descobertas mais intrigantes sobre o sentimento de estar socialmente satisfeito é que essa disposição, livre da dor social e das cognições sociais distorcidas que essa dor provoca, também dá ao indivíduo um alicerce muito estável — e muito saudável. Quando nos sentimos ligados aos outros geralmente estamos menos agitados e menos estressados do que quando nos sentimos sós. Em geral, sentir-se conectado também diminui os sentimentos de hostilidade e a depressão. Tudo isso pode provocar efeitos muito positivos em nossa saúde.

Assim como os vínculos sociais ajudam a manter com mais suavidade todo nosso aparato físico em operação, a autorregulação — a soma total dos esforços mentais e fisiológicos de um indivíduo para chegar ao equilíbrio — se propaga para as outras pessoas. Uma pessoa bem regulada, socialmente satisfeita, emite sinais sociais mais harmoniosos e mais em sincronia com o resto do ambiente. Não é surpreendente que os sinais que ele ou ela recebe de volta sejam também mais harmônicos e mais sincronizados. Essas ondulações de ida e volta entre uns indivíduos e outros são o corolário da autorregulação que chamamos de corregulação.[17]

Nas páginas que seguem, mergulharei mais profundamente na autorregulação, na corregulação e em muitas outras forças genéticas e ambientais que influenciam nossa experiência como seres humanos. Para tornar os benefícios — assim como a urgência — do vínculo social mais convincente e mais acessível, examinarei as consequências tangíveis tanto da dor social quanto do contentamento social, junto com seus sustentáculos científicos. Quero demonstrar as muitas formas em que a solidão serve como uma nova visão do que somos como espécie. Quero utilizar as recentes descobertas de nossa pesquisa, tramadas a partir de um esqueleto evolutivo, para começar a tentar mudar nossa visão cultural distorcida da natureza humana, seu foco no indivíduo isolado como a medida própria de todas as coisas. Mas meu objetivo mais imediato é ajudar os satisfeitos socialmente a saltar do bom para o ótimo, ao mesmo tempo ajudando os solitários a recuperar o controle sobre suas vidas. É minha crença que, com um pouco de encorajamento, quase qualquer pessoa pode emergir da prisão da cognição social distorcida e aprender a modificar suas interações autodestrutivas. O que parece confinamento em uma solitária, em outras palavras, não precisa ser uma sentença de prisão perpétua.

2

Variação, regulação e
uma coleira elástica

ENTRE O COLÉGIO e a faculdade, um jovem chamado Greg mudou-se para Nova York, sem muita certeza quanto ao que queria fazer de sua vida. Vinha de um lugar pouco diferente do de Katie Bishop — uma cidadezinha do interior dos EUA — e nos primeiros meses estava feliz de estar na grande metrópole. À noite, depois do trabalho, sozinho e desimpedido, ia de metrô até os mais diversos pontos de Manhattan e ficava perambulando pelas ruas, absorvendo todas as vistas e todos os sons. Tinha um emprego bastante monótono, mas ainda assim sentia que estava no lugar certo e que enfim havia se libertado para começar a descobrir o que de fato queria ser.

Então Jean, uma garota com quem ele costumava sair no último ano do colégio, veio à cidade. Ela precisava de um lugar onde ficar, uma coisa levou à outra e, sem pensar muito, Greg alegremente sugeriu que ela se mudasse para o apartamento dele. O resultado desse convite impulsivo foi alguém, que estava muito feliz sozinho, de súbito se ver com uma companheira. Ela era adorável, e ele gostava mesmo dela, mas logo percebeu que não estava emocionalmente preparado para tanto. Para complicar a questão, Jean não abraçou Nova York com a mesma vontade que ele. Contava com Greg como guia e ajudante na resolução de todas as complicações de morar na cidade. Começou a exigir cada vez mais não só do tempo dele, mas de seu comprometimento. Depois de algumas semanas começaram a aparecer no apartamento uma nova roupa de cama, uma toalha de mesa e vários utensílios domésticos. Algumas semanas mais e ela começou a falar de casamento. Claramente, havia um descompasso no que ambos queriam e desejavam da relação. Isso forçou Greg a abrir o jogo. Ao dizer que cometera um erro ao chamá-la para morar com ele, provocou uma grande cena dramática em que ela alardeou toda a futilidade e toda a imaturidade dele. Ele não tinha defesa contra suas acusações de desleixo. Sentia-se culpado, e as palavras duras dela o encheram de vergonha. Então ela disse quanto o amava. Ela não tinha amigos na cidade, ainda não tinha conseguido trabalho e simplesmente não conseguia encarar a humilhação de voltar desse jeito para casa. Queria que ficassem juntos.

Abatido e confuso, Greg não conseguia estabelecer um plano eficiente de ação, e acabou perdendo as forças. Por semanas trabalhava como um sonâmbulo, e ao voltar para casa não tinha nada a dizer. Estava angustiado e deprimido, talvez a pior parte fosse a profunda sensação de solidão que o consumia. Já tinha uma tremenda dificuldade de expressar seus sentimentos e, depois de seu grande momento confessional, tentar falar mais sobre a situação deles parecia inútil. Estava distanciado dos pais, e tinha vergonha demais de sua condição para se abrir com qualquer outra pessoa.

Uma noite foi encontrar Jean depois de sua aula de dança num teatro em Greenwich Village. Enquanto esperava no saguão, observava através da grande janela de vidro as pessoas na escada da frente. Sentia o fardo de suas emoções conflitantes assim como os problemas práticos que criara, e esses dilemas cresceram em sua mente até ele se ver sem esperanças e absolutamente aprisionado. Por um instante viu seu próprio reflexo no vidro, e a expressão tristonha em seu rosto parecia bem amarga. Então ele percebeu: "Esse não é o meu reflexo; é outra pessoa me olhando." Um dos sujeitos da frente, maltrapilho e desajeitado, reparara que Greg estava olhando para fora com cara de desânimo e se pusera na frente dele do outro lado da janela. O que Greg pensou que fosse seu reflexo era na verdade outra pessoa fazendo uma imitação precisa daquele "jovem absorvido em seus pensamentos parecendo miserável". O sujeito então deu um salto para trás, arregalando os olhos e escancarando a boca, surpreso, e até Greg teve que rir. Esse breve instante de interação humana não penetrou só em sua melancolia, mas também em seu confinamento autoimposto. Depois desse episódio ele voltou ao combate, e lentamente começou a resolver o problema que criara para si e para Jean.

Para Katie Bishop, a necessidade mínima diária de vínculo social era condicionada geneticamente a ser "alta". Quando adulta, ela sabia que precisava de algo diferente — só não tinha muita certeza quanto a qual seria o "algo diferente" certo.

Quanto a Greg, seu termostato genético de vínculo exigia algo muito menor. Ele de fato gostava de estar sozinho. Ainda assim, também ele ficou preso por um tempo na solidão, não por sua mudança dramática de cenário, mas por um dramático descompasso em seu ambiente social mais íntimo.

O famoso biólogo evolutivo Edward O. Wilson descreve que os genes colocam uma "coleira" em nosso comportamento, mas uma coleira muito elástica. Nossa herança genética impõe certas restrições, mas também nos dá um considerável espaço de manobra. Quando pais se gabam do talento do filho para a música, o esporte ou a matemática, ou quando lamentam seu talento para as travessuras, muitas vezes se perguntam sobre a importância relativa de duas influências principais: o DNA e o mundo que nos circunda. Em círculos acadêmicos, e por suas implicações em políticas públicas, a mesma pergunta tem sido há décadas assunto de debates acalorados. O psicólogo Donald Hebb comparou a interrogação "O que contribui mais para a personalidade, a natureza ou a educação?" à questão do que contribui mais para a área de um retângulo, a largura ou o comprimento. A resposta não é um "tanto um quanto outro" nem um "ambos". Não é simplesmente o que os genes *acrescentam* ao ambiente, e sim como eles *interagem com* o ambiente o que tipicamente determina a expressão dos aspectos mais básicos da personalidade. A influência da hereditariedade significa apenas que certos indivíduos, por sua dotação genética, têm uma maior necessidade de vínculo com os outros, ou uma maior sensibilidade à ausência deles. Se de fato se sentem ou não sozinhos, tanto por períodos breves quanto ao longo da vida, isso depende do ambiente — incluindo o ambiente social — e o ambiente é influenciado por muitos fatores diferentes, incluindo os pensamentos e as ações do próprio indivíduo.

Para realmente entender como a influência genética opera, precisamos cavar fundo e examinar como esses genes estão a princípio envolvidos. Um conceito de que podemos ter certeza é que a natureza abraça a variedade. As condições na natureza nunca são inteiramente estáveis, de modo que cada conjunto genético guarda muitas opções diferentes de reserva, o que pode explicar por que as populações humanas contêm tanto membros cuja necessidade de proximidade é menos intensa quanto outros cujo foco para a empatia e a sociabilidade é mais sintonizado. As virtudes naturais da diversidade também sugerem que, no nível do indivíduo, um jeito de ser não é melhor que outro. Os que são muito vulneráveis a sentir a falta de vínculos podem ser socialmente aceitos, e os que têm baixa necessidade podem se sentir solitários. Os problemas surgem quando há um descompasso entre o nível de vínculo social desejado e o nível que o ambiente proporciona.

O termostato genético

O modo padrão de separar o componente hereditário (genético) do componente ambiental em qualquer característica humana — incluindo a intensidade relativa de nosso apetite por vínculo social — é fazer estudos de longo prazo com gêmeos. Gêmeos bivitelinos ocorrem quando dois óvulos separados são fertilizados no mesmo ciclo menstrual e se desenvolvem juntos no útero. Como vêm de óvulos diferentes, esses pares não são mais parecidos geneticamente do que quaisquer irmãos nascidos em gestações separadas: na média, têm em comum 50% dos genes.

Por outro lado, gêmeos idênticos ocorrem quando um óvulo se divide em dois depois de ser fertilizado, dando origem a dois embriões no início do processo de desenvolvimento. Salvo anomalias, gêmeos idênticos são, para todos os propósitos, 100% iguais em seus genes.

De 1991 a 2003, Dorret Boomsma, da Universidade Livre de Amsterdam, pediu a milhares de gêmeos idênticos, localizados pelo Registro de Gêmeos da Holanda, para classificar quão aplicáveis em suas vidas eram determinadas afirmações. Duas dessas afirmações serviam como medidas bastante diretas de solidão: "Ninguém me ama" e "Me sinto só". Examinando como cada par de gêmeos holandeses respondeu a essas indagações ao longo dos anos, descobrimos que os indivíduos que se sentiam sozinhos no começo do estudo tendiam a se sentirem sozinhos dois, seis ou mesmo dez anos depois. Da mesma maneira, os que estavam seguros e satisfeitos socialmente no começo do estudo tendiam a manter os mesmos sentimentos mais tarde. Mas, para além dessa relativa estabilidade, quando encontrávamos a solidão em um membro de um par de gêmeos idênticos, nossa predição de solidão no segundo membro do par estava certa em cerca de 48% dos casos.

Para entender o significado dessa capacidade de previsão, considere que o fato de um indivíduo se sentir ou não se sentir só é uma proposição de 50% e 50%, como atirar uma moeda. Mas nossa precisão preditiva de 48% não se baseia em um único arremesso de moeda. Foi uma capacidade de prever o resultado 48% das vezes *ao longo de toda uma série de milhares de pares de gêmeos.* A chance de acertar por acaso metade das vezes em uma série de milhares de proposições 50-50 é virtualmente nula. Então o que nossa capacidade de previsão indica é a influência da hereditariedade. Vale dizer que um coeficiente de hereditariedade de aproximadamente 0,48 se mantém verdadeiro para a maioria das outras características de personalidade influenciadas pela genética, como a tendência à neurose, a afabilidade e a ansiedade.

Como a imagem da coleira de E. O. Wilson sugere, a hereditariedade nos comportamentos humanos significa que os genes orientam o rumo, mas que o ambiente ainda influencia fortemente o destino final. A influência dos genes em uma característica puramente física como a cor dos olhos em geral é de 100%, assim como a influência dos genes em certas condições como a doença de Huntington. Nesses casos, os genes são de fato destino; o ambiente nunca vai alterar o resultado. Com a indução genética a uma maior necessidade de sentimentos de vínculo, contudo, uma contribuição genética de 48% permite uma contribuição de 52% do mundo em que vivemos.

Na mediação entre os genes e o ambiente está o organismo — isto é, você e eu. E é aqui que a cognição social — nossas percepções subjetivas — ganha um papel importante em determinar o rumo da rede.

Receptividade e resiliência

Alguns anos atrás me pediram para dar uma palestra em um congresso científico em Granada, na Espanha. O convite vinha em um momento particularmente atribulado de minha vida, mas eu estava gostando muito do meu trabalho, sentindo-me otimista, e sempre ansiara participar desse encontro. De modo que desconsiderei a inconveniência de mais uma viagem e de mais um compromisso e pedi à minha secretária que reservasse a passagem. Mal sabia eu que estava embarcando em uma demonstração não intencional de como a mente faz o papel de porteira dos vínculos sociais e de seus benefícios.

No dia da viagem, peguei minhas passagens no caminho até a porta, apressado como sempre, e quando cheguei ao aeroporto descobri que o voo fazia conexão em Miami. Pensei que aquilo não estava certo, e fui até a companhia aérea para perguntar:

— Este é o voo para Granada?

— É — disse o atendente. — Sai em uma hora.

Nunca havia viajado de Chicago para a Europa passando por Miami, mas tinha um monte de trabalhos para corrigir, então não pensei mais no assunto. Sentei-me na área de espera, saquei a pilha de trabalhos e comecei a lê-los com toda atenção. Minha concentração só se interrompeu com "a última chamada para embarque", quando tive de correr através da porta e da ponte de acesso.

Quatro horas depois estava em Miami, seguindo outros passageiros para fora daquele avião e para dentro de outro, avançando vagarosamente pelo corredor, tentando encontrar meu assento para a segunda perna da minha jornada. Ocorreu-me que esse era o menor avião para um voo transatlântico que eu já vira, de modo que ao passar pela aeromoça perguntei:

— Estamos indo para Granada, certo?

Ela mostrou os dentes reluzentes e assentiu com a cabeça.

— Está escrito que chegamos lá à uma da manhã? — insisti. — Achei que fosse levar a noite toda.

— Ah, não é tão longe — ela me garantiu.

— Certo. — Talvez eu não estivesse entendendo alguma coisa. Mas também não estava com humor para questionar uma grande empresa aérea. Além do mais, estava ávido para voltar a avaliar os trabalhos dos meus alunos.

Apesar disso, uma vez que me estabeleci na poltrona e afivelei o cinto, percorri um parágrafo ou dois e logo caí no sono. A próxima coisa que soube é que estávamos na aproximação final, com as engrenagens de pouso dando solavancos sob mim.

Depois de taxiar até o portão e assim que a tripulação abriu as portas, recolhi meu laptop, meus papéis e minha mala de mão e desci do avião. Estava escuro e eu ainda estava um pouco grogue, mas a paisagem era parecida com o sul da Espanha o bastante para me tranquilizar. Ainda assim, algo não estava certo. Tinha uma estranha sensação de *déjà vu*.

Passei pelo controle de passaporte, subi num táxi e disse em espanhol:

— Hotel Saray, por favor.

O motorista replicou em inglês:

— O que você disse, cara?

Seu sotaque era diferente, e definitivamente não era espanhol.

Cerca de vinte anos antes, de férias, eu visitara Saint George, capital da ilha de Grenada. Bateu-me um leve enjoo quando ficou claro por que tudo me parecia vagamente familiar.

Engoli seco e fiz a pergunta óbvia, acentuando a pronúncia do nome em inglês:

— Estamos em Gre-nei-da?

O motorista respondeu:

— Claro, cara. O que você pensava?

De Chicago a Miami, conexão com um jato pequeno — esse trajeto nada tinha a ver com Gra-na-da, Espanha. Eu acabava de pousar no Caribe. Não estava apenas no país errado, mas do lado errado do planeta.

Corri de volta para o aeroporto, com a improvável esperança de que um voo de volta pudesse me levar até a Europa até o fim da noite. O próximo voo para Miami era às seis da manhã, no horário do Caribe. Não havia jeito de voltar aos EUA e em seguida ir até a Espanha a tempo de chegar para o congresso.

Considerei as opções por um momento longo e doloroso. Em seguida percebi o olhar compassivo da mulher atrás do balcão e suspirei.

— Só me leve de volta a Chicago — disse.

Estava exausto, e me sentia como um idiota. Já tinha feito muitas coisas ridículas na vida, mas pousar do lado errado do mundo para dar uma palestra científica era inédito até para mim. Os funcionários da companhia aérea foram muito atenciosos (pareciam já ter passado por esse tipo de coisa antes). Deram-me uma passagem para o voo das seis da manhã de volta à Flórida e arranjaram um hotel em que eu pudesse passar a noite.

Durante o percurso pelas ruas silenciosas da pequena cidade, pensei em tentar contatar meus colegas para avisar que não iria. Eu tinha um compromisso com aquelas pessoas e devia fazer jus a ele. Assim que fiz o registro no hotel e cheguei ao quarto, peguei o telefone e tentei ligar para a Espanha. Mas já passava das duas da manhã e a telefonia encerrara seus serviços.

Primeira vez que viajei para o país errado, primeira vez que seria um irresponsável ausente em um encontro científico, e não havia nada que eu pudesse fazer. Podia sentir minhas têmporas pulsando.

Então baixou uma tranquilidade. Percebi que não era o fim do mundo. Não era sequer uma questão de vida ou morte. Meus colegas já haviam me ouvido falar antes, e não sofreriam por perder a chance de ver meus gráficos e apresentações de PowerPoint.

Eu estava começando a me sentir melhor. Ainda assim, estava tenso demais para dormir, de modo que decidi descer para o bar do hotel para relaxar e ler mais alguns trabalhos antes de encerrar a jornada.

Sendo o Caribe, a companhia aérea havia me hospedado em um hotel resort — algo que havia deixado de notar na chegada, minha mente correndo a zilhões de quilômetros por hora. Tive a grata surpresa de que, mesmo muito depois da meia-noite, o bar estava animado, e havia um grupo em particular se divertindo bastante, cerca de uma dúzia de homens e mulheres conversando e rindo com excelente disposição. Eu me sentei a algumas cadeiras de distância deles e comecei a corrigir o próximo trabalho, mas não levou muito tempo até que um deles viesse me perguntar o que estava fazendo. Deus sabe que eu devia parecer muito deslocado ali — Super Nerd nas ilhas. A conversa logo levou à razão por que eu havia ido parar em um bar de hotel em Saint George e não em um voo em direção à Espanha, e todos rimos muito com a história. Calhou de que meus novos conhecidos eram jogadores de futebol ingleses de férias com suas famílias. Eu jogara futebol no colégio e na faculdade e, apesar de nunca ter sido muito bom, amava o jogo. Então conversamos sobre esportes, e em seguida sobre outras coisas. Ainda estávamos falando e rindo quando notei que o céu clareava e que era hora de voltar para o aeroporto e ir para casa.

A ironia, é claro, é que o trabalho que faço, e o trabalho sobre o qual ia falar em Granada, trata sobretudo do bálsamo que as relações podem proporcionar para os estresses da vida, mesmo o estresse de estar encalhado muito longe de onde devíamos estar. E, mais ainda, o verdadeiro ponto da história é que o poder confortador do vínculo social depende de ter um canal aberto para recebê-lo.

Nosso nível de vulnerabilidade para nos sentirmos desvinculados está, em parte, à mercê de nossos genes. A autorregulação que mantém nossos receptores sociais livres e estáticos pode ser difícil quando o ambiente faz tudo o que pode para frustrar nossa busca pelo que os genes demandam. Mas nossos pensamentos são algo a que podemos recorrer diretamente, razão pela qual podemos usar a cognição social como alavanca para recuperar o controle sobre nossa experiência social. O modo como pensamos as situações sociais pode nos preparar para metabolizar as qualidades quase medicinais do afeto social, ou pode nos predispor a confirmar o cínico aforismo de que "o inferno são os outros".

Servindo como alerta para restaurar os laços sociais, a solidão aumenta a sensibilidade dos nossos receptores de sinais sociais. Ao mesmo tempo, devido ao medo profundamente enraizado que representa, a solidão perturba a forma como esses sinais são processados, diminuindo a precisão da mensagem transmitida de fato. Quando nos sentimos persistentemente sozinhos, essa influência dual — mais sensibilidade, menos precisão — pode nos fazer interpretar mal sinais sociais que outros nem mesmo detectam ou, se detectam, interpretam de modo muito diferente.

Ler e interpretar sinais sociais é para qualquer um de nós, em qualquer tempo, uma atividade difícil e cognitivamente complexa, e é por isso que nossa mente abraça qualquer atalho que simplifique o trabalho. Tipicamente, começamos formando expectativas emocionais, depois usamos nosso poder de raciocínio para confirmar o que as nossas emoções nos fizeram esperar. Fazemos isso ao formar nossas primeiras impressões das pessoas e das situações, ao formar nossas opiniões políticas e muitas de nossas preferências.[1] Invariavelmente nos valemos de atalhos cognitivos, mas quando nos sentimos sós, as expectativas sociais e os julgamentos súbitos que criamos em geral são pessimistas. Então os utilizamos para construir um muro contra as avaliações negativas e a rejeição máxima que a natureza, temerosa da solidão, nos encoraja a antecipar.

Quando nos sentimos socialmente conectados, tal como a maioria de nós se sente na maior parte do tempo, tendemos a atribuir o sucesso às nossas próprias ações, e o fracasso, ao azar. Quando nos sentimos socialmente isolados e deprimidos, tendemos a inverter essa útil ilusão e a transformar mesmo os menores erros em catástrofes — ao menos em nossas mentes. Enquanto isso, usamos os mesmos atalhos cognitivos do dia a dia para tentar armar uma barricada contra a crítica e a responsabilidade pelos nossos estragos. O resultado em cadeia é que, com o passar do tempo, se ficarmos presos à solidão, esse complexo padrão de comportamento pode contribuir para nosso isolamento em relação a outras pessoas.

Para cada um de nós, o equilíbrio entre a necessidade e a satisfação pode se alterar, e as pressões sobre nossa habilidade em regular as emoções podem variar. Houve muitos momentos na minha vida em que me senti muito sozinho, mas, por sorte, quando fiz minha viagem inadvertida para Grenada, eu estava particularmente alegre e conectado. Pode ser por isso que, mesmo sabendo que perder o encontro na Espanha ia deixar certos colegas muito chateados comigo, nunca imaginei que a gafe faria de mim um pária. Houvesse essa confusão acontecido em uma fase mais difícil da minha vida, uma fase em que eu estivesse me sentindo isolado, em termos pessoais ou profissionais, minha reação poderia ter sido muito diferente. Eu poderia não ter sido capaz de aceitar e me adaptar à circunstância tão besta e vergonhosa em que me encontrava. Naquele belo resort em Grenada, eu poderia ter ficado remoendo a história em minha mente a noite inteira, revivendo a raiva e a humilhação. Assim que as linhas telefônicas fossem desbloqueadas de manhã, poderia ter ligado para minha secretária e soltado os cachorros, culpando-a pelo fiasco (negando a contribuição de minha considerável falta de atenção — ao não verificar direito o destino escrito na passagem, ao ignorar os claros sinais de que estava na rota errada). Ou, quando desci até o bar, meu objetivo poderia ter sido afogar meus problemas no álcool. Em vez de me deixar levar pela conversa amigável com o grupo de estranhos, eu poderia ter evitado a conversa por medo de me expor ao ridículo e à exclusão social: "Você fez o quê!!??" Na verdade, todos no bar do hotel naquela noite compartilharam o riso pelo professor desatento e tão distraído que se deixou levar a Gre-nei-da em vez de Gra-na-da. Mas, estando em um bom lugar no que diz respeito a meus sentimentos de pertencimento social, eu mesmo fui capaz de achar aquilo engraçado, e foi essa percepção relaxada que me permitiu atravessar essa experiência sem sofrer tanto assim.

O preço da solidão

Quando voltei de minha viagem indesejada para o Caribe, minha secretária e eu também conseguimos rir do incidente. Aproveitamos para fazer um pacto de que, conhecendo minhas preocupações mais que eventuais, tentaríamos ao menos me manter na região geográfica correta. Mas, além de restringir a história do professor distraído para brindes e ocasiões similares, de modo geral encerramos a questão por aí.

A solidão, em contraste, pode nos tornar menos capazes de superar as perturbações normais, os contratempos, os erros da vida cotidiana. A inabilidade de deixar passar esse tipo de acontecimento tem, em contrapartida, consequências tanto sociais quanto fisiológicas: a solidão provoca uma diferença sutil, porém persistente, na função cardiovascular, o que pode provocar danos maiores com o passar do tempo. Essa descoberta, combinada com o fato de que a solidão pode persistir e permanecer estável ao longo dos anos, significa que seus efeitos negativos à saúde, mesmo os mais sutis, têm muito tempo para crescer e se estabelecer.[2]

Em pessoas jovens, a solidão não está associada a comportamentos evidentemente prejudiciais à saúde. Entre jovens, na verdade, o consumo de álcool — ao menos como representado no ato de beber socialmente — é um problema menor entre os que são solitários do que entre os que se sentem satisfeitos em seus vínculos sociais. Na meia-idade, contudo, adultos solitários consomem mais álcool e se engajam em menos atividades físicas do que os não solitários.[3] Também sua dieta tem mais gordura. Dormem tanto quanto os não solitários, mas seu sono é menos eficiente, menos restaurativo, e eles contam sentir mais fadiga ao longo do dia.[4]

Ainda que as medidas objetivas sugiram que suas circunstâncias não são mais estressantes do que as dos que estão contentes socialmente, os jovens solitários creem levar uma vida mais dura, e, com o passar do tempo, o estresse dessa sensação subjetiva de estar sob pressão pode criar um desgaste em todo o organismo. Quando chegam à meia-idade, os cronicamente solitários de fato têm de aguentar mais estressores objetivos do que os satisfeitos socialmente. Adultos de meia-idade solitários têm mais divórcios, mais desentendimentos com os vizinhos, mais estremecimentos com a família. Na meia-idade, a vida dura que eles acreditavam estar vivendo antes se torna uma realidade.[5]

Porém, vale ressaltar uma vez mais, as pessoas que ficam presas à solidão não fizeram nada de errado. Nenhum de nós está imune a sentimentos de isolamento, assim como nenhum de nós está imune a sentimentos de fome e de dor física. A interação entre a disposição genética e as circunstâncias da vida que constitui a solidão em geral está além do nosso controle. Contudo, uma vez despertados, os pensamentos defensivos que a solidão gera — uma cognição social solitária — podem fazer qualquer mínimo obstáculo social parecer uma montanha. Quando nos sentimos sós não apenas reagimos com mais intensidade às coisas negativas; também experimentamos menos conforto e menos alívio com as positivas. Mesmo quando somos bem-sucedidos em obter o apoio de um amigo ou de alguém querido, se estamos nos sentindo sós tendemos a perceber a troca como menos satisfatória do que esperaríamos que fosse.

Para criaturas moldadas pela evolução para se sentirem seguras quando em companhia e ameaçadas quando sozinhas contra a própria vontade, as sensações de isolamento e as percepções de ameaça colaboram em promover um nível mais alto e mais persistente de cautela. Para nos preparar para reagirmos com eficiência quando confrontados por ameaças físicas, a natureza nos dotou com a habilidade de sermos cognitivamente hipervigilantes, assim como de uma cadeia de respostas fisiológicas conhecidas como reação de "luta-ou-fuga". Mas a instalação neurológica de que dependemos hoje evoluiu em resposta aos tipos de estressores de luta-ou-fuga que nos afligiam milhões de anos atrás. Como resultado, nossa reação ao estresse inclui uma incitação à ação imediata que aumenta a resistência do sistema cardiovascular e inunda o corpo de hormônios que nos aceleram. Se estivéssemos nos defendendo de cães selvagens, esses hormônios poderiam ajudar a salvar nossas vidas. Porém, quando o estressor consiste em sentir-se isolado ou pouco querido, a presença constante dessas substâncias excitantes age como uma força corrosiva que acelera o processo de envelhecimento.

Por sorte, o efeito opressivo do estresse proporcionado pela sensação persistente de estar sozinho é só parte da história. Nossa pesquisa leva em conta toda a constelação de acontecimentos sociais, psicológicos e biológicos, incluindo o contrapeso fundamental ao sistema luta-ou-fuga: o que meus colegas e eu chamamos de fisiologia de descansar e digerir. Assim como nossas células e órgãos passam por um desgaste, frequentemente como resultado do estresse, também se beneficiam de processos inerentes de reparo e manutenção associados a comportamentos restaurativos como o sono profundo. Como se pode esperar pelo que vimos até o momento, algumas dessas funções de manutenção e reparo da mente e do corpo humanos também são fortemente influenciadas pelo mundo social.

Uma coleira, mas elástica

Biólogos moleculares certa vez estimaram que o DNA humano continha algo na ordem de cem mil genes. Isso parecia fazer sentido, dado o número de processos celulares operando em nossa fisiologia, nosso intrincado aparelho neural, e os contornos tão sutis de nosso comportamento infinitamente complexo. Mas quando enfim conseguiram mapear o genoma humano inteiro, detalhando todas as instruções genéticas que, se seguidas por um embrião em desenvolvimento, resultam em um ser humano inteiramente funcional, descobriram que temos pouquíssimos genes a mais que o *Caenorhabditis elegans* (um verme), e metade dos genes da *Oryza sativa* (a planta cultivada que dá o arroz). O número revisado de genes do genoma humano revelou ser de cerca de 30 mil.[6] Mais recentemente, esse número foi de novo diminuído, para algo entre 20 e 25 mil.[7] As complexidades distintivas dos humanos não dependem tanto do número de genes, e sim, uma vez mais, das maneiras como esses genes interagem uns com os outros e com o mundo ao redor, por meio dos sistemas sensorial, integrativos e motor que os genes controlam. O que parece bem apropriado para uma criatura tão dependente de vínculos sociais interativos e tão dotada a se adaptar em novos ambientes.

Relativamente ao tamanho do corpo, a quantidade de massa cinzenta no cérebro humano como um todo — mesmo a quantidade no córtex pré-frontal, a parte envolvida na autorregulação e em outras funções executivas — é só um pouco maior nos humanos do que em nossos primos macacos.[8] Para nosso tamanho, temos mais neurônios corticais do que outros mamíferos, mas pouco mais do que as baleias e os elefantes.[9] Nossa vantagem cognitiva reside na combinação e no aprimoramento de propriedades que já existem em nossos parentes próximos: os chimpanzés, e outra espécie bem próxima, os bonobos. Ser mais inteligente tem valor adaptativo para grandes mamíferos porque facilita a descoberta de formas melhores de encontrar e capturar a comida, de evitar perigos, de atravessar territórios, mas as complexidades dessas demandas perdem a importância em comparação com as complexidades da vida social. A vida em grupo valoriza a habilidade de reconhecer o estado mental dos outros — uma capacidade chamada de "teoria da mente". Mas, vale lembrar, a teoria da mente é uma forma de cognição social, uma habilidade que logo se distorce durante a experiência de solidão.

Existe uma armadilha

Ainda que se seja um sujeito relativamente independente, como Greg, ou alguém que precise de proximidade, como Katie, ninguém quer sentir a dor da solidão, e ninguém deve ser culpado por se deixar enredar nela. O que faz da solidão algo especialmente insidioso é o fato de conter uma armadilha: o alívio real em relação à solidão requer a cooperação de ao menos uma outra pessoa e, no entanto, quanto mais crônica a solidão se torna, menos preparados estamos para atrair essa cooperação. Outros estados negativos, como a fome e a dor, que nos motivam a fazer alterações para modificar condições desagradáveis ou adversas, podem ser manipulados com uma ação simples e individual. Quando você está com fome, come. Quando sente uma dor na sola do pé, afasta-o do chão. Mas quando o estado desagradável é a solidão, o melhor alívio é estabelecer um vínculo com outra pessoa. Cada um dos indivíduos envolvidos deve estar a fim de estabelecê-lo, deve estar disponível para isso, e deve seguir mais ou menos a mesma programação. A frustração causada pelas dificuldades impostas por esses termos pode provocar hostilidade, depressão, desespero, pode prejudicar a capacidade de percepção social, assim como diminuir o senso de autocontrole. É aí que falha a autorregulação, o que, combinado com o desejo de mascarar a dor com qualquer prazer disponível, pode conduzir a relações sexuais impensadas, uma quantidade exagerada de álcool ou a uma colher pegajosa no fundo de um grande pote vazio de sorvete. Quando esse ciclo negativo começa a ecoar em nossa vida, os outros podem passar a nos ver de maneira menos favorável por causa de nosso comportamento de autoproteção, às vezes distante, às vezes cáustico. Isso, em contrapartida, só reforça nossas expectativas sociais pessimistas. Agora os outros realmente estão começando a nos tratar mal, o que parece aumentar a bola de neve e fazer com que o ciclo de comportamento defensivo e resultados sociais negativos. role cada vez mais rápido montanha abaixo.

O que realmente aumenta essa bola de neve, enquanto essa perturbação exterior se estabelece, é o fato de a solidão também perturbar a regulação de processos celulares essenciais das profundezas do corpo. Dessa maneira, a solidão não só contribui para aumentar o isolamento social, como também nos predispõe a um envelhecimento precoce. A solidão crônica não nos deixa apenas miseráveis; também pode nos deixar doentes.

3

A perda do controle

LEVAR A VIDA como um ser humano feliz e saudável requer uma inteligência integrativa exercida pelos lóbulos frontais do cérebro, uma função que neurocientistas e psicólogos rotularam como controle executivo. Lembrar do próprio nome, assim como a aritmética mais simples, não requerem esse tipo de coordenação e integração intelectual. Algumas outras tarefas, como ler em sua língua nativa ou tocar uma música ao piano, uma vez dominadas são prontamente afastadas do controle executivo. No entanto, funções cognitivas mais complexas, incluindo as complexidades do comportamento social, demandam autorregulação para toda a vida. São esses comportamentos e essas cognições sociais que se desordenam quando nosso senso de pertencimento é abalado.

Quando dava aulas em Ohio, nos anos 1990, queríamos medir o efeito da solidão sobre a habilidade de focar e manter a atenção. Usamos a Escala de Solidão da UCLA para dividir estudantes voluntários em três grupos: os que se sentem muito sós, os que não se sentem nem um pouco sós e os que se veem em um estado intermediário a esses. Em seguida, submetemos esses grupos a um exame cognitivo chamado escuta dicótica.

Nosso experimento se baseava no fato de que o cérebro humano tem duas metades, ou hemisférios, que mantêm uma divisão de trabalho chamada lateralização. Isso significa que um lado ou o outro assume a liderança em regular funções específicas. Muito da compreensão e da produção de linguagem, por exemplo, é governado pelo hemisfério esquerdo.

Em grande medida, a noção espacial, assim como a variação de tom, cadência e volume da fala, são governados pelo direito. Uma nuance adicional é que, no que diz respeito à percepção sensorial e às habilidades motoras, o hemisfério esquerdo controla o lado direito do corpo e o hemisfério direito controla o lado esquerdo. O lado *esquerdo* do cérebro é levemente dominante na maioria das pessoas, o que significa que a maioria das pessoas são levemente mais fortes e hábeis na parte *direita* do corpo. Similarmente, a maioria das pessoas — sendo dominadas pelo hemisfério *esquerdo* na linguagem — são mais capazes de focar a atenção e captar os detalhes de informações verbais apresentadas em seu ouvido *direito*. Amiúde, essa vantagem geral do ouvido direito pode ser superada quando pedimos a voluntários em experimentos que se concentrem nos sons assimilados pelo ouvido esquerdo. Em outras palavras, ao empenhar um grande esforço executivo — a inteligência integrativa exercida pelos lóbulos frontais do cérebro — muitas vezes os voluntários são capazes de superar o favorecimento natural do ouvido direito.

Para haver consistência em nosso estudo sobre o efeito de se sentir isolado na escuta dicótica, escolhemos apenas estudantes destros (ou seja, pessoas que têm o hemisfério esquerdo como dominante) de todos os grupos (de nível alto, baixo e "normal" de solidão). Pedimos que utilizassem fones que nos permitissem separar e controlar os sons fornecidos a cada ouvido. A tarefa deles era identificar o som (um par de vogal e consoante como "ra" ou "vu") que lhes era apresentado em um ouvido enquanto sílabas irrelevantes eram apresentadas ao outro. Em geral, quando não recebiam qualquer instrução quanto a qual ouvido dar atenção, os estudantes mostravam a vantagem do ouvido direito — a precisão era maior na identificação dos sons advindos desse lado. Quando instruídos a prestar atenção no direito, ou seja, no ouvido dominante, os três grupos se saíram igualmente bem. Quando lhes pedimos para prestar atenção no ouvido esquerdo — a anular conscientemente a predisposição natural de preferir o ouvido direito — os membros dos grupos "normal" e "baixo" ainda se saíram muito bem. Os estudantes identificados como solitários, no entanto, foram menos bem-sucedidos em impor um controle consciente. Tiveram menos precisão do que os outros grupos em desprezar o que ouviam no ouvido direito e identificar os sons escutados pelo esquerdo. A solidão, com efeito, provocou nesses indivíduos um déficit de atenção — ao menos no que diz respeito a essa tarefa específica, bastante difícil.[1]

Ligar e desligar

Assim como a diabete perturba nossa habilidade de autorregular o nível de açúcar no "ambiente interno" do sangue, a solidão pode perturbar nossa habilidade de autorregular o ambiente social, externo. Como veremos em seguida em numerosos exemplos, a inabilidade de usar a autorregulação para desligar a distração e focar a mente, com frequência, atrapalha nossas tentativas de estabelecer relações com os outros quando nos sentimos sós. Outros problemas na autorregulação especificamente atribuíveis à solidão afloram na forma de abuso de álcool, de drogas, bulimia nervosa, mesmo suicídio.[2] Mas muito antes da sensação de isolamento se manifestar nesses problemas sérios de saúde, uma autorregulação defeituosa faz com que indivíduos solitários, todos os dias e em todas partes, ajam de modos que, lamentavelmente, só reforçam sua solidão.

Embora o objetivo de ir a certos bares e boates pareça ser embebedar-se e conseguir companhia, quantas das pessoas que compõem a multidão estão na verdade sendo conduzidas por uma necessidade mais profunda de vínculo humano que simplesmente não sabem como encontrar? Que fracassem na tentativa de encontrar um vínculo realmente satisfatório em meio ao ruído retumbante e às conversas gritadas — amiúde interrompidas pelo celular de alguém — não é algo muito surpreendente. Infelizmente, seu fracasso em encontrar aquilo de que precisavam as torna ainda mais suscetíveis ao comportamento de perda sutil de controle que tantas vezes se inicia em bares e boates.

Ser capaz de autorregular as emoções e os comportamentos é uma parte importante do que nos faz humanos. A extensão em que confiamos no controle executivo como um membro efetivo da sociedade humana intensifica a tragédia quando um derrame, uma infecção ou um golpe danifica os sistemas cerebrais responsáveis por tal controle. O exemplo clássico é Phineas Gage, um ferroviário do século XIX que teve o cérebro

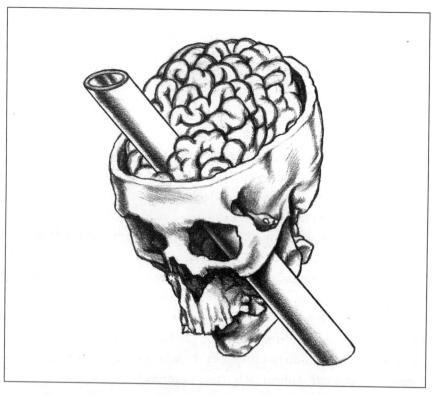

FIGURA 3. O trajeto do vergalhão de aço através da cabeça de Phineas Gage. Atravessou seu crânio e seu olho e destruiu porções de seu córtex orbitofrontal e pré-frontal ventromedial. Adaptado de H. Damasio, T. Grabowski, R. Frank, A. M. Galaburda, e A. R. Damasio, "The return of Phineas Gage: Clues about the brain from the skull of a famous pacient", *Science* 264, nº 5162 (20 de maio de 1994): 1102-5.

perfurado por um vergalhão de aço de um metro de comprimento (fino, por sorte) em um acidente de trabalho (ver figura 3). Uma hora depois do acidente ele estava conversando sobre sua experiência. Em poucos meses se recuperara de seus danos óbvios. Mas, de acordo com vários relatos, ele não era mais o jovem responsável e agradável, ou o jovem supervisor sério e consciencioso de antes. Tornara-se um desbocado de cabeça quente, incapaz de sustentar um emprego ou planejar o futuro. Seu médico o descreveu como "instável, irreverente, às vezes indulgente com as mais grosseiras profanações, o que não era antes seu costume, características manifestas pela pouca deferência em relação a seus colegas, pela falta de comedimento quando algo contradiz seus desejos, por um comportamento por vezes pertinaz e obstinado, caprichoso e vacilante (...) uma criança em sua capacidade e manifestações intelectuais, tendo as paixões animais de um homem forte".[3]

Embora suas capacidades físicas e mentais — atenção, percepção, memória, linguagem e inteligência — estivessem intactas, ele já não era capaz de fazer boas escolhas. Como já não era capaz de incorporar a suas interações sociais as convenções sociais e os conceitos éticos, suas decisões já não levavam em consideração as expectativas dos outros e, em consequência, não serviam mais a seus interesses de longo prazo, ou aos de qualquer outra pessoa.[4]

Um executivo estressado

Phineas Gage morreu na miséria doze anos depois do acidente. Duvido que apenas a solidão tenha contribuído para essa transformação dramática de personalidade, mas os psicólogos Roy Baumeister e Jean Twenge demonstraram que a sensação de ser excluído socialmente pode atrapalhar o exercício de algumas das características humanas que mais prezamos. Esses pesquisadores conseguiram as primeiras provas experimentais do que qualquer um que tenha ido à escola pode razoavelmente suspeitar: que se sentir excluído pode reduzir a função executiva o bastante para prejudicar o desempenho mental.

Para estudar os efeitos da falta de vínculos sociais sobre o controle executivo, Baumeister e sua equipe reuniram estudantes voluntários e pediram que preenchessem dois questionários: um teste de introversão/extroversão e o que eles descreveram como um inventário de personalidade. A equipe deu aos voluntários um relatório muito preciso dos resultados no teste de introversão/extroversão, mas apenas para reforçar o nível de tranquilidade e confiança dos estudantes. Essa tática foi necessária porque o retorno dos inventários de personalidade que eles iriam dar era inteiramente falso.

Por vezes, a pesquisa em ciências sociais pode parecer como um desses *reality shows* com câmera escondida que prende pessoas desavisadas em situações ridículas, quase sádicas. "Vocês têm sorte", disse o grupo de Baumeister a alguns dos voluntários. "Vocês são do tipo que terá relações recompensadoras ao longo da vida. O mais provável é que tenham amizades duradouras e um casamento longo e feliz, e que vivam cercados de pessoas que sempre se preocuparão profundamente com vocês."

Sobre outros, despejaram uma bomba psicológica bem considerável. "Sinto dizer isto, mas, de acordo com os seus resultados, você é do tipo que provavelmente vai acabar sozinho. Você pode ter amigos e relações agora, mas quando passar dos 25 anos a maior parte dessas pessoas terá se afastado. Pode até se casar... Na verdade, pode até passar por vários casamentos, mas o mais provável é que todos fracassem. Com certeza eles não vão prosperar quando você tiver mais de 30 anos. As relações simplesmente não vão durar para você. Tudo indica que você irá ser mais e mais solitário quanto mais tempo viver."

Para membros de um terceiro grupo, a equipe de pesquisa forneceu uma leitura do inventário de personalidade propositadamente sem sentido. "Você está inerentemente propenso a acidentes", disseram a esses. "Mesmo que essa tendência não tenha se expressado até o momento em sua vida, você pode ter certeza de que quebrará um braço ou uma perna algumas vezes, talvez até se envolvendo, frequentemente, em acidentes de carro mais tarde." O sentido de dar essas más notícias era criar o que os psicólogos chamam de "condição de infortúnio no controle". A equipe precisava dar um jeito de distinguir o efeito de más notícias genéricas do efeito de más notícias relacionadas especificamente com os vínculos sociais.

Vale observar que, quando experimentos como esse são finalizados, os pesquisadores explicam todos esses detalhes aos participantes, esforçando-se muito para garantir que ninguém saia do episódio com efeitos psicológicos negativos.

O propósito desse exercício não era o prazer perverso da manipulação psicológica, e sim a necessidade de dividir os participantes do estudo em três categorias: Futuro de Solidão, Futuro de Pertencimento e Infortúnio no Controle. Aí então começava o verdadeiro teste.

A equipe pedia aos participantes que descrevessem seu estado de ânimo. Depois pedia que fizessem uma parte do Exame Geral de Habilidade

Mental de uma prova universitária padrão, uma lista de perguntas que inclui avaliações da habilidade matemática e espacial e do raciocínio verbal.

Ao descrever seu estado de ânimo, aqueles que haviam recebido notícias ruins sobre seus relacionamentos sociais de longo prazo não mostraram qualquer traço de aflição emocional, o que sugere que seu declínio na habilidade cognitiva não era uma simples questão de estarem perturbados. Mesmo assim, o grupo do Futuro de Solidão se saiu significativamente pior nos exames do que o grupo do Futuro de Pertencimento, aqueles que haviam recebido a informação de que seu futuro seria socialmente cor-de-rosa. O grupo do Futuro de Solidão mostrou deficiência tanto em velocidade quanto em precisão.[5] Esse grupo também se saiu pior do que o de Infortúnio no Controle, aqueles que haviam recebido horríveis predições de calamidades físicas, em vez de sociais. Más notícias por si sós não foram suficientes para perturbar as habilidades mentais; só más notícias sobre vínculos sociais.

Mesmo sentimentos passageiros de que se terá que encarar um futuro de solidão podem aumentar a dificuldade de autorregulação, minando, como nesse caso, a habilidade de pensar claramente. (Não conte isto a seu filho da oitava série, mas não ser convidado a uma festa, embora não seja uma *justificativa* para se sair mal em uma prova de álgebra, pode ser uma *explicação* válida.)

Mas Baumeister e seus colegas queriam se aprofundar numa exploração mais plena da abrangência da performance cognitiva que podia estar vulnerável. Para chegar a essa análise mais sutil, fizeram outros estudos com pequenas variações.

Num deles, os três grupos de participantes completaram a medição de ânimo e então foram novamente divididos: alguns membros de cada grupo foram encarregados de fazer um exercício de raciocínio lógico, outros de memorização. No exercício de memorização — mais simples — os de Futuro de Solidão não se saíram pior do que os outros. No de raciocínio lógico, porém, os de Futuro de Solidão foram os que tentaram resolver a menor quantidade de problemas e os que mais erraram nas tentativas que fizeram. Saíram-se significativamente pior do que os de Futuro de Pertencimento e de Infortúnio no Controle. A perspectiva de um futuro em isolamento social não interferiu na habilidade mental corriqueira, mas apenas nos processos mais complicados de integração e coordenação. Em outro estudo um escaneamento do cérebro conduzido enquanto os sujeitos realizavam exercícios de matemática de dificuldade moderada confirmou que o cérebro dos participantes socialmente excluídos eram menos ativos nas mesmas áreas relacionadas ao controle executivo que, no exercício de escuta dicótica, lhes permitia focar a atenção.[6]

O desafio a longo prazo

Manter o controle é um desafio que enfrentamos em nossas vidas, e não apenas diante de problemas matemáticos ou experimentos sonoros. Quando crianças, todos residimos no território da gratificação imediata e do autointeresse, mas com o passar do tempo, e sob influências parentais apropriadas, aprendemos a não tomar à força os brinquedos de nossos colegas, a não bater nos irmãos, a não comer uma caixa inteira de biscoitos vinte minutos antes do jantar. Nossa facilidade em regular os impulsos melhora muito quando amadurecemos, mas a regulação ainda requer um controle superior, em especial quando temos que decidir se exercemos ou não o autodomínio: gastar ou economizar, comer o que dá prazer ou o que faz bem, assistir à televisão ou aprontar o imposto de renda.

Baumeister e sua equipe queriam descobrir se a perspectiva de um futuro solitário afetaria esses aspectos da autorregulação relacionados ao "autodomínio" da mesma maneira que afetava as habilidades cognitivas. Uma medida seria a habilidade de persistir em uma tarefa que daria uma recompensa a longo prazo, mas que fosse muito desagradável. Uma vez mais, por meio do resultado falso que manipulava os sentimentos de exclusão, os pesquisadores dividiram os participantes nos grupos: Futuro de Solidão, Futuro de Pertencimento e Infortúnio no Controle. Em seguida, deram a cada participante a tarefa de beber uma mistura que, como explicado com clareza, era saudável e nutritiva mas tinha um sabor desagradável. Mediram a quantidade de mililitros que cada participante estava disposto a beber em troca de uma pequena recompensa monetária. Os resultados seguiram o mesmo padrão de antes — os participantes do grupo Futuro de Solidão foram menos persistentes na tarefa do que aqueles que não haviam sido alvejados em sua sociabilidade. Os de Futuro de Pertencimento se mostraram muito mais dispostos a passar por um pouco de desprazer em troca de uma recompensa.[7]

Em seguida, Baumeister e sua equipe planejaram um estudo para testar o outro lado: quanto os participantes seriam capazes de se autorregularem em limitar uma ação que fosse agradável mas que claramente não lhes fizesse bem? Reuniram um novo grupo de voluntários e lhes disseram que o estudo envolvia formar pequenas equipes de pessoas que se gostassem e respeitassem umas as outras. Um pesquisador explicou que, depois de ter alguns instantes para conhecer todos os participantes e fazer amigos, cada um teria que escolher duas pessoas com quem ele ou ela mais gostaria de trabalhar. Em sessões individuais, então, o pesquisador falseava um constrangimento ao dizer para alguns participantes que ninguém os escolhera. "Mas tudo bem", dizia. "Você pode continuar e completar a próxima parte por sua conta." Os outros participantes recebiam um sinal de ordem inversa na escala prazer/dor; ficavam sabendo que *todos* haviam expressado a vontade de trabalhar com eles, mas que não podia haver um grupo tão grande, de modo que também eles teriam que completar a tarefa sozinhos. De modo que uns haviam recebido o equivalente social de um tapa no rosto, e outros de um abraço forte e caloroso.

A tarefa a ser executada foi enquadrada como teste de sabor. Cada participante, tanto os socialmente excluídos quanto os incluídos, recebeu uma tigela com 35 pequenos biscoitos de chocolate. Foram instruídos a "experimentar" os biscoitos comendo tantos quantos fossem necessários para um julgamento preciso do sabor, da textura e do aroma. (Como medida de controle, entrevistas com outros estudantes da mesma universidade confirmaram que comer biscoitos era quase universalmente considerado um comportamento ruim com consequências não saudáveis.)

Participantes que haviam sido levados a se sentirem socialmente excluídos consumiram, em média, nove biscoitos — aproximadamente o dobro do que comeram os participantes que haviam recebido a notícia de que todos queriam trabalhar com eles. A exclusão social não apenas atiçou o apetite para comida engordativa, como também fez com que os biscoitos tivessem sabor melhor: a maioria dos participantes que se sentiam desvinculados deram notas mais favoráveis aos biscoitos do que os outros. Mas, aparentemente um atestado da falha de autorregulação, eles também comeram mais biscoitos mesmo quando não lhes pareciam particularmente saborosos. Muitos dos voluntários socialmente excluídos que comeram mais biscoitos ainda os avaliaram no máximo como medianos.

Há alguma dúvida de que recorremos a sorvetes e outras comidas gordurosas quando estamos sentados em casa nos sentindo sozinhos no mundo? Queremos aliviar a dor que sentimos injetando açúcar e gordura nos centros de prazer do cérebro e, ausentes de autocontrole, apelamos diretamente a isso. Essa perda da função executiva também ajuda a explicar a tendência, observada com frequência, de que amantes rejeitados façam coisas de que mais tarde se arrependerão.

Um homem entrevistado pelo sociólogo Robert Weiss encontrou-se dirigindo compulsivamente em frente à casa de onde havia saído muito irritado apenas algumas semanas antes. A cada vez que o fazia, ele disse, seu nervosismo de alguma forma diminuía. Uma mulher se viu tendo que lutar contra a urgência de ligar para seu ex para conversar sobre sua dor, em detrimento da considerável contribuição dele para essa dor, e em detrimento também do fato de ela não ter desejo algum de voltar com ele.[8] Em ambos os casos, vemos indivíduos solitários e desregulados lutando para tentar se sentir melhor, nem que seja apenas por um breve momento.

Certos comportamentos podem regular o humor, assim como beber ou usar drogas. Um benefício primário de se ter vínculos sociais satisfatórios é que permite que encontremos comportamentos autorreguladores que promovem ressonância em outros (em vez de humilhação e arrependimento), que não nos colocam em situações constrangedoras e perigosas, e que não são, em última instância, contraprodutivas no aumento da satisfação que tiramos dos vínculos sociais.

Como sociólogo, Weiss observou que o sentimento de exclusão aumenta a motivação da pessoa em fazer novos amigos, em criar uma impressão positiva para estranhos, em trabalhar com outros, e em ver os outros mais favoravelmente do que mereceriam. Cada um desses comportamentos foi confirmado em investigações mais recentes.[9] Mas quando o desejo de se afiliar se frustra, sentimentos prolongados de desvinculação social transformam os impulsos positivos em negativos. Em um experimento, os participantes manipulados para se sentirem excluídos avaliaram os outros com mais dureza, e quando as regras do exercício experimental pediram penalidades, eles concordaram em aplicar mais punições (um ruído alto e doloroso) aos demais participantes.[10] Os que se sentiam excluídos também se mostraram menos dispostos a doar dinheiro ao fundo dos estudantes, ou a se oferecer para ajudar um estranho em um contratempo encenado como parte do experimento. Também se mostraram mais inclinados a assumir riscos irracionais e autodestrutivos, e a procrastinar, entregando-se a tarefas mais prazerosas quando deviam estar estudando para os exames seguintes.[11]

As pessoas sujeitadas ao estudo de Baumeister foram sacudidas por sentimentos de desvinculação que logo passariam. Quando o experimento terminou, foram assegurados de que a previsão de um futuro de isolamento social não era legítima, receberam um pequeno pagamento para compensar pelo tempo gasto e seguiram suas vidas. Mas e quanto àqueles cujo sentimento de solidão persiste na vida real? Como o fato de se sentir isolado dia após dia afeta o controle executivo?

Uma condição que não melhora com a idade

Em 2002, nossa equipe da Universidade de Chicago começou a recolher informações longitudinais sobre uma amostra representativa de cidadãos de meia-idade ou mais na área metropolitana de Chicago. Submetemos esses voluntários a numerosas medições fisiológicas e psicológicas, incluindo a Escala de Solidão da UCLA. A abordagem longitudinal nos permitiu detectar mudanças ao longo do tempo, e focar em cidadãos mais velhos também permitiu ampliar nossas informações para além do universo limitado dos jovens saudáveis — estudantes de graduação — que geralmente se voluntariam para esse tipo de pesquisa. A escolha de pessoas de meia-idade ou mais velhas se deveu também ao fato de esse ser o período em que funções corporais básicas começam a se deteriorar, o que o torna um período crítico na pesquisa dos possíveis efeitos da solidão na saúde.

Quando analisamos as dietas desses indivíduos mais velhos, o que comiam semana a semana, mês a mês em sua vida real — controladas estatisticamente por fatores irrelevantes — nossa descoberta coincidiu com os resultados de Baumeister em seu experimento com biscoitos. Assim como os jovens que se sentiam excluídos naquele momento, os adultos mais velhos que se sentiam sozinhos na vida consumiam uma quantidade significativamente mais elevada de comidas engordativas. Na verdade, descobrimos que as calorias de gordura que consumiam aumentava em 2,56% a cada aumento de nível na medição da Escala de Solidão da UCLA.[12]

Em outro estudo, depois de transmitir aos participantes universitários a expectativa de um futuro caracterizado pelo isolamento social, Baumeister pediu que desenhassem uma figura geométrica sem repassar nenhuma linha e sem levantar a caneta do papel. Parecia ser um teste corriqueiro de raciocínio espacial, mas na verdade o exercício fora elaborado para ser insolúvel. O verdadeiro teste era para ver quanto tempo cada participante persistiria em uma tarefa que — embora ainda não o soubessem — não ia dar em lugar algum.[13] Aqueles que acabavam de receber a notícia de que podiam esperar um futuro sem relações significativas desistiram bem mais cedo do que os participantes em outras condições. Quando demos aos nossos solitários mais velhos de Cook County inventários psicológicos feitos para medir a autorregulação, também eles se mostraram menos dispostos do que os satisfeitos socialmente a seguir em frente diante das adversidades.

Ter que lidar com a solidão quando sua persistência está prejudicada pela própria solidão parece algo bem injusto, e as entrevistas com pessoas solitárias na vida real revelaram a dor dessa batalha constante. Alguns tentam impor a si mesmos alguma autorregulação instituindo pequenas rotinas: "Descobri que a parte do dia em que me sinto mais só é ao anoitecer", disse uma mulher. "Não recebo minha correspondência em casa, então costumo sair para ir ao correio ou para comprar alguma coisa a essa hora — só para escapar da casa."[14]

Esforços nesse sentido podem ser tarefas simples, ritualísticas — do tipo que não exige muito da função executiva. Mas às vezes rotinas prazerosas podem acabar virando trabalhos inúteis. Os mais afortunados encontram atividades para regular o comportamento que podem se tornar mais que isso, novas rotinas que de fato acrescentam significados: "E se não tenho mais nada para fazer, preparo um bolo para alguém, um dos vizinhos que eu sei que vai receber companhia. Faço biscoitos, dou de presente. Sempre há lugares onde se pode levar quilos de biscoitos, como orfanatos. Você volta para casa e pensa 'eu fiz alguma coisa'. O espaço que você ocupa serve para alguma coisa."[15] Ao tentar fazer algo pelos outros, essa mulher com certeza estava dando um passo na direção certa. Para aqueles cuja solidão se tornou uma condição mais persistente e perturbadora, contudo, encontrar a solução pode implicar mudanças mais radicais na maneira como veem o mundo social.

Recuperar o comando, recompor a cognição

No início dos anos 1990, os psicólogos Sally Boysen e Gary Berntson abriram o caminho estudando as habilidades autorregulatórias de macacos que sabem matemática. Boysen treinara uma chimpanzé chamada Sheba para que entendesse e usasse numerais arábicos. Em 1996 juntei-me a Boysen e Berntson em um estudo das preferências dos primatas que pôs à mostra as habilidades de Sheba.[16] Em um experimento, pedimos a nossa participante que escolhesse entre dois pratos, cada um ocupado por uma quantidade diferente de doces, variando de seis a zero. Quando ela viu os dois pratos atrás de um vidro (que estava lá para impedir que ela simplesmente pegasse o que quisesse), imediatamente apontou para aquele que continha o maior número de doces. Nenhuma surpresa: como a maioria de nós, Sheba tem gosto por doces. Entretanto, o nome do jogo que estávamos querendo jogar com ela era "contingência reversa". A regra que ela tinha que aprender era que ela receberia os doces do prato que *não* apontara. Para ganhar os seis doces, em outras palavras, ela tinha que apontar para o prato que continha apenas três.

Sheba teve muitas dificuldades em resistir à urgência de apontar para o prato mais farto, e o mesmo aconteceu com outros chimpanzés que testamos. Em geral, quando o objetivo tentador estava bem diante de seus olhos, eles só seguiram a regra 30% das vezes, de maneira que em 70% dos casos acabaram recebendo a menor recompensa.

Mas então fizemos uma mudança e executamos o mesmo jogo com os numerais de 0 a 6 em vez dos doces em si. A contingência reversa continuou igual: se Sheba apontasse o numeral 3 em vez do 6, nós lhe daríamos a maior quantidade de doces. Quando a tarefa envolvia apenas numerais — representações simbólicas, sem doces à vista — Sheba se saiu muitíssimo melhor. Como grupo, ela e seus colegas símios conhecedores de matemática duplicaram sua taxa de sucesso, acertando 67% das vezes.

Ao confrontar uma grande pilha de doces à qual não deviam apontar, nossos chimpanzés vivenciaram o que psicólogos chamam de "efeito de interferência". Na escuta dicótica descrita anteriormente, a interferência tomava a forma de som recebido pelo ouvido dominante quando a tarefa era apreender o que havia sido pronunciado no outro. Com os chimpanzés, a fonte de interferência era o apelo opressivo dos doces em plena vista. Trabalhando com números ou com os doces em si, os chimpanzés sabiam o que lhes estávamos pedindo. Haviam aprendido a regra, e conheciam os conceitos numéricos. Só não conseguiam impedir a distração provocada por tanto açúcar.

Os solitários que participaram do nosso estudo também conheciam as regras da escuta dicótica — só não eram capazes de alcançar o nível de autorregulação necessário para superar a distração. Similarmente, pessoas que se sentem sozinhas sabem que não devem se afogar em sorvete, discutir com colegas, ser promíscuos ou gritar com o marido porque ele trouxe para casa o tipo errado de geleia. O caso é que nós, humanos, temos mais dificuldade de superar esses impulsos quando nos sentimos isolados do que quando nos sentimos inseridos.

Em outro estudo, pesquisadores pediram aos participantes que descrevessem um problema pessoal para um parceiro designado ou adotassem o papel de ouvintes para que o parceiro descrevesse seu problema.[17] Indivíduos que se sentiam solitários, especificamente quando lhes era requerido que exercessem o papel de ajudantes, tinham as mesmas habilidades sociais que os outros. Eram ouvintes ativos, ofereciam assistência aos parceiros e continuavam atentos à conversa até por mais tempo do que os que descreviam os problemas. De modo que mantemos nossa aptidão social quando nos sentimos sós. Mas, nas condições da vida real, diferentes de condições experimentais em que temos a indicação de desempenhar um papel específico, a solidão nos impede de dar a essa aptidão um bom uso. Essa falha em oferecer a nossa mão é constituída por falta de confiança e por um pessimismo generalizado: apesar da demonstração de capacidade no experimento, os participantes que se sentiam sós classificavam-se como pessoas menos aptas socialmente do que os outros.

A lição mais útil que tiramos dos chimpanzés é esta: se você quer restabelecer a autorregulação, para se beneficiar dos conhecimentos e das capacidades que tem, precisa recompor o estímulo. Com os chimpanzés, quando trocamos as imagens apetitosas pela abstração introduzindo representações simbólicas — isto é, usamos números em vez de doces reais — eles duplicaram sua habilidade em manter o controle.

Sendo humano e não chimpanzé, cada um de nós tem uma notável capacidade de recompor representações de estímulo em nossa própria mente. É algo bastante factível, mas, é claro, mais fácil de dizer do que de fazer. Exige treino, e a primeira dificuldade para uma recomposição bemsucedida está enraizada na arquitetura peculiar de nosso cérebro. Seres humanos têm cérebros mais complexos do que macacos, com novas capacidades que emergiram muito tarde em nosso progresso evolutivo. Essas novas características nos permitem, entre outras coisas, manipular números que vão muito além da escala de 0 a 6. Essas novas capacidades, localizadas em uma parte do cérebro chamada neocórtex, nos permitem compor sinfonias, discutir que ator foi o melhor James Bond e planejar jornadas a Marte. Contudo, toda a aquisição mais recente e mais sofisticada que nos deixa tão inteligentes não substituiu os processos neurais mais antigos e mais primitivos que compartilhamos com macacos ou mesmo com ratos. Os sistemas mais velhos ainda funcionam por baixo dos novos, e muitas vezes de maneira bastante independente. No jargão da informática, essas novas camadas de funções poderiam ser chamadas de *upgrade*, e não de *download* completo. Em psicologia isso é chamado de re-representação, algo que se distribui amplamente pelos diferentes níveis da medula espinhal e do cérebro. O que esse *upgrade* significa em termos práticos é que o neocórtex não é o capitão incontestе do navio. Está no alto do mastro, observador e alerta, planejando e tomando decisões, mas sempre há murmúrios e reclamações vindo do convés, das camadas mais primitivas e emocionais do cérebro, que já estavam a bordo antes do neocórtex aparecer (ver figura 4).

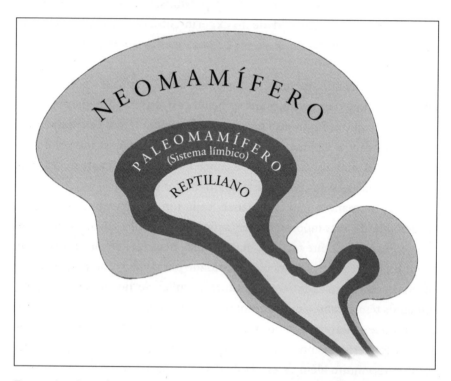

Figura 4. O cérebro triuno, um modelo proposto pelo neurologista Paul MacLean no início dos anos 1950 para descrever a evolução da estrutura do cérebro. Segundo MacLean, a parte mais antiga do cérebro, o cérebro reptiliano, consiste nas partes mais baixas do cérebro que emergem da medula espinhal (por exemplo, o tronco cerebral, a ponte, o cerebelo) e controla os comportamentos instintivos de sobrevivência, as funções autonômicas (por exemplo, a pressão do sangue, a respiração) e o equilíbrio. O cérebro paleomamífero ou límbico (por exemplo, o hipotálamo, a tonsila, o hipocampo) evoluiu em seguida; controla reações a motivações e emoções básicas como alimentação, hidratação, combate, fuga e reprodução sexual. O cérebro neomamífero, também conhecido como córtex cerebral (por exemplo, cerebrum, córtex, neocórtex), evoluiu mais recentemente e controla processos de ordem mais elevada como pensamentos, raciocínios, linguagem, resolução de problemas, regulação emocional e autocontrole.

Mais adiante exploraremos como essa complexidade do cérebro opera em um contexto social, mas o que vimos até agora já sugere que o solitário não consegue simplesmente passar a usar lentes como nos filmes, mudar o corte de cabelo, e se tornar a bela do baile. Não foi uma tomada de decisões consciente ou mesmo o mau humor o que fez com que os estudantes que acabavam de se sentir socialmente excluídos comessem mais comida não saudável, tomassem menos de uma bebida de gosto ruim mas benéfica para a saúde, desistissem mais rápido em uma tarefa frustrante e fossem mais malsucedidos em conter as distrações e se concentrar na atividade imediata. E previsões mais genéricas de catástrofe — a perspectiva de um futuro cheio de ossos partidos e dolorosas contusões — não prejudicaram a performance das pessoas. Nos estudos que descrevi neste capítulo, só havia uma força capaz de prejudicar a autorregulação o bastante para perturbar tanto o pensamento quanto o comportamento. Essa força perturbadora e desreguladora é um medo enraizado tanto nos primeiros momentos da vida de cada indivíduo quanto nos primeiros momentos de nossa história como espécie. Esse medo opressivo é o terror de se sentir desamparado e perigosamente sozinho.

4

Genes egoístas, animais sociais

SE VOCÊ PEDISSE para o responsável por um jardim zoológico criar uma jaula apropriada para a espécie *Homo sapiens*, ele listaria entre suas primeiras preocupações "obrigatoriamente gregário", significando que não se pode abrigar um membro da família humana em isolamento, assim como não se pode abrigar um *Aptenodytes forsteri* (pinguim-imperador) na areia escaldante do deserto. Simplesmente não faz sentido colocar uma criatura em um ambiente que estica tanto assim sua coleira elástica.

No entanto, por cinco séculos ou mais — e em um ritmo mais acelerado nas últimas cinco décadas —, as sociedades ocidentais rebaixaram o gregarismo humano de necessidade a aspecto incidental. Estatísticas recentes mostram que quantidades cada vez maiores de pessoas têm aceitado uma vida em que estão fisicamente, e talvez emocionalmente, isoladas umas das outras. Observe estes dados:

- Participantes de uma pesquisa de ciências sociais em 2004 eram três vezes mais propensos a declarar não ter ninguém com quem discutir assuntos importantes do que participantes da mesma pesquisa em 1985.[1]

- Ao longo das últimas duas décadas, mais ou menos, a média de habitantes por moradia nos EUA caiu cerca de 10%, chegando a 2,5 pessoas por lar.

- Em 1990 mais de uma a cada cinco casas com crianças menores de 18 anos era chefiada por um único adulto. Atualmente, a proporção de casas com mãe ou pai solteiro é quase de uma em cada três.

- Nos EUA, em 2000, havia mais de 27 milhões de pessoas vivendo inteiramente sozinhas, 36% dos quais ultrapassavam os 65 anos de idade. De acordo com projeções do United States Census Bureau, em 2010 o número de pessoas morando sozinhas vai chegar a 29 milhões — um aumento de mais de 30% em relação a 1980 — e uma parcela desproporcional desses será constituída por pessoas com mais de 65 anos de idade.[2]

Como os padrões de carreira, os padrões de moradia, os padrões de mortalidade e as políticas sociais seguem o comando do capitalismo global, boa parte do mundo parece determinada a adotar um estilo de vida que compõe e reforça a sensação crônica de isolamento de que milhões de indivíduos já estão acometidos, mesmo quando cercados por amigos e familiares queridos. A contradição é que nós mudamos radicalmente nosso ambiente, e a fisiologia continuou a mesma. Por mais saudáveis e guarnecidas pela tecnologia nossas sociedades tenham se tornado, sob a superfície somos as mesmas criaturas vulneráveis que se aconchegavam juntas contra o terror das tempestades sessenta mil anos atrás.

Uma incursão na desvinculação

A importância que damos ao nosso lugar em uma rede familiar ou de relações sociais começou a erodir com o advento da revolução industrial. Mas mesmo no fim do Renascimento, muito antes de homens, mulheres e até crianças começarem a ser compelidos para fora de seus vilarejos e para dentro das fábricas — muito antes de qualquer um conseguir imaginar transferências corporativas, ou multidões de solitários homens de negócios esperando o próximo voo para o próximo aeroporto — a tendência em direção a um maior isolamento foi inaugurada por um novo foco cultural sobre o indivíduo. Essa mudança filosófica foi reforçada pela ascensão da teologia protestante, que enfatizou a responsabilidade individual, mesmo em termos de salvação.

Durante o período imediatamente anterior à industrialização, novas gerações resistiram à ideia de seguir cegamente as velhas formas de autoridade — os padres da Igreja, as figuras clássicas como Aristóteles — e procuraram restabelecer os primeiros princípios baseados no pensamento racional. Durante a Idade da Razão, o filósofo político Thomas Hobbes usou a técnica preferida da época, a razão pura, para tentar deduzir as origens das estruturas sociais e políticas que sustentavam o mundo. Defendeu que o homem em um estado de natureza não era governado por nada além de seus apetites e aversões e era livre para fazer qualquer coisa que quisesse, incluindo assassinar o vizinho. Em resumo, a humanidade vivia em um obscuro estado de guerra. Para a humanidade escapar dessa perseguição homicida de atender aos interesses individuais, que era sua inclinação natural, a regulação social teve de ser imposta de cima por um soberano.

Em *Leviatã*, seu principal tratado sobre as origens do poder governante, Hobbes examinou o rumo que a humanidade devia ter tomado para chegar ao que ele batizou de "contrato social", um acordo implícito para que as pessoas se comportassem decentemente em vez de fazer o que lhes fosse natural. A vida no desregulado estado de natureza da humanidade, escreveu Hobbes, era "solitária, pobre, suja, bruta e curta".[3] O que Hobbes presumia ser natural tinha muito a ver com o que gerações posteriores descreveriam — em uma simplificação grosseira — como darwiniano, em referência à "natureza armada a unhas e dentes".

A limitada avaliação de Hobbes da natureza humana ainda serve de informação (ou desinformação) para muitas discussões políticas e econômicas de hoje. Mas o pessimismo de Hobbes não se baseava em pesquisas empíricas, mas em suposições aparentemente derivadas de sua própria experiência. Toda sua vida transcorreu em um tempo em que a Inglaterra era atormentada por rixas e perseguições religiosas, incluindo a brutal guerra civil e a degola do rei. Nascido em 1588, o ano em que a Armada Espanhola tentou invadir a Inglaterra, ele mais tarde afirmou: "O medo e eu éramos irmãos gêmeos."[4]

O mundo ainda dá amplas evidências de guerras civis e perseguições religiosas, mas o trabalho recente em antropologia e biologia evolutiva apresenta um quadro das primeiras relações humanas bastante diferente daquele que Hobbes chamou de "a guerra de todos contra todos". O que não significa dizer que os primeiros humanos eram "bons selvagens", ou que os humanos modernos são inteiramente pacíficos e altruístas. Hobbes não estava errado em afirmar que nossos ancestrais podiam ser brutais, embora estivesse decerto equivocado ao descrever a existência deles como solitária. O maior erro, contudo, foi presumir que suas vidas fossem desreguladas.

Ninguém pode negar que a competitividade, a inveja, o ódio, a crueldade e a traição façam parte da natureza humana, e que todos esses aspectos negativos estejam representados na história humana. O ponto em que a análise hobbesiana erra é que, se essa impiedade fosse de fato a essência definitiva da natureza humana, nós nunca teríamos conseguido evoluir para além das florestas tropicais, muito menos pela savana da África Oriental. A "natureza humana" é uma complexidade formada por muitos fatores, de biológicos a puramente culturais. Como exploraremos mais detalhadamente nos próximos capítulos, a força propulsora de nosso avanço como espécie não foi a tendência a sermos brutalmente egoístas, mas nossa habilidade em cooperar socialmente.

Enquanto Hobbes pressupunha que a natureza é um estado desregulado, a tarefa primitiva de todo organismo na natureza é, na verdade, regular-se em resposta a esse ambiente. Para animais sociais, uma parte significativa do ambiente são os "semelhantes", e assim membros de famílias, tribos e povoados regulam-se como indivíduos a um só tempo influenciando-se uns aos outros no que chamamos de corregulação. Esse sistema de controles e equilíbrios envolve tanto a fisiologia quanto o comportamento. A corregulação se estabelece, por exemplo, não apenas quando a presença de fêmeas sexualmente receptivas aumenta o nível de testosterona no sangue dos machos próximos, mas também quando macacos passam horas cuidando dos corpos uns dos outros. Passam 10% de seu tempo engajados nessa atividade, mas limpar os pelos é o que menos importa. O objetivo mais relevante é promover a harmonia e a coesão do bando. E, governando a vida acima de tudo, incluindo o comportamento social, está o processo último de autorregulação e corregulação chamado evolução por seleção natural.

Em sua *Autobiografia*, publicada pela primeira vez em 1887, Charles Darwin ofereceu uma descrição bela e simples desse processo de regulação. Escreveu que, ao longo de gerações, "variações favoráveis tenderiam a ser preservadas e variações desfavoráveis, destruídas".[5] Mesmo Darwin, todavia, perguntava-se como esse mecanismo de diversificação, pressão do ambiente e seleção poderia agir sobre certos comportamentos sociais generosos, como a abelha que pica o intruso que ameaça sua colmeia, dado que ela perde suas entranhas nesse processo. Hoje sabemos que certas formigas literalmente se destroem como armas de defesa da colônia. Outras perdem a vida como barricadas vivas, ou como receptáculos de armazenamento de comida, penduradas no teto de um ninho. Como pode uma devoção tão extrema aos laços sociais e ao bem-estar social basear-se em traços transmitidos de uma geração para a outra, quando a formiga ou a abelha que perpetra o ato de devoção não se reproduz? Darwin encontrou nisso uma grande barreira lógica, um aparente paradoxo que parecia "insuperável, até fatal para minha teoria inteira".

Cerca de cem anos depois das ponderações de Darwin, e com a vantagem de um conhecimento completo da genética que não existia nos tempos do grande naturalista, outro biólogo britânico, William D. Hamilton, revelou as bases evolutivas dos laços sociais, da abelha autossacrificada aos avós humanos que se regozijam com o prazer de ver sua descendência reunida. Crucial para o refinamento da teoria básica de Darwin por Hamilton foi a percepção de que a seleção natural não se dá no nível do indivíduo ou do grupo, mas no nível do gene.

Como Darwin, Hamilton pôde observar que um pássaro ou um cão-da-pradaria que solta um alerta para salvar o grupo torna-se ele próprio o indivíduo com a maior probabilidade de ser levado pelo gavião que se aproxima. Um modo desse comportamento "dirigido para a alteridade" fazer sentido evolutivo é este: o gene ou a constelação de genes pró-sociais que faz o animal soltar o alerta, mesmo que isso custe sua vida, é compartilhado por muitos de seus parentes mais próximos, incluindo os sobrinhos e as sobrinhas do abnegado que os protegeu. Então, mesmo que o primeiro morra cedo nesse processo, o fato de ter muitos sobrinhos e sobrinhas sobreviventes aumenta a taxa de propagação dos genes que determinavam que ele fizesse o que fez. Com o passar do tempo, uma característica que aumenta, ainda que modestamente, a sobrevivência e a taxa reprodutiva dos indivíduos que carregam genes específicos de uma característica particular pode se espalhar até que essa característica se torne "típica da espécie".

A teoria de Hamilton sobre como um gene que ajuda outros, mesmo custando a própria vida do sujeito, pode ser transmitido foi de início chamada de "seleção consanguínea", e hoje é chamada de "aptidão abrangente". Ela levou ao conceito mais amplo de "altruísmo recíproco". Humanos estendem atos altruísticos a pessoas com quem não têm laços de sangue. Esse comportamento é típico da espécie porque o altruísmo reforça o vínculo social, e o vínculo social, lado a lado com o temor da solidão que é seu reverso, ajudou nossos ancestrais a sobreviver.

Em seu livro *Adaptation and Natural Selection* (1966), o biólogo evolutivo George Williams resumiu a ideia em direta contradição à noção de Hobbes da existência humana primeira como um constante estado de batalha: "Dito de maneira simples, um indivíduo que maximiza suas amizades e minimiza seus antagonismos terá uma vantagem evolutiva, e a seleção deve favorecer essas características que promovem a otimização das relações pessoais."[6] E o que sabemos a partir de estudos dos poucos grupos pré-industriais e pré-agrícolas que restam no planeta sustenta essa observação.

Vivendo no limite

No Deserto de Kalahari do noroeste de Botsuana, vivem tribos de caçadores e coletores chamados !Kung San. Com frequência são descritos por observadores como uma prova viva das vantagens dos laços sociais fortes para a sobrevivência. "A maior parte das criaturas consegue aquilo de que precisa em seus arredores físicos", escreveu Roy Baumeister. "Os humanos, em contraste, conseguem aquilo de que precisam uns dos outros, ou a partir de seu cultivo."[7] Uma rápida olhada no ambiente físico dos !Kung nos mostra por que eles estão tão profundamente inseridos nas vidas uns dos outros.[8]

Chegando sozinho à terra dos !Kung, um habitante da cidade grande encontraria quilômetros e quilômetros de poeira e vegetação baixa. Se a desidratação não o matar antes, esse mesmo habitante da cidade muito provavelmente morreria de fome rapidamente. Ainda assim, escavações arqueológicas mostram que a região tem sido ocupada pelo mesmo grupo cultural, vivendo da mesma maneira no mesmo espaço, por mais de 11 mil anos. No Kalahari, as chuvas são escassas, as temperaturas ultrapassam os 43 graus centígrados, as temperaturas de inverno diminuem para abaixo de zero e, dada a presença de leões, *fast food* poderia facilmente se referir a você ou a mim. Viver da terra em um lugar tão duro assim deixa claro por que os humanos não se sustentariam se fossem desleais ou brutais, ao menos não com membros de seu próprio grupo social.

Ainda que os !Kung vivam no meio de uma planície aparentemente ilimitada, uma vila deles se constitui por meia dúzia de cabanas apertadas em volta de um pequeno círculo vazio. Ignorando qualquer desejo de privacidade, todas as portas estão voltadas para o espaço comunal. Se você fosse passasse a noite nessa vila e visse olhos de leões brilhando na escuridão pouco à frente do círculo de fogueiras, poderia começar a entender por que, para os primeiros humanos, a sensação de isolamento estava ligada ao medo, o medo que ainda permanece no cerne de nossa experiência de solidão.

Dois antropólogos, Irven Devore e Richard Lee, foram os primeiros a fazer contato com os !Kung da área de Gobi do Kalahari, em 1963. Seis anos mais tarde uma jovem chamada Marjorie Shostak chegou a Gobi para passar dois anos. Não tinha qualquer treinamento específico em trabalhos de campo — estava apenas na África para acompanhar seu marido, o médico e antropólogo Mel Konner. Mas ela decidiu aproveitar o tempo ganhando fluência na língua dos !Kung e tentando ir além das barreiras culturais e profissionais para entender, em um nível pessoal, a vida dos caçadores e coletores. O resultado foi um livro intitulado *Nisa: The Life and Works of a !Kung Woman* ("Nisa: a vida e as palavras de uma mulher !Kung"), em que o relato de Shostak da vida entre os !Kung é entremeado por vívidos monólogos de uma mulher chamada Nisa. O livro tornou-se uma sensação literária porque não retratava uma sociedade ancestral como uma guerra de todos contra todos, ou como um quadro vivo do bom selvagem. Em vez disso, apresentava a vida ancestral como uma novela, um nó de intensas ligações sociais em todo seu confuso melodrama.

Por meses, Marjorie Shostak se engajou no que, para os !Kung, equivaleria ao ato de se sentar à mesa da cozinha com uma xícara de café. "A vida no povoado é tão íntima", ela concluiu, "que a divisão entre vida doméstica e vida pública (...) não faz sentido algum". As histórias que ela compilou, histórias corroboradas de modo independente por outros trabalhos de campo e dezenas de entrevistas com outras mulheres !Kung, eram cheias de brincadeiras obscenas e de sexo incontido.

Mesmo com os rigores (reconhecidamente brutais) de evitar predadores famintos e encontrar algo para comer, parecia que uma grande quantidade de energia mental e emocional dos homens e mulheres !Kung era devotada ao manejo de compromissos sociais. Oposta à solidão, a vida entre os !Kung envolve malabarismos nas relações com a esposa e os filhos, aparentados e outros membros da família sempre presentes, amigos variados, inimigos e rivais que, apesar de tudo, contribuem para a sobrevivência de cada um e também para a sucessão de amantes.

As histórias contadas em *Nisa*, assim como os relatos mais diretos dos pesquisadores tradicionais, mostram que quando as mulheres !Kung não estão coletando, ou quando os homens !Kung não estão em uma caçada, passam uma quantidade surpreendente de tempo cantando e compondo canções, tocando instrumentos musicais, costurando intrincados adornos, contando histórias, fazendo brincadeiras, visitando-se uns aos outros ou simplesmente sentados conversando. Não têm linguagem escrita, mas as pessoas se sentam juntas e conversam por horas, repetindo as mesmas histórias de novo e de novo. Não têm calendário, mas marcam a vida como uma progressão de eventos sociais, do primeiro sorriso de um bebê e suas primeiras palavras até a senescência e a morte.

Essa simples sociedade humana é um sistema de autorregulação muito mais sofisticado do que uma colônia de formigas ou uma colmeia, mas opera com o mesmo princípio básico de que as ações de cada indivíduo são moldadas e restringidas pelas ações dos outros. Insetos sociais se corregulam por uma comunicação química; humanos, tendo uma extensão comportamental muito mais abrangente, confiam severamente na cultura, mas o fato de humanos poderem ensinar e aprender informações não genéticas (culturais) sobre como se comportarem não significa que tenham deixado para trás a química corporal.

O gesto mais significativo com que os !Kung demonstram sua predileção pela proximidade e pela corregulação está na forma como criam seus filhos. As crianças têm acesso ao seio a qualquer momento do dia ou da noite pelo menos até os 3 anos de idade. Elas mamam várias vezes por hora. À noite dormem com as mães, e durante o dia são carregadas a tiracolo, pele encostada na pele. As mães carregam seus filhos, em média, 2,4 mil quilômetros por ano. A separação, quando vem, é iniciada pela criança assim que ela quer se aventurar e brincar com outras. Mesmo assim, os caçulas às vezes continuam mamando até os 5 anos ou mais, quando a zombaria de outras crianças — uma forma natural de regulação social — os faz parar. Em média, as crianças !Kung recebem 44 meses de muita atenção das mães, além do contato próximo com os corpos delas.

"Me dá" é uma das primeiras frases que uma criança !Kung aprende, e a norma cultural demanda uma troca generosa e livre. Na verdade, a vida dos !Kung é tão completamente igualitária — uma descoberta quase universal entre sociedades pré-agrícolas vivendo tão no limite — que não existe chefe ou líder. Toda a comida é compartilhada. O acesso à terra é coletivo e a mesquinharia é uma questão séria, punida com exclusão social. Os caçadores mais bem-sucedidos devem ser abnegados, carregam flechas dadas a eles por outros, e a pessoa cuja flecha abate o animal é considerada a fornecedora da carne, supervisionando sua distribuição. Têm rituais de troca de presentes, de troca de nomes e, como comportamento definitivo de corregulação, organizam congregações sazonais para reunir bandos separados para se engajarem em danças extáticas e rituais de "transe".

Não se engane: a vida dos !Kung não é o "paraíso no deserto", como alguns apelidaram. Cercados por fazendas e confinados em um espaço restrito, os !Kung de hoje não são necessariamente a réplica perfeita da fase de caça e coleta da evolução humana. São apenas uma amostra vestigial, e não há dúvida de que seus próprios costumes evoluíram nos últimas quarenta mil anos, até porque o ambiente global passou por muitas alterações. E sua vida social geralmente pacífica e cooperativa pode ser pontuada por corregulações que tomam formas violentas. Com um número estimado de 22 assassinatos nos últimos cinquenta anos, os 1.500 membros do bando estudado por Mel Konner têm uma taxa de assassinatos mais alta do que a dos Estados Unidos.[9]

Apesar de tudo, a vida dos !Kung é a melhor ilustração que temos das forças sociais que moldaram nossos ancestrais humanos ao longo de sua longa trilha evolutiva, do pequeno hominídeo chamado *Australopithecus afarensis* a uma espécie mais inteligente, mais cooperativa e até mais altruística denominada *Homo sapiens*. E todas as sociedades pré-agrícolas de que temos conhecimento possuem essa mesma estrutura básica. A duras penas eles mal sobrevivem, mas o fato de chegarem a sobreviver se deve à densa rede de contatos sociais e ao grande número de compromissos recíprocos que mantêm. Nesse estado de natureza, os vínculos e a cooperação social não tiveram que ser impostos por uma forma primitiva de estado, ou por um filósofo inglês. A natureza *é* vinculação. E é por isso que a desvinculação conduz à desregulação e ao dano, não apenas no nível da sociedade, mas em um nível celular.

Olho por olho

A antropologia é necessariamente uma ciência observatória, e não importa com quanta cautela se observem as sociedades primitivas ou os grupos humanos pastorais, o que se vê não constitui um experimento controlado que poderia demonstrar de maneira conclusiva como essas estruturas sociais de fato evoluíram. No início dos anos 1980, um cientista político chamado Robert Axelrod inventou uma forma computadorizada de explorar a mesma questão que Thomas Hobbes tentara resolver pela razão: como emerge a cooperação social, do tipo de que dependemos não apenas para o bem-estar político e econômico, mas também para um funcionamento fisiológico apropriado.

Axelrod queria verificar se um senso de vínculo e cooperação social requeria a infusão de raciocínio moral abstrato, ou de coerção vertical, ou se podia ter se desenvolvido como um fenômeno natural. Para descobrir isso, convidou 14 especialistas para submeter programas de computador criados para competir uns contra os outros em busca da solução ideal para um problema bem conhecido chamado "dilema do prisioneiro". Axelrod soltou esses conjuntos de códigos de computador em uma competição que era em si uma selva darwiniana cibernética, afastando-se para ver para onde conduziriam os algoritmos tomadores de decisão.

No dilema do prisioneiro, dois cúmplices são presos e interrogados em salas separadas. As autoridades dão a cada prisioneiro a mesma escolha: confessar a culpa compartilhada (com efeito, trair seu parceiro) ou guardar silêncio (e ser leal ao parceiro). Se um trai o outro e o outro guarda silêncio, o primeiro é liberado e o segundo passa dez anos na prisão. Se ambos permanecem leais, são condenados a seis meses de prisão cada um. Se ambos se traem, são condenados a seis anos cada um.

O dilema do prisioneiro é como um jogo televisivo em que você pode ficar com a sua torradeira e sua nova máquina de lavar ou arriscar tudo para ver o que há atrás da porta número três. As escolhas são complexas o bastante mesmo sem o efeito complicador que neste caso é o fato de nenhum suspeito saber o que o outro vai fazer.

Envolva esse problema com escamas, pelos ou plumas e você tem o dilema enfrentado por nossos ancestrais evolutivos, até os distantes micos e lagartos. Tudo na vida é representado por um cálculo da proporção custo-benefício entre cooperação e agressão. Como sugere o biólogo evolutivo Martin Nowak, "talvez o aspecto mais notável da evolução seja sua capacidade de gerar cooperação em um mundo competitivo".[10] Nós, humanos, estamos no topo da cadeia alimentar porque nossa espécie é mais apta a se comportar com generosidade também agregando a ela os benefícios da competição.

Trabalhando no cenário bem mais confortável da universidade, onde a seleção natural se limita à crítica dos colegas e à decisão das autoridades, Axelrod armou um torneio alternado em que duplas de programas de computador faziam o papel de prisioneiros. Ao longo de cinco jogos, cada um consistindo em duzentas jogadas, cada um dos conjuntos de códigos seguiu o comportamento que fora programado a seguir, desde a lealdade inabalável até a traição reflexiva. Depois dessa primeira rodada, Axelrod agiu como uma espécie de rei-filósofo darwiniano. Calculou a performance dos jogadores, determinada por quanto tempo cada "prisioneiro" teria de passar na cadeia, e declarou o vencedor. Em seguida circulou os resultados e convocou um novo torneio. Desta vez recebeu 62 inscrições de seis países diferentes, programas criados por amantes da informática, biólogos evolutivos, médicos e cientistas da informática.

Nesta segunda rodada, como na primeira, a estratégia ideal de comportamento social que surgiu foi um programa chamado "Olho por Olho". Ironicamente, foi o modelo mais simples de todos: só cinco linhas de códigos. Suas regras são as que se seguem: no primeiro enfrentamento com outro programa, Olho por Olho permaneceria leal. A partir de então, seguiria o exemplo do competidor, fazendo o que quer que o outro fizesse em cada movimento sucessivo. A lealdade produziria lealdade, e a traição produziria traição. Se Olho por Olho encontrasse um potencial aliado, formaria uma aliança e ambos se beneficiariam. Se encontrasse um desertor, Olho por Olho diminuiria os danos, recusando-se a exibir qualquer lealdade até que o outro se emendasse e interrompesse as traições. Então, ao mesmo tempo em que se mantinha aberto ao vínculo social cooperativo e a seus benefícios, também evitava um golpe direto. E com sua constante receptividade à ideia de boa vontade, também evitava a espiral descendente do egoísmo e do comportamento antissocial.

O experimento de Axelrod tornou-se um clássico porque ilustra como, sem qualquer conhecimento consciente, os organismos puderam desenvolver sociedades baseadas na interação social positiva, sem qualquer outra razão senão os resultados superiores de longo prazo da estratégia. Não havia nenhuma consciência moral nesse comportamento, de maneira geral, benigno e cooperativo. A natureza não dá à solidariedade social nenhum "valor" a mais do que o programa Olho por Olho. Um forte impulso em favor do vínculo simplesmente produz melhores resultados de sobrevivência. Então, a não ser que vivencie uma experiência imediata de que a lealdade é uma tolice, a maioria dos animais sociais cuidarão de seus familiares diretos e de suas demais alianças. Mas a humanidade é um caso especial. A história de nossa evolução, diferente da evolução de outros hominídeos, é a história de círculos cada vez mais amplos de cooperação social, tendo esta um papel cada vez mais importante. Estando esse comportamento impresso em nosso DNA por meio da seleção natural, a intensidade dos laços sociais também cresceu.

E é por isso que existe mais uma peça do quebra-cabeça. Um programa de computador como o Olho por Olho não fica triste ou estressado a ponto de se desregular quando é traído ou excluído socialmente. Os humanos sim. A sobrevivência dos mais adaptados levou a criaturas gregárias por obrigação. Criaturas que estavam profundamente vinculadas umas com as outras em uma complexa rede de sinais e sensações fisiológicas. Sinais e sensações que criaram ligações entre estímulos exteriores, dor/prazer, e comportamento. As sensações fisiológicas são chamadas de emoções, e seu papel é manter os laços, cada vez mais fortes, que fazem dos humanos, humanos.

Dos genes ao comportamento

A hostilidade e a atomização social ("a guerra de todos contra todos") não têm relação apenas com o caos social e a solidão; têm relação com níveis cada vez mais elevados de doenças crônicas e mortes precoces. Acrescente-se isso às condições extremamente duras em que nossos ancestrais caçadores e coletores viviam, e veremos que a seleção natural cobrava um preço alto por qualquer comportamento que diminuísse a adaptação do grupo ou do indivíduo. As margens de erro eram pequenas. À medida que foram se afastando das florestas e adentrando as planícies, os primeiros humanos passaram a viver em um ambiente de adaptação evolutiva em que o desafio mais complicado já não era a fauna e a flora que os cercavam. Ler uns aos outros, às vezes enganar uns aos outros, mantendo a paz um com o outro apesar das artimanhas dos sentimentos e da crescente inteligência humana: essa era a próxima arena em que a seleção natural separaria os genes mais vantajosos dos genes que sustentassem características menos adaptativas. Na determinação de se os genes durariam para a próxima geração ou não, a lentidão para entrar na onda social tornou-se uma ameaça mais comum do que ser devorado por um leão ou picado por uma cobra. E foi essa necessidade de "se inserir", de sentir o que os outros estavam pensando e sentindo, que deu vantagem à abordagem sensório-motora envolvida nas emoções sociais, assim como à cognição social.[11]

Ao longo de milhões de anos, e com implicações para a nossa saúde hoje, essa pressão seletiva moldou os receptores e transmissores de sinais emotivos. Também moldou sua integração por meio da fisiologia, incluindo nossa reação imunológica, que tenta minimizar os efeitos de intrusões ou contusões, e nosso sistema endocrinológico, que promove a orquestra adaptativa de funções corporais por uma rede de hormônios sanguíneos. Ao mesmo tempo, com nossos genes interagindo com o ambiente por meio dos comportamentos que eles encorajam, os desafios de nosso meio social continuam conduzindo nosso desenvolvimento cognitivo.

Sempre houve, e sem dúvida sempre haverá, lapsos na autorregulação, lapsos na confiança e atos aleatórios de inaptidão social, ganância, traição e até assassinato. Ainda assim, o cérebro maior capaz de acompanhar uma miríade de relações complexas, junto com o impulso de evitar a dor da solidão mantendo essas relações, continuou aportando suficientes vantagens adaptativas a ponto dos caracteres pró-sociais se tornarem equipamento básico em quase todos os seres humanos. Como a aversão à solidão e a vinculação com outros seres humanos se tornaram quase universais, o que é chamado de "adaptação ambiental estável", o número crescente de pessoas confiando em alianças, lealdade, cooperação social e cuidado mútuo fez com que fosse ainda mais vantajoso jogar de acordo com essas regras, ao menos em nosso círculo íntimo. Daí a razão para a sensação de exclusão ter se tornado tão mais aterrorizante e perturbadora.

Desse modo, dezenas de milhares de anos depois da formação das primeiras sociedades humanas, encontramos seres humanos interligados por parentesco, amizade e todas as formas de agrupamentos tribais, de caçadores do grupo indígena Ache no Paraguai a redes virtuais de múltiplos usuários, passando pelos fãs de *Jornada nas estrelas* e pela Igreja da Inglaterra. E, ainda que cada um de nós possa apreciar momentos ocasionais de solidão e muitos possam saborear, com prazer, longos períodos de isolamento, ninguém nesses bilhões de pessoas desses milhões de grupos quer sentir a dor depressiva e perturbadora da solidão.

De qualquer maneira, a ideia hobbesiana do indivíduo embrutecido batalhando para sair da lama em uma competição impiedosa persiste, da "virtude do egoísmo" de Ayn Rand à reverência de Milton Friedman pelos mercados irrestritos. O biólogo evolutivo Richard Dawkins, sem dúvida, reforçou as suposições hobbesianas quando, em 1976, usou *O gene egoísta* como título de seu livro, que desde então vendeu mais de um milhão de exemplares. Com seu uso do termo, Dawkins ressaltou o fato de que a natureza é indiferente à sobrevivência de cada organismo individual. Em um nível funcional, a seleção natural escolhe vencedores e perdedores entre os genes, não entre plantas e animais específicos. Da perspectiva do ácido nucleico, cada indivíduo é pouco mais do que um animal experimental para testar que genes produzem os traços mais vantajosos para a sobrevivência em um dado ambiente. O que nos ajuda a entender por que os genes "vencedores" que se espalham por uma população não são necessariamente os que parecem mais vantajosos para qualquer indivíduo em qualquer momento. O gene está empenhado em um processo maior.

Justo, mas o que o título provocativo de Dawkins negligenciou é que, embora o indivíduo seja simplesmente o veículo através do qual o DNA "egoísta" se desenvolve, os avanços para além de um certo nível acabaram exigindo que o gene modificasse o egoísmo daquele veículo. A reprodução continua sendo um beco sem saída, a não ser que a prole de cada um sobreviva o bastante para também se reproduzir. Uma tartaruga marinha, dada a relativa simplicidade das regras que segue para se manter viva, pode se contentar despejando milhares de ovos na praia, voltando para o mar e torcendo pelo melhor. Mas mamíferos produzem uma prole muito menor do que as tartarugas marinhas em cada lance reprodutivo de dados. Essa mudança estrategicamente inclui uma necessidade de as mães manterem laços recíprocos com a prole para que ela sobreviva. Quanto mais alto na escada evolutiva, à medida que os animais desenvolvem formas cada vez mais complexas de resolver os problemas, mais aprendizado social e menos dependência nos reflexos, amplia-se a necessidade de investimento maternal em cada descendente.

Em geral os primatas produzem apenas um filhote por vez, de modo que um grau mais elevado de investimento nos cuidados de cada indivíduo tornou-se a norma adaptativa da trilha evolutiva para você e para mim. Mesmo para machos primatas, a estratégia dispersiva de "seguir adiante, amando e partindo" (e deixando o cuidado para as fêmeas), que havia sido a mais eficiente em degraus mais baixos da escada evolutiva, acabou sendo substituída por laços cada vez mais íntimos e por um maior investimento paternal. Isso não aconteceu porque nossos ancestrais primitivos fizeram *workshops* de paternidade, mas porque, especialmente para os humanos, comprometer-se mais com os laços sociais e criar os filhos aumentou as chances de que a prole direta, ou mesmo os sobrinhos e sobrinhas, vivesse o suficiente para se reproduzir. O sucesso nessa próxima repetição do ciclo nascimento-morte é a única forma de garantir que o DNA de cada um continuará sendo transmitido.

Sinto, logo sou

Como qualquer outra característica, a propensão genética para desejar vínculos sociais e a propensão para sentir a dor social na ausência desses vínculos são transmitidas por conjuntos de informação genética em nossas células, codificados como instruções para constituir proteínas. A expressão desses genes depende das circunstâncias ambientais, sejam elas reais ou meramente percebidas. Algumas das proteínas tomam a forma de hormônios que carregam mensagens pelo sangue. Essas mensagens servem para integrar sistemas orgânicos diferentes e para coordenar reações comportamentais. Um dos hormônios é a epinefrina, ou adrenalina, que pode nos inundar com o conjunto de sensações que conhecemos como excitação. Outra pequena proteína — o hormônio oxitocina — promove a amamentação, a calma apaziguadora e as relações próximas. Outras proteínas geneticamente orquestradas dão origem a neurotransmissores como a serotonina, que pode melhorar nosso humor ou nos submergir no desespero, dependendo de sua concentração no cérebro. Os genes fornecem as bases e os nortes que guiam o comportamento, mas dependem dos sistemas sensoriais para interagir de verdade com o ambiente. Os sinais que os sentidos recebem do ambiente ocasionam mudanças na concentração e no fluxo desses hormônios e neurotransmissores. Essas substâncias químicas servem como mensagens internas para provocar comportamentos específicos — e é aí que as instruções genéticas enfim aparecem como diferenças individuais nos níveis de ansiedade, ou afabilidade, ou sensibilidade a sentimentos de isolamento social.

Historicamente, indivíduos com disposições comportamentais menos adaptadas ao ambiente não sobreviveram — ou sobreviveram apenas de maneira marginal, ou não sobreviveram o bastante para produzir tanta prole quanto os mais bem adaptados. Indivíduos com repertórios de comportamentos mais bem adaptados produzem mais descendentes, ou ao menos mais descendentes que vivam o bastante para reproduzir, permitindo que os genes responsáveis por essas características mais bem adaptadas sejam transmitidos mais amplamente.

Entre ancestrais humanos, ter laços com o grupo maior tornou-se a norma, mas por diferentes razões dependentes do gênero. Os laços deram às fêmeas caçadoras e coletoras uma vantagem para a sobrevivência: o grupo significava segurança, mas também implicava a possibilidade de compartilhar os deveres da maternidade ao mesmo tempo em que cuidavam de outras tarefas necessárias. Mesmo entre babuínos selvagens da savana africana, diferenças individuais na capacidade de formar relações próximas com outras fêmeas têm um efeito significativo nas taxas de sobrevivência da prole, um fator que persiste independentemente do domínio da mãe, do grupo a que pertence ou de qualquer fator do ambiente.[12]

Entre os primeiros machos humanos, fracos necrófagos que confiavam em varas afiadas como armas, reforçar laços conjuntos para formar alianças tornou-se a norma por suas vantagens políticas (e o domínio político levava a melhores oportunidades de acasalamento), e também porque reforçava a segurança. Mas a maior vantagem do vínculo e da coordenação social pode ter sido a aquisição de grandes quantidades de proteína concentrada. Em termos anatômicos, leões são muito mais aptos à agressão do que humanos, e mesmo eles contavam com um trabalho de equipe altamente coordenado para abater presas maiores do que eles próprios.

Mas a vantagem adaptativa interfere nas questões de gênero de uma maneira mais fundamental. Isso porque, para além da seleção natural, há uma segunda força conduzindo a evolução, uma força igualmente poderosa chamada "seleção sexual". Consiste em dois elementos complementares: a competição entre os machos e a escolha por parte das fêmeas.

Em qualquer ponto da linhagem mamífera, as fêmeas têm de devotar um considerável tempo e recursos calóricos à amamentação e à criação dos mais jovens. No alto da escada evolutiva, chimpanzés fêmeas exploram o espaço com o filho às costas até que ele tenha cerca de 5 anos de idade. A maioria dos mamíferos machos investe apenas uns poucos segundos de energia reprodutiva, e assim pode manter a estratégia de fazer sexo com qualquer fêmea disponível, quando bem queria, deixando o resto ao acaso. Mas, dada a imensa contribuição da fêmea em tempo e esforço reprodutivo, não faz sentido para ela se aninhar logo com qualquer um. Quando chega o momento de acasalar, chimpanzés fêmeas, como fêmeas de outras espécies, procuram o melhor retorno para seu investimento, isto é, procuram o que for aumentar suas chances de ter filhos que sobrevivam o bastante para reproduzir. "Pais mais desajustados tendem a ter filhos mais desajustados", nota George Williams, de modo que "é vantagem para a fêmea ser capaz de escolher o macho mais adequado".[13]

Mesmo entre as ordens mais baixas da evolução, a ponderação feminina faz com que machos compitam, propagandeando sua aptidão com plumas exuberantes no rabo, grandes músculos ou — entre sapos-boi — um coaxar alto e prolongado, até que a fêmea faça sua escolha. Às vezes a competição masculina inclui dar presentes à fêmea. Dado que a reprodução para as fêmeas consome calorias, além de tempo e atenção, o cortejo dos machos de muitas espécies inclui uma "oferenda nupcial" rica em nutrientes. Em besouros coprófagos, o presente é uma grande bola de esterco de elefante. Entre os bitacídeos, é algum inseto morto. Para os louva-a-deus, o "presente" é a cabeça do macho, arrancada e devorada pela fêmea durante o ato sexual. O biólogo evolutivo Robert Trivers resumiu a situação da seguinte maneira: "Pode-se, com efeito, tratar os sexos como se fossem espécies diferentes, sendo o sexo oposto uma fonte relevante para produzir o máximo de prole sobrevivente."[14]

Entre muitas espécies de pássaros, o investimento maternal significa não apenas produzir ovos, mas mantê-los quentes para chocá-los, para em seguida alimentar os filhotes até que ganhem penas. Nessas espécies a escolha feminina não se satisfaz com machos que se empertiguem, reproduzam com selvageria e deixem o resto para o destino. Se o macho não traz comida para a mãe ou ajuda a chocar os ovos quando ela sai para se alimentar, os ovos deixados podem ficar frios demais para chocar ou ser destruídos pelo primeiro predador que apareça. De modo que os machos começaram a oferecer não só uma única contribuição nupcial, mas a promessa de abastecimento duradouro e proteção contínua para os filhotes. Conectado por laços sociais forjados química e culturalmente, o casal evoluiu junto com o pai vigilante. A apoteose do investimento parental masculino faz o argumento central de *A marcha dos pinguins*, o documentário de grande sucesso em que se veem os machos de pinguim imperador parados por meses nos invernos absurdamente gelados da Antártida com seus ovos e, em seguida, os filhotes desenvolvendo-se entre seus pés, protegidos sob o calor da barriga paterna.

Entre humanos, o mesmo tipo de parceria duradoura, chamada de "laço conjugal", combinado com um alto investimento masculino na proteção da prole, contribuiu para um ponto específico do sucesso reprodutivo. O trabalho em equipe dos pais significou não apenas a sobrevivência de mais filhos, mas a possibilidade de que essas criaturas fossem mais complexas no desenvolvimento e no comportamento. A maior liberdade comportamental levou a uma maior diversidade, o que levou a inovações, o que levou a um aprendizado cultural mais rápido.

Mas, mesmo antes da aparição dos laços conjugais e dos cuidados paternos, de acordo com o que já apresentamos como hipótese do cérebro social, a inteligência dos primatas já tinha aumentado, impulsionada em grande medida pelas exigências de lidar com estruturas sociais cada vez mais complexas. O "cérebro social" deu origem ao córtex cerebral expandido nos humanos porque dava uma vantagem aos indivíduos capazes de: aprender com a observação social; reconhecer o status cambiável de amizades e inimizades; antecipar e coordenar esforços entre dois ou mais indivíduos, chegando enfim a contar com a linguagem para discutir, ensinar, ludibriar ou se comunicar com outros; orquestrar relações, do casal e das famílias aos amigos, grupos e coalizões; pilotar complexas hierarquias, aderir a normas sociais e absorver desenvolvimentos culturais; subjugar o interesse pessoal ao interesse do casal ou do grupo em troca da possibilidade de benefícios de longo prazo; recrutar apoios para a sanção de indivíduos que violem as normas do grupo; e fazer tudo isso em períodos de tempo que vão do passado distante a múltiplos futuros possíveis.[15] Vale notar que cada uma dessas sutis habilidades mentais requer a função de controle executivo dos lóbulos frontais — a função que sucumbe mais facilmente à força perturbadora do isolamento.

Ao longo da trilha rumo ao *Homo sapiens*, outras inovações muito importantes emergiram — a habilidade para andar ereto, o polegar opositor para segurar objetos, um ombro bom para arremessar — e permitiram que nossos ancestrais aumentassem seu rol de interesses imediatos. Esses aspectos anatômicos permitiram tanto a percepção quanto a ação a distância, o que dá um trunfo maior para a capacidade de pensar, planejar e comunicar. A inteligência maior significou cérebros fisicamente maiores, o que significou cabeças maiores para as crianças, o que demandou uma pélvis maior das mulheres para o parto. Mas a postura ereta exigia uma pélvis relativamente estreita para facilitar a caminhada.

Para resolver essa divergência de demandas anatômicas, a seleção natural favoreceu que as crianças humanas viessem ao mundo antes que seus cérebros estivessem plenamente formados. A capacidade craniana podia ser mantida em um nível razoável antes do nascimento, mas em compensação o desenvolvimento cognitivo, emocional e social continuaria durante os primeiros meses de vida — ou mesmo durante os primeiros anos. Isso implicou que todas as crianças nascessem, em alguma medida, "cruas", e assim absolutamente indefesas por um certo período. Filhotes de chimpanzés podem ao menos se segurar na mãe desde o primeiro dia, mas os filhotes humanos não. Esse período prolongado de completa dependência criou uma pressão intensa sobre as mães, que ainda tinham que evitar predadores e procurar comida — em sociedades pré-agrícolas, é a coleta de raízes e grãos por parte das mulheres que fornece às tribos a maior fonte confiável de calorias — tudo isso enquanto alimentavam e cuidavam de seus filhos indefesos.

Isso deu uma recompensa ainda maior para os laços e para o investimento paternal. Para os machos, assim como para as fêmeas, os que se sentiam compelidos a formar laços com a prole e cuidar dela, mesmo que eles próprios tivessem que subsistir com menos ou enfrentar mais dificuldades, deixavam mais parentes sobreviventes que carregassem seus genes de "vínculo social". Presumindo a partir de uma variação normal da necessidade genética de vínculo social, um ancestral macho de, digamos, cem mil anos atrás, podia ter um termostato social tão baixo que era capaz de acumular comida para si sem sentir nenhuma vergonha, culpa ou dor. Podia sair em uma caçada de três dias, encontrar um lugar com vários antílopes e nunca mais voltar. Podia até se esquecer da ausência da família, ou de lembrar que ela podia estar passando fome. Habituado à solidão como sinal de perigo, caçando apenas para alimentar a si mesmo, podia ser mais bem nutrido do que aqueles que levavam comida de volta para o acampamento e contribuíam para o bem de todos. Mas se seus filhos não sobrevivessem o bastante para amadurecer, reproduzir e criar seus próprios filhos, seus genes também não sobreviveriam. (Se sua tribo não sobrevivia, seus filhos também teriam menos chance de sobreviver.) Os genes mais velhos, mais puramente egoístas, persistiram, mas sua influência sobre a população de modo geral encolheu com esse desgaste reprodutivo. O sucesso individual agora era norteado pela capacidade de transcender o egoísmo e agir em prol dos outros. O gene egoísta dera passagem para o cérebro social e para um tipo diferente de animal social.

5

O universal e o particular

EXISTE UMA PIADA sobre um casal finlandês em que a mulher reclama ao marido que ele nunca expressa seu afeto. Ele responde com consternação: "Eu falei que amava você quando a gente se casou. Por que teria que falar de novo?"

Vivemos em uma época que não aprova os estereótipos culturais, e ainda assim imagino que muitos concordariam que cada nação tem seus comportamentos característicos. Os ingleses fazem uma fila ordenada num piscar de olhos; italianos, menos. Berlinenses obedeceram a placas de "não pise na grama" mesmo durante os tiroteios da revolução de 1919; romanos veem sinais vermelhos mais como sugestão do que como ordem.

A evolução costurou nossos fortes impulsos sociais na essência do que somos como espécie, mas a seleção natural não é a história inteira. Há também variações culturais e individuais. Para insetos sociais, os comportamentos que fazem a colmeia, o formigueiro ou o cupinzeiro formar um organismo estendido são determinados geneticamente. Para os humanos, por mais que o comportamento seja marcado pela genética, também é personalizado por todas as nossas complexidades e manias por vezes enlouquecedoras.

A influência casada da herança e da individualidade é a razão pela qual cada um de nós vivencia a solidão de maneira única, idiossincrática e fundada nas particularidades de nossa história de vida e de nossa situação imediata. Ao mesmo tempo, contudo, a solidão também conta com elementos estruturais universais. Em algum lugar entre o individual e o universal, as influências culturais distintas também têm um papel.

A cultura — seja ela determinada por uma família, uma cidade, uma comunidade étnica ou uma identidade nacional — tem um papel na formação do que desejamos para as nossas relações, ou seja, no que pode chegar a nos satisfazer. Na Finlândia, normas culturais ditam que uma pessoa não se sentirá estranha ou deixada de lado se não for casada. Na Itália, é quase o inverso. Mas, apesar da importância atribuída ao casamento em uma cultura, menos italianos do que pessoas de outras nacionalidades identificaram em seus maridos ou mulheres aqueles com quem poderiam contar em uma emergência.[1]

A amizade é outro domínio influenciado pela identidade nacional. Alemães e austríacos relatam ter o menor número de amigos, seguidos de britânicos e italianos, sendo os estadunidenses os que alegam ter o maior número.[2] Pode ser, no entanto, simplesmente que os estadunidenses definam o conceito de amizade de maneira mais ampla e casual do que as pessoas de outras culturas.

Conflitos entre normas culturais e nossos próprios desejos podem complicar ainda mais, e às vezes camuflar, nossa experiência de solidão. A cultura eletrônica pode sugerir que ser capaz de listar mil "amigos" em minha página pessoal é o que eu deveria querer; uma cultura diferente sugere que conhecer todo mundo em uma exposição e ser convidado para o melhor hotel com *open bar* e ganhar um imenso coquetel de camarão deveria ser o objetivo principal. Nossa cultura midiática pareceu ter convencido milhões de que ficar "famoso" graças ao YouTube ou a *reality shows*, mesmo em situações que envolvam alguma humilhação pessoal, pode fazê-los felizes. Porém, com muita frequência, pessoas que fizeram tudo certo de acordo com o ditado cultural ainda podem se pegar perguntando: "Por que sou tão infeliz?" Podem não ser capazes de articular o pensamento de que, apesar das conquistas endossadas pela cultura, faltam-lhes os vínculos significativos que aliviariam sua sensação de isolamento pessoal.

Um homem à parte

Um senhor chamado Diamantides, que participou de nosso estudo sobre moradores mais velhos de Chicago, parece um garoto-propaganda do poder do pensamento positivo e um grande conhecedor das relações sociais. Quando lhe pergunto como está, sua resposta é um enfático "Estou ótimo. E *você*?" Ativo e enérgico, muito bem-vestido, Diamantides trabalhou no varejo toda sua vida. "Me dou bem com as pessoas", ele diz. "É fácil para mim: sou grego!" Chegou até a fazer um ano e meio do curso de psicologia "só para entender as pessoas". Quando fala sobre vínculos sociais, reforça a descrição de sua vida com frases como "sou um cara de sorte", "sou abençoado", "atitude é tudo". Também tem orgulho de dizer que conhece uma grande quantidade de pessoas importantes. "Tenho uma clientela rica... mas meus clientes me tratam bem porque eu realmente gosto deles. Faço as pessoas se sentirem importantes. Faço se sentirem especiais."

Na infância, Diamantides não sofreu nenhum trauma particular, embora o estigma de vir "do lugar errado" e de talvez não ser "exatamente legítimo" tenha permanecido nele. "Nós éramos um pouco suspeitos", explica. "Naqueles dias, se meu primo aparecia com alguns relógios legais, a gente só pedia para dar uma olhada, sem fazer perguntas." Mas os pais dele, como ele coloca, "eram muito bons para mim".

Diamantides diz que manteve sua fé religiosa, mas não frequenta a igreja com regularidade. Chegou a ser casado, por um período curto, mas vive sozinho há mais de vinte anos. Não tem filhos, mas tem uma grande família — muitos primos e sobrinhos: "Na família, mesmo se você está errado, está certo. É um tremendo sistema de apoio." Ao mesmo tempo, diz que gosta de sua solidão. "Meu trabalho é lidar com pessoas, por causa disso, quando chego em casa, fico feliz de poder fazer o que quiser..." Quando pedimos que descrevesse seu momento mais solitário, ele lembrou da época, quando tinha uns quarenta e poucos anos, em que seus pais morreram: "Eu me senti como um órfão." Mas, quando lhe pedimos para descrever seu momento mais caloroso de vínculo social, ele teve dificuldades: "Foram momentos demais... é difícil escolher um." Pressionado, mencionou que uma vez um cliente antigo deixou-lhe mil dólares em seu testamento, e que um vizinho que ele mal conhecia deixou dez mil, quando tudo o que ele fizera havia sido levá-lo ao médico uma vez ou duas. Depois Diamantides lembrou o verdadeiro momento emocional mais elevado. Alguns anos antes, ele e outro homem haviam se juntado para comprar umas ações em um negócio recém-aberto — cada um pôs dez mil dólares — mas nada foi colocado no papel. Os anos se passaram. Eles perderam contato um com o outro. Então Diamantides recebeu pelo correio um cheque de cinco mil: o retorno esperado há tempos do investimento. "Meu primo me disse, você sabe, não tem nada escrito, melhor ficar com o que tem... Mas de jeito nenhum! Peguei o telefone e achei o sujeito. Levei semanas. Cheguei a ligar para a Califórnia. Ele quase morreu ao saber que era eu. E nós dividimos o dinheiro! Me senti o máximo. Ele ficou tão surpreso. Fiquei flutuando por dias. Foi o melhor sentimento que já tive."

Na conversa, Diamantides é tão convincente em sua afirmação de que tudo é ótimo em sua vida que é fácil julgar que viva em um estado de "solidão baixa". Seria possível identificá-lo como uma anomalia interessante, um homem sem família próxima, sem amigos próximos, que não sai muito e ainda assim se sente imensamente satisfeito com o mundo social. Mas ao olhar debaixo da superfície encontramos uma história bem diferente. Diamantides preencheu para nós a Escala de Solidão da UCLA. Também permitiu que testássemos a qualidade de seu sono, a pressão sanguínea, os níveis matutinos do hormônio de estresse cortisol e outros fatores. O que o teste psicológico mostrou, e o que as informações fisiológicas confirmaram, é que Diamantides tinha um dos níveis mais altos de solidão de todas as pessoas que estudamos.

As pistas para essa aparente contradição estão espalhadas por todo o relato pessoal dele. Por exemplo, é difícil ignorar a quantidade de pessoas com quem Diamantides se desentendeu. O primo que disse a coisa errada, o irmão com quem ele discutiu sobre dinheiro. "Não consigo perdoar e esquecer", disse. "Não sou hostil ou amargo... é só que depois de alguma coisa dessas ninguém volta ao meu coração do mesmo jeito." O caso é que Diamantides fora enganado pela mulher em algumas negociações financeiras e decidiu que nunca mais se permitiria ser tão vulnerável de novo, de modo que, na essência, se fechou para as outras pessoas. Infelizmente, permaneceu no mesmo isolamento emocional por anos.

Por maior que seja a quantidade de indivíduos que Diamantides encontre diariamente no trabalho, não há ninguém que ele considere de fato amigo. Nem mesmo na família tão unida que era "um tremendo sistema de apoio" — ele mal encontra ou fala com seus parentes. E, quanto a suas grandes experiências de afeto e vínculo, todas elas envolvem dinheiro.

O ponto é que as pessoas podem fazer um uso impróprio da cognição em suas tentativas de autorregular a dor de se sentirem excluídas. Podem criar um personagem falso — uma prática conhecida como autoengano — que emoldura a vida da maneira que elas querem aparentar. Esforçando-se muito, às vezes podem convencer a si mesmas de que "é assim porque eu digo que é assim". Mas os efeitos fisiológicos e psicológicos da solidão cobram sua taxa mesmo assim.

Aspectos do eu

O papel da significação subjetiva em nossa sensação de vínculo social não é em nada diferente do papel da significação pessoal individualizada em outros aspectos de nossas vidas. Você pode ter um decorador que encha seu quarto ou escritório de objetos caros, lembranças, troféus, placas e fotos aparentemente assinadas só para você por Elvis Presley e Vladimir Putin. Seus visitantes podem ficar muito impressionados. Mas se tudo vem de uma loja especializada, é muito provável que, quando você entre nesse quarto, sinta que algo não está certo. Você pode ser capaz de conseguir alguma gratificação momentânea para o ego, mas não haveria qualquer sensação duradoura de calor e satisfação, porque essas lembranças e esses troféus não têm nenhum significado real. Da mesma maneira, você pode ter todos os amigos "certos" em termos de prestígio social, ou ser bem relacionado profissionalmente, ou ter uma mulher rica, brilhante e linda, mas se não há uma ressonância emocional profunda — especificamente para você — então nenhuma dessas relações vai satisfazer a fome de vínculos ou aliviar a dor de se sentir isolado.

É claro que, em nossa vivência diária, não pensamos nas limitações culturais da nossa experiência subjetiva de isolamento mais do que pensamos em sua estrutura formal. Se a solidão tem duas ou doze dimensões é o tipo de coisa com que apenas os psicólogos se preocupam. Todavia, conhecer a estrutura universal da experiência pode ser útil, em especial se estamos tentando fazer renovações.

Se eu lhe pedir para imaginar um quarto, é provável que você vá buscar uma certa lembrança, uma certa cor, um cheiro, a vista de uma janela, ou talvez a mobília ou os quadros na parede. Mas também é verdade que, quando somos objetivos, quantitativos e atentos ao que é comum a qualquer quarto, reconhecemos que qualquer quarto que possamos imaginar tem três dimensões fundamentais: comprimento, largura e altura. Você experimenta o quarto como um grande surto de sensações — uma *Gestalt* — mas essas três facetas contribuem e restringem sua experiência relacionada a ele. Se você quiser tentar remontar esse quarto para torná-lo mais agradável ou funcional, terá que levar em conta essas três dimensões fundamentais.

Da mesma forma, se queremos nos fazer mais felizes e saudáveis ao aprimorar nossa satisfação social, vale a pena entender as dimensões universais, uma das quais é "o eu" em si.

Os psicólogos Wendi Gardner e Marilynn Brewer fizeram um estudo para examinar os modos como as pessoas se descrevem ao responder à pergunta: "Quem é você?"[3] Determinaram que as descrições pessoais podem ser categorizadas em três grupos básicos:

1. *Um eu pessoal, ou íntimo.* É o "você" de suas características individuais, sem referência a mais ninguém. Essa dimensão inclui altura e peso, inteligência, aptidão atlética ou musical, gosto em música e literatura e outras preferências pessoais, como preferir tabasco a tapioca.

2. *Um eu social ou relacional.* É quem você é em relação às pessoas mais próximas — esposa, filhos, amigos e vizinhos. Quando vai a uma reunião de pais e mestres você é a mãe ou o pai do pequeno Zach. Quando vai à festa da firma de sua mulher, você é "o marido da...". Essa é a parte de você que não existiria sem uma outra pessoa na sua vida.

3. *Um eu coletivo.* Esse é o você que é membro de certo grupo étnico, tem uma certa identidade nacional, pertence a certas associações profissionais ou de qualquer outra ordem e torce por certas equipes esportivas. Similar ao eu relacional, essa parte do eu não existiria sem outras pessoas. O que os distingue é que estas são identidades sociais mais amplas, ligadas a certos grupos sociais maiores, que podem fazer parte menos óbvia de sua experiência diária.

As pessoas veem-se nessas três dimensões porque essas são as mesmas três esferas básicas em que os humanos sempre operaram. Desde os nossos primeiros ancestrais evolutivos, os seres humanos são indivíduos únicos com características físicas específicas, traços de personalidade específicos, gostos específicos, mas também sempre mantendo fortes laços com parceiros e proles, além de viver em agrupamentos sociais maiores, de famílias a tribos ou estados-nação. O "eu" comporta-se de modo um pouco diferente em cada instância. Quando você se define como parte de um grupo (o eu coletivo), por exemplo, pode estar mais inclinado a concordar com outros membros do grupo, mesmo em crenças que possam parecer irracionais ("É claro que os *Cubs* vão ganhar o campeonato nacional de beisebol este ano!"), do que quando está pensando sozinho como indivíduo único.

Brewer e Gardner demonstraram exatamente esse efeito ao instruírem estudantes de faculdade a pensar em si mesmos em um contexto coletivo — isto é, como membros de uma comunidade universitária particular — e em seguida medindo quanto tempo levava para que os estudantes concordassem ou discordassem com algo dito por outro estudante da mesma faculdade. Como esperado, os estudantes que passaram por esse primeiro estímulo concordaram mais rápido, ou demoraram mais para discordar, com os membros do grupo do que aqueles que não haviam sido preparados a pensar neles mesmos como parte de um grupo.

Quando você pensa em si mesmo como uma identidade pessoal única, é muito natural comparar-se com outros e sentir uma pontada de dor ou inveja se alguém se sai melhor que você em algo importante. Quando a pessoa que o supera é um amigo ou um membro da família, a derrota pode ser ainda mais dolorosa do que ao perder para um estranho.[4] Entretanto, quando seu foco está na identidade da família ou da comunidade, é mais fácil comemorar os triunfos de alguém próximo a você como se essas vitórias fossem suas. Quando Serena Williams se define como irmã de Venus Williams, fica mais fácil para ela curtir um torneio ganho por Venus. Com o foco na identidade familiar ou no orgulho familiar, cada uma dessas tenistas altamente competitivas torna-se parte de uma mesma unidade e, assim, o sucesso de uma irmã pode ser também o sucesso da outra.

Três graus de ligação

Em nosso grupo de pesquisa, compilamos uma vasta quantidade de informações documentando a estrutura subjacente ao modo como as pessoas pensam seus vínculos com os outros. Submetemos as informações a uma análise estatística, uma técnica de classificação criada para desvelar padrões simples nas relações entre variáveis. Se você utiliza a análise estatística para avaliar as características de mil quartos, as estatísticas serviriam para mostrar que os fatores essenciais que fazem de um quarto um quarto são: comprimento, largura e altura. Todo quarto tem isso; não há quarto sem um desses elementos. Outras qualidades como "sujo" ou "abarrotado" ou "verde" apareceriam como variáveis externas às dimensões essenciais, peculiaridades que não dizem nada universal sobre a natureza dos quartos.

Ao usar a mesma técnica de classificação quantitativa, descobrimos que a estrutura universal da solidão se alinhava com muita facilidade às três dimensões do eu que Brewer e Gardner compuseram. Para o eu, as dimensões essenciais são o pessoal, o relacional e o coletivo, sobre as quais podemos situar as três categorias correspondentes de vínculo social: vínculo íntimo, vínculo relacional e vínculo coletivo.[5] Seres humanos têm uma necessidade de serem afirmados como próximos e pessoais, temos uma necessidade de ampliar o círculo de amigos e familiares, e temos uma necessidade de sentir que pertencemos a certos coletivos, seja a associação de alunos da Universidade de Michigan, o Exército de Gales, o sindicato de encanadores ou um clube de motociclistas.

De modo nada surpreendente, as três dimensões da estrutura universal da solidão estão altamente correlacionadas. Se você está feliz em uma (no casamento, digamos), tende a estar feliz nas outras. Até que, talvez, distúrbios no ambiente provoquem uma reviravolta. Seu marido de repente mente, ou você se muda para uma cidade nova e estranha. Uma esposa de luto pode ter grandes amigos, e esses amigos podem fazer tudo o possível por ela, mas, na maioria das vezes, esse apoio não elimina por completo a dor profunda da perda do parceiro de toda uma vida. Quando os fatos derrubam uma das três pernas do banco que nos sustenta — íntima, relacional ou coletiva — a segurança e a tranquilidade se rarefazem, e mesmo alguém que sempre se sentiu intensamente vinculado pode começar a se sentir sozinho.

Contudo, também descobrimos que não há uma correlação absoluta, direta, entre esses indicadores objetivos e ambientais de isolamento social e a experiência subjetiva. O estado civil é um dos melhores prenúncios do vínculo íntimo — isto é, pessoas casadas tendem a ser menos solitárias do que pessoas solteiras —, mas nem todo mundo vê no casamento uma autoafirmação. A freira, o explorador, o artista e o alto executivo que não se casam podem encontrar propósitos em outra parte. E todos sabemos que vínculos familiares próximos podem ser uma bênção bastante ambivalente. O mesmo vale para pessoas que têm mais amigos do que conseguem manter. Acredite ou não, para algumas pessoas, o telefone tocando constantemente com convites para noitadas fabulosas pode ser uma fonte de estresse. E, enquanto alguns de nós somos sociáveis, outros são muito reservados e precisam de muito pouco vínculo de pertencimento a grupos. Em cada um dos três níveis, a questão não é a quantidade, mas a qualidade de relações, de acordo com o que determinam nossas necessidades e preferências subjetivas.

Uma ex-professora que se descreveu como "não sociável" contou-me nunca ter sentido necessidade de vínculo coletivo até se aposentar. Foi só aí, quando ela voltou a morar na fazenda da família no interior, que ela percebeu quanto significara para ela fazer parte de um grupo de professores e de uma universidade prestigiosa. Mas, tendo voltado para casa, ela encontrou novas formas de satisfazer essa necessidade:

> Aqui pertenço a um grupo muito diferente de pessoas, pessoas cujas raízes remontam ao tempo dos desbravadores e que estão impregnadas com a história da região. Ainda não tenho verdadeiros amigos aqui (embora os vínculos familiares sejam compensadores), mas esse tipo de vínculo mais amplo ajuda a que eu não me sinta muito sozinha, em parte porque é confortável se sentir alguém do local, alguém que pertence.

De modo similar, muitos de nós tendemos a ignorar o aspecto coletivo do vínculo social na maior parte do tempo, até nos encontrarmos surpreendentemente tomados por uma identidade de grupo quando, por exemplo, desponta alguma emergência nacional, ou quando algum tipo de insulto é desferido contra a dignidade do tipo de pessoas com quem nos identificamos. Os ataques a Nova York e Washington em 11 de setembro de 2001 atiçaram a identidade coletiva dos americanos, assim como as caricaturas de Maomé publicadas na Dinamarca atiçaram a identidade coletiva mesmo de muitos muçulmanos ocidentalizados. Alguém pode assistir a uma passeata pelos direitos dos imigrantes e se sentir ótimo: veja como somos tão diferentes, e ainda assim formamos uma única cidade! Outro pode acompanhar o mesmo evento e se sentir ameaçado: esta já não é mais a minha cidade... quem são essas pessoas? Tiramos significados desses acontecimentos — a bela diversidade, a mão de obra barata, o fim do mundo tal qual o conhecemos — dependendo de muitos fatores de nossas vidas e posturas. E assim como cada um de nós representa a idiossincrasia em meio ao universal, nada indica que a sua ou a minha "idiossincrasia" vai continuar sendo a mesma por toda a vida.

Nas últimas quatro décadas, a pesquisa do psicólogo Walter Mischel tem demonstrado que, ao contrário do que indica a ideia de determinismo genético, as pessoas não se comportam de acordo com traços fixos rígidos que se manifestam com consistência em todas as situações.[6] Não que não haja qualquer consistência, mas que a consistência é circunstancial e temporal. Você pode se sentir sozinho toda vez que está em uma certa situação (o refeitório do colégio) ainda que, no mesmo período de sua vida, você se sinta socialmente satisfeito em outro contexto (em um acampamento, por exemplo). Sua suscetibilidade à solidão pode permanecer estável ao longo do tempo, mas o mais provável é que as situações que fizeram você se sentir mais agudamente sozinho na infância ou na adolescência sejam diferentes das situações que o induzem à solidão aguda quando você é um pai jovem ou um idoso.

Solidão e depressão

Um desafio ainda maior para conhecer as dimensões exatas da solidão é que ela raramente é encontrada em estado isolado. Boa parte das primeiras pesquisas a respeito em psicologia e psiquiatria foi conduzida em cenários clínicos com indivíduos que sofriam de diversas doenças, muitas vezes severas. O par mais comum eram manifestações intensas tanto de solidão quanto de depressão.[7] Talvez não seja surpreendente, então, que dois estados — solidão e depressão — tenham sido amiúde tomados como coisa única.[8] "Sinto-me só", por exemplo, é uma das questões da Escala de Depressão do Centro de Estudos Epidemiológicos.[9]

Todavia, a análise estatística nos mostra que solidão e depressão são, na verdade, duas dimensões distintas da experiência.[10] Em termos de diagnóstico, também sabemos que a depressão é diferente, em parte porque não suscita a mesma constelação de reações que a solidão. A solidão provoca um desejo de se filiar, mas também sentimentos de ameaça e temor. À medida que a experiência se torna mais intensa, a sensação de ameaça provoca uma tendência a ser crítico em relação aos outros. A solidão reflete a maneira como você se sente em suas relações. A depressão reflete a maneira como você se sente, e ponto final.

Embora sejam ambos estados adversos e desconfortáveis, solidão e depressão são opostas em muitos aspectos. A solidão, como a fome, é um alerta para fazer algo que altere uma condição desconfortável e possivelmente perigosa. A depressão nos torna apáticos. Enquanto a solidão nos urge para seguir em frente, a depressão nos detém. Mas onde a depressão e a solidão convergem é no senso diminuído de controle pessoal, o que conduz a um comportamento passivo. Essa passividade induzida é uma das razões pelas quais, apesar da dor e da urgência que a solidão impõe, ela nem sempre leva a uma ação efetiva. A perda do controle executivo ocasiona uma falta de persistência, e a frustração leva ao que o psicólogo Martin Seligman denominou "desamparo aprendido".

Na batalha da autorregulação, solidão e depressão são em seu cerne um sistema muito interligado de estica e puxa. Os organismos mais primitivos operam inteiramente com base em oposições de dois elementos, na essência uma marcha para frente e outra para trás. Isso promove uma decisão simples entre duas opções — avanço ou retirada — repetida continuamente a cada vez que o organismo confronta um novo estímulo. Avançam para comer ou acasalar, e se retraem para evitar sensações negativas, o que em geral significa perigo. Sistemas biológicos mais complexos, incluindo os seres humanos, operam com base em pareamentos similares.

Dada a evidência de que a solidão é um sinal de alerta, entalhado nos genes, e de que exerce uma função de sobrevivência, talvez haja um papel social da mesma ordem adaptativa em seu oposto, a depressão. Imagine um dos nossos distantes ancestrais, um jovem de uma comunidade de caçadores e coletores nas planícies da África. Motivado por uma sensação de isolamento social, ela faz um avanço — tenta cortejar uma mulher, ou se unir a um grupo que festeja, ou estabelecer uma aliança política — mas por alguma razão qualquer, é recusado. Persistir em vão seria uma perda de energia, provavelmente contraprodutiva e talvez até perigosa. Durante esse período inicial de rejeição, um humor levemente depressivo (assim como a falta de persistência associada à solidão) pode ser útil. Ao temperar o impulso de avançar para se afiliar, sentimentos depressivos podem encorajar nosso inábil ancestral, seu controle executivo agora diminuído pelo senso de exclusão social, a se afastar por um período suficiente para analisar a situação: "Será que a abordagem foi agressiva demais?" "Talvez eu devesse ter oferecido algum presente para amolecê-los."[11] Ao mesmo tempo, a passividade do humor depressivo (e o comportamento passivo que a solidão acaba acarretando) conservaria sua energia e seus recursos.[12] Em uma hierarquia social, quando tentamos um avanço e falhamos, pode ser vantajoso não apenas se afastar e repensar, mas também demonstrar submissão.[13] Nesse contexto delicado, o afeto deprimido pode servir como o equivalente humano para a atitude do cão que deita de costas e oferece sua barriga vulnerável. A dor real dos sentimentos depressivos também pode ser um meio de manipulação social — um sinal, similar ao choro, de que "preciso de ajuda" e uma solicitação de atenção e carinho dos que nos cercam.[14] De modo geral, essa indução a baixar a cabeça e mostrar aos outros que não somos uma ameaça pode servir para minimizar o risco em interações sociais em um tempo em que percebemos que nosso valor social está baixo, especialmente em relação à intensidade de nossas vontades sociais.[15]

Esse tipo de sistema de avanço/retrocesso pode ter funcionado há muito tempo sem as tantas consequências negativas que vemos hoje. Em um mundo menos complicado socialmente, talvez com menos angústias mentais que os humanos modernos geraram, é muito provável que o jogo do "avanço/equívoco/retrocesso", seguido do "recompor/retomar atividade normal", ocorresse em um período curto de tempo e sem a necessidade da mesma sofisticação cognitiva requerida nos complexos ambientes sociais de hoje. Extrapolando a partir do comportamento primário, podemos presumir de maneira razoável que os conflitos sociais, como a maior parte das ameaças na primeira fase de desenvolvimento de nossa espécie, eram resolvidos rapidamente — para o bem ou para o mal. Os poderes cognitivos limitados dos primeiros caçadores e coletores, e a dureza do ambiente em que viviam, não lhes permitiriam o luxo de longos acessos de melancolia passiva, ambivalência, e crises de consciência. Ao longo de muitos milênios, no entanto, com a crescente complexidade intelectual e psicossocial, uma simples sequência "avançar/recuar/avançar de novo" pode ter evoluído para se tornar um vicioso ciclo de ambivalência, isolamento e paralisia para análise — o impasse no qual os sentimentos de solidão e depressão se unem em um laço negativo, cada um intensificando os efeitos e a persistência do outro.

Essa é a situação em que deixamos nossa amiga do capítulo 1, Katie Bishop: sentada na frente da televisão, tomando sorvete direto do pote. Se ela fosse personagem de uma comédia romântica, correria até uma padaria próxima na manhã seguinte e deixaria cair sua xícara de café no parceiro perfeito, encontrando romance, companhia e uma ampla rede de amigos novos e engraçados. Na vida real, no entanto, ela pode se sentir tão mal que apenas vai conseguir puxar o travesseiro por sobre a cabeça para cobrir o sol e assim ficar debaixo das cobertas até o meio-dia.

Quando começamos a procurar as específicas rotas fisiológicas que levam do isolamento social a uma doença cada vez mais grave e à diminuição da expectativa de vida, temos que considerar a possibilidade de que solidão e depressão sejam ambas manifestações de algum outro problema subjacente. Também temos que levar em conta uma longa lista de variáveis que podem aparecer nas mesmas circunstâncias, cada uma das quais podendo influenciar os efeitos que vislumbramos. Como podemos determinar se é de fato solidão, e não um desses fatores associados, o que delimita a trama da história que se revela?

Há três formas-padrão de identificar associações e investigar relações causais. A primeira delas é o estudo transversal: mobiliza-se uma ampla rede com muitos tipos diferentes de pessoas, para então medir o maior número de variáveis em um específico instante. A segunda é o estudo longitudinal, o que significa identificar uma certa população e acompanhar seus membros por um longo período, fazendo medições repetidas de certas variáveis à medida que suas vidas vão mudando dia a dia. A terceira é a designação randômica e a manipulação experimental.

Tanto o estudo transversal quanto o longitudinal podem oferecer informações ricas e úteis. A abordagem longitudinal também controla uma quantidade de fatores adicionais que não estão satisfatoriamente disponíveis no estudo transversal. Por exemplo, se um adulto teve uma ligação segura ou insegura com a mãe na infância pode não ser algo facilmente medido em um preciso instante. Entretanto, cada participante de um estudo longitudinal serve como seu próprio controle — o estudo segue a mesma pessoa, afinal, e seu passado continua o mesmo. Em um estudo longitudinal, então, em que o foco está nas alterações de solidão e de variáveis relacionadas com o passar do tempo, nós distinguimos e avaliamos os efeitos dessas alterações em relação aos aspectos que não se alteram com o passar do tempo, como o tipo de vínculos infantis. Ainda assim, nenhuma dessas abordagens pode nos indicar definitivamente que encontramos causas e efeitos diretos. Mesmo se conseguirmos demonstrar uma forte associação entre a solidão e certos fatores em um contexto longitudinal, e mesmo se pudermos excluir todos os relatos alternativos conhecidos, ainda não significa que teremos mostrado de modo convincente o bastante para superar o ceticismo da boa ciência em relação à crença de que um fator *causa* o outro. É aí que a manipulação experimental se torna particularmente útil. Para desvelar a constelação de variáveis ligadas à solidão, e para determinar o que é a causa mais provável do quê, meus colegas e eu usamos as três abordagens.

Manipulando a mente

Para nossa análise transversal, voltamos à grande população de estudantes da Universidade do Estado de Ohio que haviam servido de voluntários em nosso teste de escuta dicótica. Refinamos nossa amostragem para 135 participantes, 44 dos quais com alto nível de solidão, 46 em nível médio e 45 em nível baixo, sendo cada subgrupo dividido igualmente entre homens e mulheres.[16] Durante um dia e uma noite no Centro de Pesquisa em Clínica Geral do Hospital Universitário, submetemos esses estudantes a uma variedade tão grande de testes psicológicos que parecíamos estar preparando-os para uma missão espacial em Marte. Isso permitiu que desenvolvêssemos um perfil estatístico preciso de outros fatores de personalidade à medida que eles apareciam em associação com os graus variados de solidão. Em outras palavras, o estudo dessa população nos forneceu um quadro claro de todo o drama psicológico que acompanha a solidão quando ela emerge na vida cotidiana de tantas pessoas, observadas em um específico período de tempo. O rol de características que encontramos já era esperado: melancolia, timidez, baixa autoestima, ansiedade, hostilidade, pessimismo, pouca afabilidade, tendência à neurose, introversão e medo de avaliação negativa.[17]

Dada a complexidade do drama implícito, o próximo desafio era ver se podíamos demonstrar por meio de um experimento controlado que a solidão tinha um papel principal, e não coadjuvante. Um experimento controlado significa estudar as pessoas em uma situação em que se podem manter certas variáveis constantes ao mesmo tempo em que se manipulam outras. Um experimento assim exige também que os participantes sejam aleatoriamente designados aos diferentes níveis de manipulação empreendidos.

Para manipular níveis de solidão percebida, convocamos David Spiegel, um psiquiatra da Universidade de Stanford, para hipnotizar os sujeitos de nosso experimento. Usando roteiros precisamente estabelecidos, guiamos nossos voluntários hipnotizados para que revivessem momentos de suas vidas que evocassem ou sentimentos profundos de solidão, ou sentimentos profundos de pertencimento social. Para alguns indivíduos induzimos o sentimento de solidão no primeiro estado hipnótico e o pertencimento social no segundo; para outros, fizemos o inverso. Antes e depois de cada hipnose administramos a Escala de Solidão da UCLA revisada, para garantir que a hipnose havia induzido o estado emocional desejado.[18]

Antes, Spiegel fizera um clássico experimento com Steven Kosslyn, de Harvard, para demonstrar que a sugestão hipnótica não era meramente um caso extremo de sugestão, coerção e obediência. Esse estudo anterior era focado na percepção de cores: imagens eram mostradas aos participantes hipnotizados para que eles dissessem se eram coloridas ou em preto e branco; a sugestão hipnótica às vezes batia com a realidade da imagem, às vezes não. Tomografias feitas durante a hipnose mostraram que os cérebros dos sujeitos estavam registrando fisicamente a cor ou o preto e branco de acordo com a sugestão hipnótica, mesmo quando era contrária a verdade. Em termos de resposta cerebral, então, a experiência induzida era a mais real possível.[19]

Com cada um dos estudantes de Stanford, depois que a indução hipnótica produziu sentimentos de solidão ou de pertencimento social, nós administramos os mesmos testes psicológicos a que havíamos submetido antes nossos estudantes de Ohio. Como mostra a figura 5, os resultados bateram. Examinar os gráficos lado a lado foi como assistir CSI, quando conseguem identificar uma impressão digital.

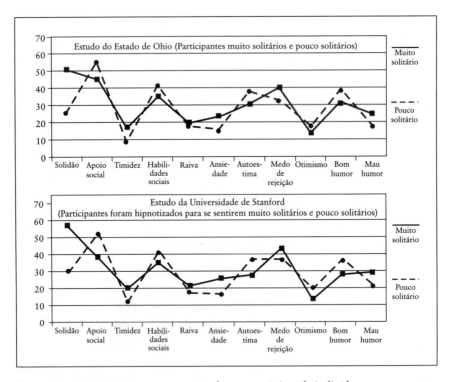

FIGURA 5. *Painel superior*: comparação de características de indivíduos que se sentem muito sós com indivíduos que não se sentem nem um pouco sós. *Painel inferior*: comparação de características de indivíduos induzidos a se sentirem muito sós com indivíduos induzidos a não se sentirem nem um pouco sós.

No painel superior da figura, as duas linhas irregulares comparam os resultados do teste dos estudantes de Ohio, a linha contínua representando os 20% com grau mais elevado de solidão e a linha pontilhada representando os 20% com grau mais baixo. Os estudantes com solidão alta, comparados com os de solidão baixa, reportaram níveis mais baixos de apoio social, níveis mais altos de timidez, habilidades sociais insatisfatórias, mais raiva, maior ansiedade, autoestima mais baixa, mais medo de avaliação negativa, menos otimismo, menor bom humor e mais alto mau humor.

No painel inferior, as duas linhas irregulares comparam os resultados do teste dos estudantes de Stanford, quando haviam sido induzidos por hipnose a sentir um alto nível de solidão, e quando esses mesmos indivíduos haviam sido induzidos a sentir um baixo nível de solidão. Os resultados para as onze características medidas — humor, otimismo, habilidades sociais etc. — seguiram o mesmo padrão.

Apenas manipulando os sentimentos de solidão e de inclusão social, conseguimos produzir aparências correspondentes, com intensidades correspondentes, de todos os outros aspectos do drama. A solidão, então, definitivamente tem um papel preponderante.

Além disso, demonstramos mais uma vez que indivíduos que se sentem sós não são um grupo à parte. Qualquer um de nós pode sucumbir à solidão e, com isso, a todas as outras características que a acompanham.

A pesquisa com os estudantes de Ohio assim como as manipulações por hipnose mostraram o efeito da solidão nos pensamentos, nos humores, na autorregulação e mesmo em características pessoais como timidez e autoestima — tudo em um preciso instante. Mas e quanto à solidão crônica? Manter os participantes em um estado desagradável ou doentio por um tempo seria excessivamente antiético, de modo que não podíamos induzir sentimentos persistentes de isolamento social por meio da manipulação. A pesquisa longitudinal é uma alternativa ética, e foi por isso que iniciamos nosso estudo longitudinal de idosos ou pessoas de meia-idade da região metropolitana de Chicago.

Restaurando o todo

Para realizar uma medição precisa dos efeitos associados à solidão crônica e às mudanças que ela sofre com o passar do tempo, identificamos um subgrupo de indivíduos de nossa população do estudo de Chicago que formavam uma amostra verdadeiramente significativa, do tipo que institutos de pesquisa utilizam para prever os resultados de eleições com base em dados de pesquisa. Usamos uma estratégia de amostragem de nível tanto familiar quanto individual para alcançar uma distribuição aproximadamente igual de participantes negros, latinos e de origens europeias, assim como um número igual de homens e mulheres em cada grupo, todos de idade entre 50 e 67 anos.

Pedimos a cada participante que preenchesse a Escala de Solidão da UCLA revisada, assim como uma medida de depressão comumente usada em pesquisas epidemiológicas. Nossos voluntários da Universidade do Estado de Ohio haviam preenchido escalas similares, e quando fizemos uma análise estatística de todos os itens, os da escala da UCLA caíram em grupos alinhados com os três fatores da solidão (íntimo, relacional e vinculação coletiva). Os itens da escala de depressão foram alinhados em uma estrutura própria, separada. Quando repetimos essas análises usando as respostas dos idosos e adultos de meia-idade de Chicago, os itens das escalas de solidão e depressão foram divididos de uma maneira que acabou confirmando mais uma vez que solidão e depressão, por mais que tenham a ver, são fenômenos distintos.[20] A análise de informações longitudinais dos mais velhos mostrou que o grau de solidão de uma pessoa no primeiro ano possibilitava prever mudanças nos sintomas depressivos dessa pessoa nos próximos dois anos.[21] Quanto mais solitária fosse a pessoa no início, mais seria acometida pela depressão nos anos seguintes, mesmo que seus dados estatísticos de depressão estivessem controlados no primeiro ano. Também descobrimos que o nível dos sintomas de depressão de um indivíduo no primeiro ano do estudo permitia prever alterações na solidão desse indivíduo nos próximos dois anos. Os que se sentiam deprimidos se afastavam dos outros e se tornavam, com o passar do tempo, solitários. De modo que também aqui se encontra o mecanismo de alimentação mútua dos sintomas de depressão e solidão que havíamos postulado, trabalhando em sentidos opostos para criar um ciclo pernicioso de desamparo aprendido e comportamento passivo.

E, o que é mais importante, esses estudos que sondam causas e efeitos sugerem uma maneira de ir além desse beco sem saída incrustado em nossa experiência de isolamento. Se os sintomas autodestrutivos da solidão podem ser externamente induzidos por manipulação hipnótica dos sentimentos e das lembranças, e se podem se modificar com o passar do tempo como resultado de mudanças reais — mas também percebidas — do ambiente social de cada um, então com um maior esforço e consciência deve haver um modo de pessoas solitárias aprenderem por si mesmas a manipular percepções, cognições e emoções.

Mas antes de examinar essa possibilidade, há mais um mistério a assinalar. Todas as evidências apontam que a solidão é a líder de uma gangue formada por outros onze elementos, estados emocionais associados à cena do crime, e que o crime pode ser um assalto à saúde física e ao bem-estar social que às vezes põe a vida em risco. De modo que a solidão está em cena e exerce muita influência — mas como podemos ter certeza de que a solidão em si é o verdadeiro "criminoso"? Como podemos ter certeza que os sérios declínios de saúde e bem-estar que observamos com o passar do tempo foram provocados por esse algo tão intangível que é o senso de isolamento social? E se a solidão tem o poder de causar doenças de verdade, qual é seu *modus operandi*?

6

O desgaste da solidão

Em *A TRIPLA HÉLICE*, o geneticista evolutivo Richard Lewontin descreveu organismos como "aparelhos eletromecânicos" que, por razões puramente termodinâmicas, sucumbem a um desgaste. Esse desgaste, nos diz Lewontin, contribui para um declínio geral de funcionamento e, mais cedo ou mais tarde, para a morte. Ou, como colocou o romancista John Irving, "somos todos casos terminais".[1]

A maioria de nós faz o que pode para resistir ao declínio inevitável, mas tendemos a pensar na manutenção da saúde em termos de como evitar doenças ou contusões. Em 1948, contudo, a Organização Mundial de Saúde definiu saúde como "não meramente a ausência de enfermidades", mas como um estado de "completo bem-estar físico, mental e social".[2] Mesmo assim, é mais comum medirmos nossa saúde a partir de uma leitura das manifestações físicas e dos resultados dos exames de nossa última visita ao médico.

O estudo da solidão expande nosso foco para incluir influências sociais e emocionais que não aparecem imediatamente nos raios X ou nos exames sanguíneos e, mesmo assim, podem ter um impacto enorme com o passar do tempo.

No início dos anos 1990, quando eu estava na Universidade do Estado de Ohio estudando as influências sociais em processos fisiológicos e na saúde, pediram que me juntasse à Rede de Interação Mente-Corpo da Fundação MacArthur. Esse grupo de neurocientistas, endocrinologistas, imunologistas, psiquiatras, psicólogos, pesquisadores do sono e outros havia formado uma força-tarefa para investigar o problema mente-corpo: a questão de como nossa vida mental e nossa biologia estão inter-relacionadas.

A influência do isolamento social na saúde parecia o problema ideal a ser enfrentado. Uns doze anos antes, a epidemiologista Lisa Berkman descobrira que homens e mulheres que mantinham poucos laços com outros tinham duas ou três vezes mais chance de morrer nos nove anos seguintes à pesquisa do que os que tinham muitos contatos. As pessoas com poucos laços sociais tinham um risco maior de morrer de doenças cardíacas isquêmicas, de doenças cerebrovasculares e circulatórias, de câncer e de uma categoria mais ampla que incluía como causas de morte problemas respiratórios, gastrointestinais e outros.[3]

Em 1988, um artigo na revista *Science* examinou a pesquisa subsequente, e a meta-análise indicou que o isolamento social está em pé de igualdade com pressão sanguínea alta, obesidade, falta de exercício ou tabagismo como fator de risco para doenças e morte precoce.[4] Por algum tempo a explicação mais comum para esse efeito considerável foi a "hipótese do controle social". Essa teoria sustenta que, na ausência de um parceiro ou de amigos próximos que possam oferecer ajuda material ou alguma influência mais positiva, os indivíduos apresentam uma tendência maior a ganhar peso, beber demais e desistir dos exercícios. A ideia é que essa negligência pode influenciar nos efeitos na saúde que aparecem nos estudos sobre o isolamento.

Soa plausível. Não muito tempo atrás, tanto em Paris quanto em Chicago, pessoas mais velhas morreram durante ondas de calor, em grande medida, porque não podiam contar com outras pessoas que poderiam tê-las ajudado a lidar com essa condição extrema temporária. Em Paris, especialmente, o número de mortes foi muito maior porque o calor ocorreu em agosto, quando as famílias haviam saído de férias, e quando muitos parentes mais velhos foram deixados para trás e tiveram que se virar sozinhos.

Mas uma pesquisa epidemiológica realizada logo depois da análise publicada na *Science* determinou que o efeito sobre a saúde associado ao isolamento é estatisticamente grande demais e dramático demais para ser atribuído por inteiro a diferenças de comportamento. O psicólogo Dan

Russell e seus colegas mais tarde confirmaram os limites da hipótese do controle social quando examinaram os históricos de saúde de 3.097 pessoas de 65 anos ou mais residentes de dois municípios rurais em Iowa.[5] Os indivíduos com as maiores marcas primárias de solidão eram também os que muito provavelmente seriam admitidos em instituições assistenciais nos quatro anos seguintes. Além disso, seu grau de apoio social objetivo — se tinham ou não uma sobrinha que viesse para ajudar, ou um vizinho que os levasse até a clínica — não servia de maneira significativa para prever a necessidade de maior apoio quando o fator solidão era descartado.

Tivemos uma intuição de que o que importava não era a quantidade de interações sociais, ou o grau de apoio prático que as pessoas davam umas às outras, mas o grau em que as interações sociais satisfaziam a necessidade de vínculo específica e subjetiva de cada indivíduo. Uma pesquisa anterior, que havia pedido que os participantes mantivessem um diário e fizessem anotações em certos momentos todos os dias, mostrara que a quantidade de tempo gasto com outros e a frequência de interação pouco acrescentavam para o prognóstico da solidão. O que prognosticava a solidão era, mais uma vez, uma questão de qualidade: as avaliações do indivíduo de que fossem menos ou mais significativos os encontros com outras pessoas.[6] Mas dizer que a falta de significado nos encontros sociais de cada um podia se tornar tão prejudicial quanto a obesidade, a falta de exercícios ou a inalação de fumaça cancerígena ainda parecia um pouco forçado.

Para testar nossa hipótese de que a satisfação subjetiva tinha um papel central, de novo recorremos aos estudantes voluntários de Ohio. Para além da bateria de testes psicológicos que já havíamos administrado para esses jovens muito pacientes, medimos o funcionamento cardiovascular e tiramos sangue em vários momentos do dia para testes endócrino e imunológicos. Também pedimos que passassem a noite no Hospital Universitário para medir certos aspectos de seu sono.[7] Mesmo depois de terem ido para casa, continuamos avaliando seu sono durante várias noites consecutivas. Para ajudar a acompanhar suas várias percepções diárias assim como suas reações físicas, demos a eles bipes, que eles tiveram que carregar por sete dias. Nove vezes por dia bipávamos cada um, e a cada vez que tocava o bipe eles tinham que preencher um questionário curto sobre seu humor, atividades, pensamentos e sentimentos — o tipo de informação que havia sido compilado antes pelos pesquisadores que utilizaram o método do diário. Mas nós queríamos relacionar essas respostas subjetivas a informações objetivas, fisiológicas, de modo que no primeiro dia também equipamos cada participante com um pequeno monitor cardiovascular a ser usado na cintura, sensores na pele e um medidor de pressão sanguínea no braço. A cada vez que o bipe tocava, e ao mesmo tempo em que registravam os humores e atividades, eles apertavam um botão para ativar as medições cardiovasculares.[8]

No segundo dia, em vez do equipamento de monitoramento cardíaco, cada participante carregou "salivettes", pequenos rolos de gaze em recipientes sanitários. A cada vez que o bipe tocava, quando se sentavam para registrar pensamentos e experiências, tinham que mastigar a gaze para coletar saliva e depois devolvê-la ao recipiente. Isso nos permitiu correlacionar os níveis de cortisol salivar, um marcador de estresse, com os relatórios de percepções de solidão e estresse ou atividades prazerosas. Nos cinco dias subsequentes continuamos bipando-os nove vezes ao dia para que eles continuassem preenchendo os questionários.

Investigando o inevitável

Muitos pesquisadores, tentando entender como o corpo experimenta o desgaste associado ao envelhecimento, limitam-se a preocupações celulares. Alguns investigadores estudam produtos de resíduos moleculares chamados oxidantes que entopem o maquinário celular. Outros focam na mera quantidade de divisões celulares que acontece com o passar do tempo e no declínio da precisão de transcrição à medida que cada célula faz cópias e cópias de seu DNA. Outros, ainda, concentram-se em telômeros, revestimentos protetores das extremidades livres dos cromossomos que gradualmente diminuem com a idade.[9]

Do outro lado do espectro, pesquisadores investigam os efeitos de fatores sociais que podem se combinar com o passar do tempo. O agora famoso estudo do governo britânico com funcionários públicos mostrou que as pessoas em cada grau empregatício do funcionalismo público apresentavam saúde pior e maior mortalidade do que aqueles situados no grau imediatamente superior.[10] Essa desigualdade persistiu bastante quando o estudo abrangeu as instâncias de classe média. Então não era apenas que pessoas em cargos mais altos tinham uma dieta melhor ou um melhor acesso a tratamento médico ou um sistema melhor de suspensão em seus carros. De alguma forma, a diferença tão bem graduada foi criada pelo contexto social — neste caso, uma rígida burocracia hierárquica.

Nos anos 1970, deu-se muita atenção aos efeitos cardiovasculares do chamado nervosismo. Os hábitos rígidos e competitivos que pensava-se causar ataques cardíacos foram classificados como comportamentos "Tipo A". Pesquisadores posteriores revelaram que um fator classificado como de Tipo A — a hostilidade — era a melhor variável para distinguir os que desenvolveriam doenças cardíacas dos que não desenvolveriam.[11] Foi uma descoberta poderosa também para nosso trabalho, é claro, porque, como a solidão, a hostilidade é um atributo que pode persistir com o passar do tempo. Tal como a solidão, caracteriza-se por desconfiança, cinismo e sentimentos de raiva que levam a comportamentos antagônicos ou agressivos.[12] Em um estudo de pacientes sob a angiografia coronária — um procedimento em que um corante opaco é injetado no coração para que se registre em filme a ação dos batimentos cardíacos — a simples rememoração da raiva foi suficiente para induzir as artérias coronárias já enfermas a se comprimirem.[13] Em pacientes com doenças cardíacas coronarianas, a rememoração da raiva mostrou produzir também um agudo descompasso de função ventricular.[14]

Uma hipótese para explicar essas descobertas é que as pessoas hostis exacerbaram a reatividade cardiovascular até o estresse, e que a reatividade elevada ou contribui para o desenvolvimento de arteriosclerose ou provoca um ataque cardíaco. Mas, em um contexto social, a hostilidade também pode estar relacionada a um status socioeconômico mais baixo, assim como à maior propensão ao fumo, à maior dificuldade para parar de fumar e, como vimos nos capítulos anteriores, à solidão.

Estar nos degraus mais baixos do funcionalismo público britânico cria hostilidade? Será que de algum modo essa condição criou uma sensação de isolamento social? Ou será que há algum efeito fisiológico comum entre a subserviência e a frustração que advêm de se trabalhar em uma grande organização e a experiência subjetiva da solidão?

A maioria dos comportamentos não está randomicamente distribuída e sim responde a um padrão social, o que significa que tende a ocorrer em certos grupos. Muitas pessoas que bebem muito também fumam. Os que comem alimentos saudáveis também tendem a se exercitar. Indivíduos influenciam e são influenciados por suas famílias, por suas redes sociais, pelas organizações de que participam, pelas comunidades e pela sociedade em que vivem. Esse fenômeno foi posto em evidência no verão de 2007, quando o *The New England Journal of Medicine* publicou um estudo mostrando que — como os títulos de jornal mais tarde simplificariam — "nossos amigos nos engordam". Ao acompanhar a vida de 12.067 pessoas por 32 anos, pesquisadores descobriram que a obesidade ocorria em redutos sociais.[15]

A classe social também exerce seu papel distintivo sobre a saúde. Pessoas que têm menos dinheiro e menos educação sofrem a ocorrência de mais estressores sociais na forma de desemprego, lesões de trabalho e falta de controle sobre seu ambiente. Relatam a existência de menos apoios sociais, e mostram, com mais frequência, uma visão de mundo cínica ou fatalística. O status socioeconômico também está fortemente relacionado com o acesso a cuidados preventivos, cuidados ambulatoriais e procedimentos de alta tecnologia. Pessoas no nível mais baixo do espectro socioeconômico têm maior probabilidade de se envolverem não apenas com o tabaco, mas com uma ampla gama de comportamentos de risco, e menor probabilidade de se engajarem em comportamentos que promovam a saúde. Na linguagem da epidemiologia, isso os expõe ao risco de se exporem a maiores riscos.[16]

Mas, mais uma vez, o estudo britânico não encontrou uma saúde prejudicada apenas nos níveis mais baixos da escala socioeconômica. Que tipo de influência podia ser tão sutil que surtia um efeito levemente maior em cada degrau da escada de uma hierarquia múltipla? Os dados mostraram que um desequilíbrio entre esforço e recompensa e o baixo nível de controle no trabalho de alguém eram fatores independentes que serviam para prever ataques cardíacos mesmo quando adequados por idade, posição hierárquica, afetividade negativa e perfil de risco coronariano.

A necessidade de se ajustar

Parte da correlação entre estresse social e resultados negativos de saúde parece ser o custo de manter o equilíbrio fisiológico ao longo do tempo: nossas velhas amigas regulação e corregulação. À medida que as condições flutuam no mundo exterior — calor ou frio, crise ou calmaria — nossos corpos precisam manter um ambiente relativamente estável, tanto no organismo como um todo quanto dentro de cada célula.[17] Para manter o barco razoavelmente estável, temos sistemas de controle que se ajustam de forma automática. À medida que a temperatura externa oscila, por exemplo, nossos corpos ajustam as condições internas para manter uma temperatura constante o bastante em torno dos 36,7 graus centígrados. Mas há limites. Se as condições externas são extremas demais, a habilidade do corpo de se ajustar é sobrepujada e podemos morrer de insolação ou de hipotermia. Também existem circunstâncias em que o corpo ultrapassa os procedimentos operacionais-padrão e permite que a temperatura, ou algum outro mecanismo, aumente ou diminua uns poucos graus além dos parâmetros normais. A maior parte dos micro-organismos que provocam doenças em humanos são incapazes de tolerar altas temperaturas corporais, então parte da nossa resposta imunológica é elevar a temperatura do corpo para, digamos, 39 ou 40 graus — o que comumente se chama de febre — em um esforço para impedir a ação de agentes infecciosos.

O procedimento operacional padrão — permanecer dentro das barreiras rigidamente prescritas — é chamado de homeostase. O processo de fazer ajustes especiais nessas barreiras de acordo com as necessidades mais amplas do organismo é chamado de alostase.[18] A homeostase é como o primeiro violinista: algo importantíssimo, mas fadado a tocar a música fielmente de acordo com o que está previsto. A alostase é mais como um regente, responsável pela orquestra inteira e trazendo uma interpretação particular à performance, além de ser aquele que pode, em meio a certas limitações mais amplas, alterar o ritmo ou o volume ou outra dinâmica da música escrita pelo compositor.

Ambas as formas de proceder são necessárias e desejáveis, mas toda vez que um sistema corporal reage a um estressor, seja essa reação homeostática ou alostática, há um custo fisiológico em fazer o ajuste. Quanto mais complexo for o ajuste alostático, maior a quantidade de sistemas corporais — endocrinológico, cardiovascular, imunológico — envolvidos. Quanto mais sistemas, maiores os ajustes necessários, e quanto maior for a frequência com que esses ajustes são requeridos, mais alto é o custo fisiológico de fazer o corpo voltar ao normal. O custo total de todos esses ajustes, seja a contenção rígida ou a orquestração ampliada, é chamado de carga alostática.

Alguns tipos de estressores podem ser benéficos, como a poda que torna roseiras e árvores frutíferas mais produtivas. Os militares organizam acampamentos de treinamento muito estressantes para preparar os novos recrutas para condições de combate. Quando você vai à academia e levanta pesos, níveis apropriados de estresse podem fazer seus músculos crescerem e aumentarem a densidade corporal em áreas do esqueleto que os suportam.

Contudo, o estresse de ter um poder muito limitado em uma hierarquia, ou de se sentir isolado na comunidade, na escola ou no casamento, não é uma experiência que lhe proporcionará crescimento. O estresse social persistente não tem a mínima probabilidade de torná-lo "forte em condições adversas". O que faz é aumentar o desgaste em todo o sistema. Depois de muitos anos organizando todas as partes para que se coordenem umas com as outras e com a mudança das condições externas, o regente deixa o palco exausto.[19]

Observando a questão em seus vários níveis e aspectos, não encontramos uma resposta única e simples para o problema de como a solidão prejudica a saúde. Em vez disso, a estimativa mais precisa é dizer que ocorre um duro processo de desgaste que segue cinco caminhos que se intersectam. Esses cinco caminhos resumem muitos dos dados fisiológicos que temos explorado até o momento.

Solidão e saúde: cinco caminhos causais

CAMINHO 1: COMPORTAMENTOS DE SAÚDE

A hipótese do controle social sugeriu que era a ausência de amigos e familiares que se importassem o que levava as pessoas a se negligenciarem ou a serem indulgentes com elas mesmas a ponto de prejudicarem a própria saúde. Contudo, descobrimos que os comportamentos relacionados à saúde de jovens solitários não eram piores do que o dos jovens socialmente enraizados. Em termos de consumo alcoólico, esse comportamento era, pelo contrário, mais contido e saudável. Mesmo entre os adultos mais velhos que estudamos, foi a sensação subjetiva de solidão — não uma falta objetiva de apoio social — o que singularmente permitiu o prognóstico de sintomas depressivos, condições de saúde crônicas e pressão sanguínea elevada.[20]

Isso posto, nosso estudo de adultos mais velhos indicou que, na meia-idade, o tempo havia cobrado seu preço e os hábitos saudáveis dos solitários de fato haviam se tornado piores do que os dos socialmente incluídos em idade e circunstâncias similares.[21] Embora os jovens solitários não fossem diferentes dos outros no hábito de se exercitarem, seja medido pela frequência das atividades ou pelo total de horas semanais, o quadro mudou com nossa população de meia-idade ou mais velha. Adultos satisfeitos socialmente tinham 37% mais chances de ter se engajado em algum tipo de atividade física vigorosa nas últimas duas semanas. Na média, exercitavam-se dez minutos a mais por dia do que seus equivalentes solitários.

O mesmo padrão se mantinha com relação à dieta. Entre os jovens, os hábitos de alimentação não diferiam substancialmente entre solitários e não solitários. Todavia, entre adultos mais velhos, a solidão estava associada com a maior porcentagem de calorias diárias de gordura que havíamos ressaltado antes (e isso está ilustrado na Figura 6).[22]

Talvez o declínio no comportamento saudável dos solitários possa ser explicado em parte pela mesma falha na função executiva, e, portanto, na autorregulação, que vimos em indivíduos induzidos a se sentirem rejeitados socialmente. Fazer o que é bom para você, em vez de fazer o que é apenas agradável ou prazeroso no momento, exige autorregulação disciplinada. Sair para correr pode trazer uma boa sensação depois que você termina, mas para a maioria de nós simplesmente sair pela porta requer força de vontade. O controle executivo necessário para tal disciplina é comprometido pela solidão, e a solidão também tende a diminuir a autoestima. Se você percebe que outros não lhe dão valor, você tem mais chance de se entregar a comportamentos autodestrutivos e menos chance de se cuidar.

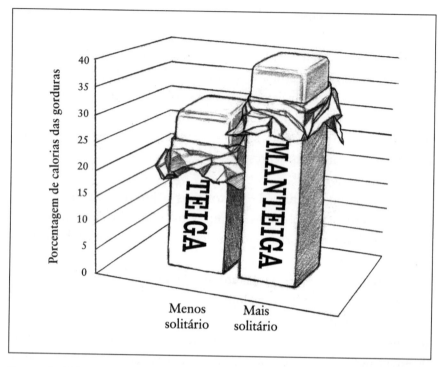

FIGURA 6. O Departamento de Saúde e Assistência Social e o Departamento de Agricultura dos EUA recomendam que o consumo de gordura fique entre 20% e 35% do total de calorias. Para participantes de nosso estudo, uma média total de 34% das calorias diárias vinha de gordura. Porém, os 20% que se sentiam menos solitários consumiam apenas 29% das calorias em gorduras, enquanto os 20% mais solitários consumiam 39% das calorias em gorduras.

Além disso, para adultos mais velhos que se sentem sós, parece que o sofrimento emocional relacionado à solidão, combinado com um declínio da função executiva, conduz a tentativas de manipular o humor por meio do tabaco, da bebida, da comida exagerada, ou do fingimento sexual. Exercícios seriam uma maneira muito melhor de tentar melhorar o humor, mas exercícios disciplinados, vale repetir, exigem muito do controle executivo. Ir até a academia ou à aula de ioga três vezes por semana é muito mais fácil se você tem amigos lá que gosta de encontrar e que reforçam sua vontade de ficar em forma.

De modo que o ambiente social definitivamente importa. Afeta o comportamento ao moldar normas, reforçar padrões de controle social, fornecer ou não oportunidades de participar de comportamentos particulares e pode produzir ou reduzir o estresse.

CAMINHO 2: EXPOSIÇÃO A ESTRESSORES E A ACONTECIMENTOS DA VIDA

Nossas pesquisas com os estudantes de Ohio mostraram que jovens solitários e não solitários não diferiam em sua exposição aos estressores maiores da vida, ou na quantidade de mudanças maiores por que haviam passado nos doze meses precedentes. Nosso estudo com o bipe, em que pedíamos para que registrassem pensamentos e experiências em vários momentos do dia, também mostrou que não havia diferenças na frequência relatada de aborrecimentos e contentamentos experimentados ao longo de um dia típico, ou na quantidade de contratempos irritantes menores que estivessem enfrentando no momento em que o bipe os interrompia. Ao menos para os jovens, não encontramos evidências de que a solidão aumentava a exposição a causas objetivas de estresse.[23]

Entretanto, entre os adultos mais velhos que estudamos, descobrimos que os que se sentiam mais sós também acusavam um número maior de estressores objetivos como "corriqueiros" em suas vidas. Parece que, com o passar do tempo, o comportamento "autodefensivo" associado à solidão provoca mais conflitos maritais, mais disputas com vizinhos e mais problemas sociais de modo geral.[24] Enquanto os adultos socialmente satisfeitos reportaram, em média, a existência de 4,8 estressores crônicos, adultos solitários reportaram 6 — uma diferença de 25% que exerce um grande efeito no curso da vida.

Similarmente, esse estresse maior na vida dos solitários pode ser agravado por uma tendência a se deixar prender, como aqueles das camadas médias do serviço público britânico, em trabalhos frustrantes. Talvez devido a suas reações sociais problemáticas, pessoas presas a solidão têm menor probabilidade de ocupar uma posição de destaque. Os postos secundários a que muitas vezes os solitários crônicos são relegados podem exigir bastante em termos psicológicos e mesmo intelectuais, mas só concedem ao indivíduo um controle limitado: uma combinação que costuma implicar altos níveis de estresse no trabalho e consequências adversas na saúde.[25] O que parece verdade para funcionários públicos no que diz respeito ao descompasso entre esforço e recompensa, somado a um mínimo controle sobre as próprias circunstâncias, também parece verdade para indivíduos tomados por um sentimento persistente de isolamento social.

CAMINHO 3: ESTRESSE PERCEBIDO E ENFRENTAMENTO

Mesmo deixando de lado o maior número de estressores objetivos em suas vidas, os solitários expressam sentimentos mais fortes de desamparo e insegurança. Em nossos estudos, tanto os solitários jovens quanto os mais velhos encaravam os aborrecimentos e os estresses da vida cotidiana como mais severos do que seus equivalentes não solitários, ainda que os estressores objetivos enfrentados fossem na essência os mesmos. Na outra face do problema, os solitários sentiam os pequenos contentamentos da vida cotidiana como menos intensos e menos gratificantes.[26] A presença e a interação com outras pessoas em suas vidas não os faziam avaliar a severidade dos estressores cotidianos menos intensamente. Esse dado se encaixa com um estudo por ressonância magnética que examinaremos mais rigorosamente no capítulo 9, mostrando uma anomalia no modo como as pessoas que se sentem solitárias reagem à figura de um rosto humano feliz. Normalmente essa visão ativa uma área de recompensa do cérebro, mas a solidão amortece essa reação.

A extensão com que percebemos nossas experiências como estressantes ou restaurativas exerce em longo prazo uma profunda influência na saúde, mas o mesmo vale para a maneira como lidamos com ela. Como mencionei antes, dentro de limites razoáveis — e apesar de todos os livros de autoajuda que versam sobre seus perigos — um nível manejável de estresse pode nos fortalecer, motivar e ajudar a manter a atenção. Porém, quando as pessoas se sentem sozinhas, têm muito menos chance de enxergar qualquer estressor dado como um desafio estimulante. Em vez de responder com um otimismo realista e com um engajamento ativo, elas tendem a se deixar tomar pelo pessimismo e pela evitação. Têm mais probabilidade de agir com passividade, o que significa resistir sem tentar mudar a situação. Esse padrão de "sorrir amarelo e aguentar" (morrendo de raiva por dentro) traz seus custos específicos.[27]

Entre jovens, descobrimos que quanto maior o grau de solidão, mais os indivíduos resistiam a um combate ativo diante de estressores. Da mes-

O desgaste da solidão

ma maneira, quanto maior a solidão, menos provável era que o indivíduo procurasse em outros qualquer apoio emocional ou instrumental (prático).[28] Entre adultos mais velhos, também verificamos esse enfrentamento passivo e essa recusa de procurar apoio emocional.

CAMINHO 4: RESPOSTA FISIOLÓGICA AO ESTRESSE

O sistema nervoso autônomo — o sistema que opera abaixo do nível de consciência e governa respostas fisiológicas tais como a regulação da pressão sanguínea — (ver figura 7) é mais um desses mecanismos de "avanço-retirada" da biologia em que sistemas pareados trabalham em uma oposição bem regulada. Aqui, a marcha de avanço é o sistema nervoso simpático. A marcha de retirada é o sistema nervoso parassimpático. Em resposta a um estressor, o sistema nervoso simpático faz girar o motor — o coração, os pulmões e outros órgãos — preparando-os para a ação imediata: a reação de luta-ou-fuga. Depois dessa ativação cumprir seu propósito, o sistema nervoso parassimpático serve para relaxar esses órgãos internos e permitir que voltem à normalidade.

Na sociedade contemporânea, como observamos, a maior parte dos estressores não aparece e desaparece na forma de confrontos imediatos e curtos, de vida ou morte, que levou à evolução do mecanismo luta-ou-fuga. Podemos ter por um longo tempo um mesmo chefe autoritário, uma mesma relação problemática, as mesmas preocupações de saúde e aposentadoria e os mesmos sentimentos de isolamento social, hora após hora, ano após ano. Além disso, agora vivenciamos esses estressores persistentes por um curso de vida que em média se estende muito além do padrão em todos os séculos da existência humana exceto os poucos últimos. O ambiente de agora é inteiramente diverso daquele da adaptação evolutiva, mas nossas reações autônomas não mudaram. Nossos corpos ainda reagem fisiologicamente aos estressores crônicos e menores da vida moderna como se estivéssemos prestes a lutar com unhas e dentes, e sem nenhuma preocupação em conservar recursos para as partidas de golfe ou de tênis que queremos jogar aos 70 anos, ou as boas e longas caminhadas que pretendemos fazer aos 80. Uma reação tão extrema excede substancialmente as exigências metabólicas dos estressores que enfrentamos. Da mesma maneira, todo surto de energia desnecessário requer uma desaceleração compensatória, e essas oscilações positivas e negativas vão se somando ano após ano (a carga alostática), cobrando um preço alto por um benefício baixo.[29]

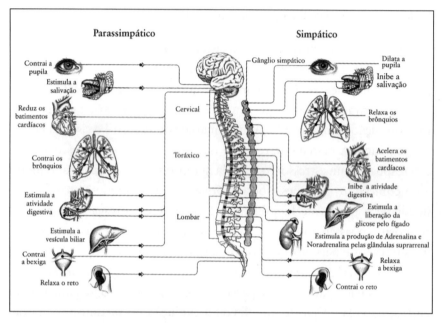

FIGURA 7. O sistema nervoso autônomo dirige todas as atividades dos órgãos do corpo que ocorrem sem o controle consciente do indivíduo, como a respiração e a digestão. É constituído por duas partes: a divisão parassimpática (retratada à esquerda), que reduz a ativação fisiológica e ajuda a conservar a energia do corpo, e a divisão simpática (retratada à direita), que aumenta a ativação fisiológica.

Descobrimos que a solidão está associada com níveis mais elevados do hormônio de estresse adrenalina na urina da manhã das pessoas de meia-idade.[30] Outros estudos mostraram que a carga alostática de se sentir sozinho também afeta as funções imunológicas e cardiovasculares do corpo. Anos atrás, um experimento clássico com estudantes de medicina mostrou que o estresse das provas podia ter um efeito dramático de esmorecimento da resposta imunológica, deixando os estudantes mais vulneráveis a infecções. Um aprofundamento do estudo mostrou que estudantes solitários eram muito mais afetados nesse sentido do que os que se sentiam socialmente satisfeitos.[31]

Uma parte natural da resposta imunológica é a inflamação, a vermelhidão que associamos a contusões e infecções. Essa reação, muitas vezes desconfortável, na verdade ajuda a fazer com que as células imunológicas combatam as bactérias invasoras e promovam a cura de feridas. Mas uma exposição prolongada, ou uma dose de inflamação que venha tarde demais, pode retardar o processo de cura, provocar inchaços e dores e levar a uma perda da função das articulações.[32] Quando a inflamação é crônica, promove doenças cardiovasculares.

Amostras de saliva nos permitiram medir o aumento matinal de cortisol — o esteroide que, em resposta ao estresse, age sobre o metabolismo do corpo e a eficiência muscular para aumentar nossa habilidade de correr rápido, lutar bem ou lidar com ameaças físicas. O cortisol nos deixa mais alertas, e também ajusta nossas respostas inflamatória e alérgica a preparar o corpo para lidar com danos potenciais.

Nossos estudos mostraram que a solidão em um dia específico permitia prever um aumento de cortisol na manhã *seguinte*. Além disso, ao tirarmos sangue de adultos de meia-idade e analisarmos os glóbulos brancos, descobrimos que de alguma maneira a solidão penetrava nos recessos mais profundos da célula para alterar a maneira como os genes estavam sendo expressos. A solidão permitia prever mudanças na transcrição do DNA que, uma após outra, provocavam mudanças na sensibilidade da célula à circulação de cortisol, minando a habilidade de cortar a reação inflamatória.[33]

A solidão pode danificar o sistema cardiovascular não apenas por infligir estresse, mas também por promover um enfrentamento passivo diante dele. O sangue exerce pressão no sistema circulatório mais ou menos da mesma maneira que a água exerce pressão em uma mangueira de jardim. Aumentos nas "libras por polegada quadrada" podem vir tanto de um aumento no volume de líquido no mesmo espaço quanto de uma "compressão da mangueira" que reduza seu diâmetro interno. A medida de volume bombeado pelo coração a cada minuto é chamada de débito cardíaco; a medida de constrição nas pequenas artérias — a compressão da mangueira — é chamada de resistência periférica total (RPT). Um enfrentamento ativo — pegar em armas contra um mar de problemas — aumenta a pressão sanguínea primeiramente aumentando o débito cardíaco. Um enfrentamento passivo — que é o que predomina quando nos sentimos isolados — aumenta a pressão sanguínea primeiramente constringindo as pequenas artérias, ou seja, aumentando a resistência periférica total.[34] Uma RPT mais alta força o músculo do coração a trabalhar mais para distribuir a mesma quantidade de líquido pelos vasos sanguíneos. Enquanto isso, o diâmetro reduzido e a pressão maior nesses vasos sanguíneos os deixam mais suscetíveis a desgastes.

Com os estudantes de Ohio, descobrimos que quanto mais alto o grau de solidão dos voluntários, mais alta era a RPT, mesmo quando a pressão sanguínea permanecia normal. Foi o que aconteceu mesmo quando acrescentamos um pouco de estresse ao pedir aos estudantes para se levantarem e falarem em público, e também quando os bipávamos no curso normal do dia. Nessas situações, o estresse fez com que a pressão sanguínea, a RPT e o débito cardíaco aumentassem para todos. Mas, como o grupo de solitários já começara com uma RPT mais elevada, a RPT deles sob estresse foi ainda mais alta.[35]

Quando somos jovens e resilientes, como esses estudantes, o desgaste acrescido pela RPT mais alta não produz sintomas que necessitariam de tratamento médico. Mas ao longo da vida, para alguém que permanece solitário, há uma progressão da RPT alta e inócua a uma alta pressão sanguínea com que os médicos se preocupariam.[36] Ao mesmo tempo, a solidão torna a pessoa solitária menos capaz de absorver os benefícios da redução de estresse (e da diminuição de RPT) que outros obtêm do conforto e da intimidade de seus contatos humanos.

CAMINHO 5: DESCANSO E RECUPERAÇÃO

Richard Lewontin sugeriu em *A tripla hélice* que devemos os ganhos do último século na expectativa de vida não apenas, como costumamos creditar, à saúde pública, à melhoria de saneamento e higiene e ao aumento de cuidados médicos. Mais que nada, ele diz, estamos vivendo mais graças a melhorias no padrão de vida que permitiram uma recuperação muito maior em relação aos estresses opressivos da vida. "À medida que as pessoas foram se alimentando melhor e se vestindo melhor", ele explica, "e passaram a ter mais tempo para descansar da carga de trabalho, seus corpos, em um estado fisiológico de menos estresse, tornaram-se mais capazes de se recuperar dos estresses mais severos provocados por infecções".[37] Foi também o estabelecimento de um fim de semana sem trabalho, e não apenas os remédios melhores, que acrescentou anos à expectativa média de vida. Nas últimas décadas, contudo, nossa cultura do "sim, podemos" reverteu a tendência a aumentar os momentos de prazer, dando um valor maior à produtividade econômica do que ao tempo de recuperação passado com amigos e familiares. Aparentemente, os líderes políticos e empresariais que conduzem nossa economia não levaram em conta o impacto econômico, tanto em termos de produtividade desperdiçada quanto de despesas em tratamentos médicos, da postura de "descansar depois da morte".

Uma consequência facilmente demonstrável da alienação e do isolamento social sobre a resiliência fisiológica e a recuperação ocorre no contexto de um comportamento restaurativo essencial: o sono. A privação do sono, sabemos, tem efeitos na regulação metabólica, neural e hormonal que imitam os efeitos do envelhecimento.[38] Na Universidade de Ohio, quando pedimos aos participantes que usassem um dispositivo denominado "gorro noturno" para registrar as mudanças na profundidade e qualidade do sono, descobrimos que o total de horas dormidas não diferia entre os grupos. Contudo, jovens solitários mostraram demorar mais para cair no sono e sentir mais fadiga ao longo do dia.[39] Nossos estudos com os mais velhos renderam resultados semelhantes, e a análise longitudinal confirmou que a solidão especificamente estava relacionada com o cansaço diurno. Mesmo que os solitários tivessem a mesma *quantidade* de sono do que os não solitários, a *qualidade* desse sono estava muito prejudicada.[40]

A unidade de um

Mesmo em questões médicas, ao que tudo indica, focar no indivíduo sem considerar o contexto social revela apenas uma parte da história. Como acabamos de ver, a solidão é um perpetrador que usa cinco diferentes módulos de atuação para minar nossa saúde. Quando colocamos a solidão na lista de fatores de risco para doenças e mortes precoces, bem ao lado do tabaco, da obesidade e da falta de exercícios, esse contexto deveria aumentar nossa motivação em melhorar o nível de satisfação social, tanto como indivíduos quanto como uma sociedade.

Mas, em um sentido mais amplo, o poder que agora podemos atribuir à solidão, e inversamente o poder que agora podemos atribuir ao vínculo social, ilumina a própria natureza humana, enfatizando o aspecto "obrigatoriamente gregário" de nossa espécie que tantas vezes é ignorado. Nossa sociabilidade é central para definir quem somos. Usar a solidão como janela da natureza humana permite ir além dos debates abstratos (e, assim, nem sempre úteis) sobre o fato de sermos fundamentalmente a besta hobbesiana ou de estarmos "só um pouco abaixo dos anjos". Também nos dá a base para uma ética que transcende qualquer religião particular ou tradição cultural. Nessa estrutura, o que é "bom" se alinha bastante com o que é bom para nossa fisiologia, e também com o que é bom para nossa espécie em longo prazo.

Assim como os cinco caminhos descritos há pouco não são ativados por mágica, as verdades mais úteis sobre quem somos permanecem enterradas nas leis demonstráveis da natureza. Para apreciar plenamente as forças naturais que nos criaram, temos que cavar um pouco mais fundo, explorar como e por que o contexto social — seja a solidão ou o contentamento social — tem a capacidade de nos afetar tão profundamente. Os próximos capítulos examinarão os mecanismos neurais e químicos diretamente responsáveis que fazem da tentativa de aprimorar nosso destino individual, incluindo o seu e o meu, um empreendimento cooperativo.

PARTE 2

DE GENES EGOÍSTAS
A SERES SOCIAIS

Eu passo semanas isolada, sem atender ao telefone, mas aí parece que preciso ser tocada. Agora tenho mais consciência disso e dou um jeito de encostar no braço ou na mão de alguém, alguém que pareça estar sofrendo. Tomei uma decisão ano passado de estabelecer mais contato visual com as pessoas e dizer olá para estranhos todos os dias. Fico surpresa com a reação deles. É muito estimulante para mim e espero que para eles também.

— *E-mail de uma mulher da Flórida*

7

Correntes de compreensão

"NÃO PODEMOS VIVER apenas por nós mesmos", escreveu o pastor do século XIX Henry Melvill (embora a famosa citação tenha sido erroneamente atribuída a Herman Melville, autor de *Moby Dick*). "Mil fios nos ligam a nossos camaradas homens; e junto com esses fios, como correntes de compreensão, nossas ações correm como causas e retornam a nós como efeitos."[1]

Quando o pastor Melvill (e não o romancista Melville) se referiu a correntes e fios, estava falando de nosso poder de influência sobre os outros para que cometam pecados ou levem uma vida correta. A orientação espiritual está além da minha especialidade, mas nossos dados científicos me dizem que a metáfora se aplica a comportamentos humanos interpessoais, momento a momento, em uma miríade de formas.

No capítulo passado, vimos que a obesidade ocorre em redutos sociais.[2] Se todas as pessoas que conhecemos parecem estar ganhando alguns quilos extras, fica mais fácil aceitar as nossas novas gordurinhas. Quando todo mundo está um pouco mais pesado, nossa própria imagem mais cheia no espelho é menos perturbadora, e parece menos provável que qualquer outra pessoa nesse círculo "em expansão" nos escolha para ser alvo de crítica.

Mas os limites da hipótese de "controle social" para explicar declínios de saúde nos mostram que há mais nesses efeitos sociais do que puramente influências sociais, algo mais profundo e mais imediato do que a pressão dos pares ou as percepções alteradas.

"Correntes de compreensão" soa um tanto místico, e de fato ideias similares estão bastante enraizadas em muitas tradições religiosas. Algumas pessoas acreditam no poder do xamanismo, outras atribuem grande poder ao vodu. A astrologia chinesa especifica que o destino de uma pessoa é influenciado pelo ano de seu nascimento. Ocidentais podem rejeitar toda essa superstição, mas não se pode negar que esses sistemas de crenças podem ter um efeito fisiológico tangível — ao menos na comunidade dos que acreditam. Um extenso estudo mostrou que os sino-americanos com a combinação de uma doença e um ano de nascimento que a astrologia chinesa considera de má sorte tendiam a morrer mais rápido do que caucasianos similares em termos de idade, saúde e outros fatores de estilo de vida. Quanto mais os indivíduos estivessem ligados às tradições chinesas, mais anos de vida perdiam.[3]

De modo que a ideia de correntes de compreensão, ou a ideia de que "nossas ações correm como causas e retornam a nós como efeitos", não pode ser inteiramente dispensada como se fosse algo mágico. Existe algo como uma "causalidade a distância" mesmo nos domínios mais racionais da física, sendo o magnetismo e a gravidade dois exemplos que vêm logo à mente. Se você lê sobre saúde nos jornais, também deve estar familiarizado com o efeito placebo, em que pacientes respondem positivamente a ações dos médicos mesmo quando essas ações são neutras. Comprimidos sem qualquer ingrediente ativo — placebos — são administrados como medida de controle em julgamentos clínicos para estimar a ação específica da nova droga sendo testada, em oposição ao benefício terapêutico de simplesmente interagir com o paciente e parecer fazer por ele *alguma coisa* — qualquer coisa. Às vezes isso é descrito como uma supremacia da "mente sobre a matéria", às vezes descartado com um "está tudo na cabeça". Mas na verdade a mente *é* matéria, e há muito poucas atividades mentais em que a interação com o corpo se restringe à área craniana.[4]

Alguns séculos depois do magnetismo e da gravidade terem se estabelecido com firmeza na física, o pioneiro psicólogo estadunidense William James (em uma época em que se admitia o interesse do grande público e mesmo a curiosidade científica pelo "domínio espiritual") começou a investigar influências invisíveis similares entre os organismos vivos.[5]

Não precisamos fazer experimentos em laboratório (ou participar de sessões espíritas) para observar nossas reações físicas sendo influenciadas por forças que não podemos identificar. Três vezes por dia, a maioria de nós come porque a "hora de comer" está determinada pelo relógio, pelo dia de trabalho ou pela tradição cultural. Podemos combinar um almoço com um cliente ou um jantar com um amigo. E, para a maioria de nós, mais ou menos entre as 21h e as 24h, é hora de apagar as luzes e ir dormir, quer estejamos com sono ou não. Mesmo os processos mais básicos de comer e dormir são mais do que reações químicas isoladas: são também respostas a convenções e disponíveis sociais.[6]

A pesquisa em laboratório, no entanto, nos permite acompanhar esses efeitos sociais com mais profundidade dentro do organismo. Quando a neurobióloga Suzanne Haber e a socióloga Patricia Barchas administraram anfetamina para um grupo de macacos Rhesus machos, descobriram que a droga tinha um efeito amplamente variado nos indivíduos — na verdade, até efeitos opostos — dependendo de suas posições sociais. Ao mesmo tempo em que a droga aumentava o comportamento dominador em machos no alto da ordem social, aumentava também o comportamento *submisso* em machos na parte baixa da ordem.[7] O contexto social determinava o resultado de algo antes pensado como reação "puramente" fisiológica.

Ao tentar distanciar a ciência de um obscuro medievalismo, o filósofo e matemático do século XVII René Descartes argumentou em prol de uma distinção rígida entre os processos racionais e os processos físicos, entre mente e corpo. Mas mesmo Descartes via um ponto de intersecção. Erroneamente, teorizou que os espíritos animais e "a alma racional" afetavam uns aos outros por meio de uma transferência de energia na glândula pineal, uma estrutura do tamanho de uma ervilha localizada no centro do cérebro. Sendo-lhe atribuídos poderes místicos em muitas tradições — Descartes a via como "trono da alma"; no ioga, é o "sexto chacra" ou "terceiro olho" — a glândula pineal é na verdade uma glândula endócrina que participa em muitos dos nossos ritmos biológicos. Muitas décadas atrás, a pesquisa moderna mostrou o equívoco na distinção de Descartes entre mente e corpo (assim como de seu foco na glândula pineal). Apenas nos últimos quinze anos, viemos a ver que uma distinção rígida entre o mundo "exterior" do ambiente e o mundo "interior" da combinação mente/corpo é tão ilusória quanto.

Nos anos 1980, bem distanciados da conversa sobre espíritos animais, neurocientistas introduziram metáforas de computador para falar das funções da mente. Mas a inteligência humana não opera na base de circuitos fechados e confinados no espaço do crânio. Se você quer criar um cérebro tão versátil quanto o cérebro humano, sua inteligência — como a inteligência humana — tem que estar "incorporada". Esse tipo de processamento de informação funciona de baixo para cima, através da entrada sensorial (ou seja, corporal). Rodney Brooks, que fabrica robôs, desistiu de tentar fazê-los mais inteligentes focando apenas no processamento simbólico, como jogar xadrez ou fazer exercícios de matemática avançada, o tipo de tarefas que "cientistas com extensa formação consideram desafiadoras", como ele declarou ao *New York Times*.[8] Se você quer criar um robô que se relacione com o mundo, precisa dotá-lo do tipo de capacidades que as crianças humanas vão aprendendo a dominar: saber a diferença entre o eu e o outro, aprender a interagir com o ambiente físico, ser capaz de distinguir queijo e giz.

Quando analisamos um objeto ou uma situação, usamos o corpo e a mente, integrando processos emocionais, cognitivos, comportamentais e neurofisiológicos. A inteligência "incorporada" também está entranhada em percepções e comportamentos que se sincronizam, se coordenam e se corregulam com as percepções e comportamentos de outras pessoas. Se nossos cérebros são como computadores, então, não são a "caixa fechada" dos anos 1980, mas as máquinas extensamente interconectadas que compartilham informação e imagens na *World Wide Web*. Mas mesmo essa metáfora não faz justiça à natureza biológica, ou incorporada, da nossa inteligência, ou à natureza incorporada de nossos vínculos sociais.

O dançarino

A firme integração do desenvolvimento de mente e corpo, e de eu e outro, ambos aspectos centrais na experiência humana, tem início ainda no útero. Esse desenvolvimento casado em seguida se estende a um tipo de dança imitativa que continua dirigindo o desenvolvimento anatômico e fisiológico do cérebro e suas "correntes de compreensão". É uma coreografia elaborada e absolutamente essencial na qual tanto a mãe quanto a criança contribuem, e que acaba por moldar nossa resposta aos vínculos sociais e às sensações de isolamento ao longo da nossa vida.

Recém-nascidos, poucas horas depois do parto, já mimetizam certos comportamentos faciais. Você abre a boca e eles abrem a boca. Você mostra a língua e eles fazem o mesmo. Bebês chimpanzés têm a mesma capacidade, e tanto os humanos quanto os chimpanzés param de fazer esse mimetismo facial mais ou menos na mesma idade: aos dois ou três meses de vida.[9] Assim, a janela temporal desse vínculo tão extremamente próximo se fecha justo quando os bebês humanos estão prontos para passar ao próximo nível de interação: a habilidade de vocalizar sons e sorrir para outras pessoas.

Algumas crianças — humanos ou símios — tendem a imitar um tipo de gesto, outros a imitar um tipo diferente. Essa variação se alinha ao temperamento inato, que está ligado a diferenças geneticamente programadas no sistema sensor-motor, na sensibilidade e na reatividade que governam graus variados de correspondência.[10] Alguns bebês sorriem mais que outros; outros se assustam com mais facilidade. Mas a imitação é uma habilidade compartilhada por todos, uma habilidade que promove a sobrevivência porque "conecta" a criança aos outros, aumentando a atenção dos que cuidam dela e aprendendo coisas com essas pessoas importantes.

Com seis semanas de vida, alguns bebês são capazes de lembrar e imitar gestos realizados por adultos no dia anterior — uma habilidade que pode ajudá-los a identificar quais indivíduos específicos são vitais para sua sobrevivência. A importância dessa interação e a grande atenção que os bebês prestam nos rostos de seus pais são indicadas pela consternação que demonstram perante um responsável indiferente. Há uma vasta literatura detalhando experimentos em que os pais apresentam uma "expressão neutra" ao bebê e os pesquisadores monitoram a reação nada satisfeita dele.[11]

As correntes de compreensão do vínculo social a distância são tão fortes que retemos para a vida adulta outras formas de mimetismo. Por exemplo, se você e eu paramos um diante do outro, nos olhamos e eu cruzo os braços, é mais provável que você cruze os braços. Se você coça o nariz, é mais provável que eu coce o nariz. Adotamos os padrões discursivos dos outros, e risadas e bocejos podem ser contagiosos.[12] As pessoas imitam até maneirismos de estranhos, mesmo quando é muito improvável que haja alguma relação ou contato futuro.

Nossa fisiologia está conectada com os outros de formas que mal consideramos, mas a profundidade e a penetração dessas ligações sugerem por que a frustração do desejo de se relacionar pode ser tão dura. Em um evento esportivo, quando vemos atletas com quem nos identificamos, nos inclinamos em direção a eles e inconscientemente adotamos suas posturas. Os próprios atletas, quando bons mesmo, estão mais ligados uns com os outros, antecipando os movimentos de seus companheiros enquanto correm pelo campo ou tentam uma jogada coletiva. A camaradagem contribui para a sincronização, e a sincronização contribui para a camaradagem, razão pela qual um certo grau de compatibilidade, se não espírito de equipe, é tão importante no esporte, na sala de cirurgia, na cabine de voo ou na cozinha de um restaurante movimentado. Aulas em que os observadores notam um alto grau de mimetismo físico são as mesmas que os próprios estudantes avaliam como mais bem-sucedidas.[13] E, enquanto as pessoas imitam outras com as quais não têm muito em comum, duplas de indivíduos que têm mais intimidade em geral são as mais sincronizadas em suas posturas e movimentos.[14]

O velho adágio de que a imitação é a mais sincera das homenagens pode operar também aqui. Participantes cujas posturas foram imitadas — mesmo quando não haviam notado conscientemente a imitação — mais tarde reportaram ter uma impressão mais favorável da pessoa que o fazia.[15] Terapeutas sabem bem que os clientes muitas vezes os têm em maior estima quando eles imitam a postura deles. E a identificação ou o desejo de se afiliar com outro indivíduo aumenta o grau de mimetismo comportamental.[16]

No capítulo 3, descrevi estudos em que os participantes sofriam um baque em sua sensação de bem-estar social e, como resultado, perdiam controle executivo. Outros estudos induziram os mesmos sentimentos de rejeição e em seguida mediram os comportamentos imitativos. Observadores notaram que, quando participantes que acabavam de sofrer rejeição se viam na presença de uma pessoa nervosa que tremesse o pé, eles aumentavam muitíssimo — de maneira inconsciente — o tremor do próprio pé.[17]

Ser rejeitado, especialmente ser rejeitado por um grupo, diminui nossa autoestima. Também faz com que estejamos mais cientes dos sinais sociais, formas de informação da dinâmica de grupo que podem nos ajudar a navegar melhor no ambiente social[18]; entretanto, embora estejamos mais atentos às expressões faciais e tons de voz, sentimentos de rejeição estão associados com uma diminuição na precisão da interpretação dos mesmos. Investimos mais energia mental na percepção, mas o esforço acrescido vem de uma postura mais defensiva e autoprotetora, o que tende a distorcer essa percepção.

Indivíduos rejeitados também têm uma tendência maior a se conformar com as opiniões dos outros.[19] Será que o público que se limita a assentir em inflamados programas de auditório sofre de sentimentos de exclusão social? É uma possibilidade. O lado positivo, ao menos entre as mulheres, é que as que foram excluídas ou relegadas ao ostracismo em situações experimentais se mostraram mais propensas do que os outros a contribuir em tarefas em grupo, mesmo quando sua contribuição não lhes rendia um reconhecimento individual.[20]

Prêmio e castigo

Todo ser vivo herda sistemas de prêmios e castigos fisiológicos que dirigem seu comportamento. Em um safári na África, um colega meu viu um bando de oito leoas atravessando a savana em silêncio, em uma sutil sincronização para cercar um rebanho de búfalos. Ele me descreveu a excitação de assistir a esses grandes felinos se espalhando pelo campo aberto. Não havia uma comunicação óbvia, mas de alguma forma cada uma conhecia seu papel e o seguia para dar apoio à missão maior, que era isolar um dos búfalos mais fracos e mais lentos, atacá-lo e matá-lo.

Nossos ancestrais paleolíticos, mesmo depois de terem desenvolvido a fala, ainda precisavam desse tipo de sincronização muda para abater grandes caças, ou também para encurralar coelhos. Mulheres coletoras e caçadoras, que contribuíam com a obtenção de alimentos para a tribo ao mesmo tempo em que cuidavam da prole — raízes da jornada múltipla —, também se beneficiavam do fato de compartilharem quase uma consciência coletiva. Essa mente coletiva incluía seu entendimento cognitivo das tarefas a serem empreendidas, seu desejo de inclusão social e às vezes o medo igualmente subliminar de exclusão social. Sabemos onde estão todas as crianças? Podemos andar a que distância do acampamento? Quanto podemos nos afastar sem correr perigo? Quando devemos começar a voltar para chegar ao acampamento antes que escureça? Estressores no ambiente acentuam essa tendência a se proteger e se auxiliar mutuamente.[21]

O conceito-chave para nós é a extensão em que o compartilhamento sem esforço de conhecimento ou intuição confia em sinais físicos e sensações imperceptíveis a nossas mentes.

Para o comportamento social, o afeto do vínculo é o prêmio; a dor de se sentir isolado, também conhecida como solidão, é o castigo. Nossa capacidade de ter essas sensações está arraigada nas células de nossos corpos, está na programação de nosso DNA, e ainda assim em todos os níveis essas motivações fisiológicas também são mediadas pelo ambiente. Informações sobre o ambiente assimiladas pelos sentidos, incluindo informações sobre nosso ambiente social e cultural, também afetam o modo como nosso plano genético será expresso. A seleção natural é o juiz, determinando quais comportamentos são adaptativos e quais não, dependendo das diferenças nas taxas de reprodução bem-sucedida entre a prole sobrevivente.

Mais uma vez, ainda exercendo uma influência poderosa, o DNA, isolado como está nas profundezas do núcleo de cada célula, não tem contato direto com o mundo circundante. Em certo sentido, o DNA é como o melífluo Charlie de *As Panteras*, dependente de suas subordinadas para desempenhar seus planos. Para o DNA, as "subordinadas" não são mulheres atléticas e jovens interpretadas por estrelas do cinema; são as redes de funções bioquímicas e fisiológicas que, coletivamente, chamamos de organismo. Esses sistemas corporais, operando como intermediários, facilitam o trabalho dos genes para definir a agenda, as ações do indivíduo no mundo e os sinais do mundo captados pelo indivíduo. Mas assim como os planos de Charlie são uma resposta às demandas ambientais, nossos genes são moldados pelos ambientes, passados e presentes. É por isso que o DNA raramente é o determinante único de um comportamento complexo, e é por isso que os genes que definem a intensidade de nossa necessidade de vínculo social não determinam por inteiro nossa experiência de solidão.

Na primeira infância, um recém-nascido pode ser acalmado ao ser colocado em contato com a pele de sua mãe. Na verdade, leva um tempo para que o bebê descubra que ele e a mãe não são a mesma pessoa. Recuperar-se dessa separação entre o eu e o outro — o desejo de autonomia contraposto à tranquilidade assegurada pelo vínculo íntimo — é um desafio para toda a vida, um desafio que agrega valor à autorregulação. E esse ato de equilíbrio regulatório entre o eu e o outro, central em nossa experiência de solidão, se reflete em cada célula de nosso corpo, porque cada célula reflete nossa história evolutiva.

A célula solitária

De múltiplas formas, essa mesma dança para frente e para trás pelos limites do organismo — o eu e o outro, sozinho ou vinculado — tem acontecido desde que os organismos começaram a existir.

Quando a vida emergiu cinco bilhões de anos atrás, o que se tinha por "organismo" não era muito mais do que umas poucas moléculas unidas no que hoje chamamos de ácido ribonucleico (RNA). O que fazia dessa forma rudimentar uma "vida" (um status para o RNA que nem todos os cientistas aceitam) era o fato de poder armazenar informação e suscitar reações bioquímicas. Depois, um composto químico mais sofisticado, o ácido desoxirribonucleico (DNA), aperfeiçoou o código informacional em um sistema de dupla hélice que podia se partir ao meio, para que então as duas metades se rejuntassem em combinações diferentes que, graças a essa capacidade de mistura e combinação, gerariam cópias levemente modificadas a partir das instruções originais, algumas das quais podiam se mostrar mais adaptativas que a original.

Com o passar do tempo, o DNA começou a fornecer instruções para a retenção de proteínas nas membranas celulares, o que criou uma barreira entre o eu e o não eu. Daí em diante, o processo randômico de evolução

— diversidade, associação e emparelhamento, competição, seleção — favoreceu organismos que podiam ajustar as condições internas do eu em resposta às mutáveis condições externas. Esse é o ato fundamental de autorregulação que ainda persiste em nós, a busca por equilíbrio. Para alcançar um equilíbrio dentro do organismo, células individuais têm que se coordenar. Mas organismos individuais também se coordenam uns com os outros, assim como agregações de organismos e assim por diante em níveis de complexidade cada vez maiores, de colmeias a grupos de leitura. Os biólogos moleculares Ned Wingreen e Simon Levin argumentam que o termo "unicelular", mesmo quando aplicado à ameba, a criatura clássica estudada por crianças com microscópios, pode ser impróprio. Mesmo a mais simplória bactéria que cobre nossos dentes forma biofilmes que são na verdade grandes coletivos interespecíficos que a um só tempo nos beneficiam e cuidam uns dos outros. Similarmente, quatro espécies diferentes de bactérias vivem nas raízes dos tomateiros, trabalhando em conjunto para fixar nitrogênio, promover hormônios de crescimento e desbancar competidores. De novo, não há um contrato social — não há nem mesmo uma inteligência que coordene — e ainda assim esses organismos encontram um modo de se beneficiar do vínculo social e da cooperação.

Sentir e responder

Agregações sociais mais sofisticadas e seus benefícios mais sofisticados requerem maneiras mais sofisticadas de usar substâncias químicas para sentir e responder uns aos outros. Vemos esse nível seguinte de comunicação hoje quando a bactéria *Salmonella* confia em uma "percepção de quorum" antes de se pôr a trabalhar. Isso significa que a bactéria permanece dormente enquanto se produzem pequenas moléculas de sinalização chamadas de autoindutores, que ajudam a determinar o momento certo de atacar o hospedeiro. Esse momento certo é quando esses invasores microscópicos alcançam uma densidade populacional suficiente para abater as defesas do hospedeiro. Sistemas semelhantes de coordenação social se estendem a colônias de plâncton marinho bioluminescentes que podem agir em conjunto como torcedores em um estádio que saltam de seus assentos e erguem os braços para fazer a "ola". Agindo em sincronia, as colônias se iluminam quando sentem a aproximação de um predador, acendendo a superfície do oceano como forma de defesa coletiva. A luz atrai predadores maiores, que, quando a trama funciona, devoram os possíveis comedores de plâncton.[22]

No caminho rumo a organismos mais complexos, multicelulares, como você e eu, as capacidades de comunicação e transporte continuam a evoluir. Em algum momento, a divisão entre o eu e o outro deixou de ser uma questão de duas ou mais células separadas por uma membrana. Eu e outro tornaram-se duas ou mais criaturas complexas separadas por um exoesqueleto, pele, plumas, couro ou escamas. Mas os elementos essenciais da coordenação social, incluindo os sentidos e as respostas, permaneceram como antes, envolvendo sistemas fisiológicos por todo o organismo, do nível das células a órgãos individuais, sistemas de órgãos e criaturas inteiras. Alguns desses organismos agora muito complexos organizaram-se ainda mais em coletivos sociais: colmeias, cardumes, bandos e manadas. A capacidade de regular o que ocorria dentro dos limites de cada organismo individual tornou-se ainda mais complexa, assim como a capacidade das células e dos sistemas de um organismo de influenciar as células e sistemas de outro. Essa corregulação social e fisiológica permite que abelhas aqueçam suas colmeias, gansos voem para o sul em formações protetoras e certos vagalumes procurando parceiros reluzam em agregações tão vastas que podem ser vistas do espaço.

Em qualquer espécie em que a coordenação social avançou e persistiu, assim o fez porque esse tipo de sensação e resposta firmemente regulada contribuiu para taxas mais elevadas de sucesso reprodutivo. Às vezes o comportamento social em conjunto emergiu por obediência a uma regra simples, como "nadar para o meio", que pode servir a peixes em um cardume do mesmo modo que "formar um círculo em volta das carroças" servia para pioneiros do oeste norte-americano. Os peixes do meio são os que sobrevivem para reproduzir, e, assim, aqueles cujo comportamento programado geneticamente será transmitido aos descendentes.

Em outras espécies sociais, a chave da ação coletiva são mensageiros químicos denominados feromônios. Membros dessas espécies estão equipados com células quimiorreceptoras que podem detectar esses elementos indiciais no ar ou através de odores. O controle comportamental dos feromônios foi capaz de criar as complexidades de formigueiros e cupinzeiros, mas nunca poderia ter criado as complexidades de Londres, Tóquio ou da Cidade do México. A sensibilidade química requer que os organismos permaneçam muito próximos uns dos outros — de modo que nunca poderia ter levado ao mercado internacional e às férias em Bali. No entanto, sendo mais direta, a rigidez do sistema químico significa que cada um dos indivíduos corregulados está compelido a seguir as instruções exatamente da mesma maneira. Todas as formigas de um formigueiro seguem as normas o tempo inteiro; não é assim com todos os humanos de uma cidade grande, ou mesmo da menor das vilas.

A capacidade de improvisar

Ao se tornarem mais sofisticados em suas interações sociais, organismos mais elevados na trilha até o *Homo sapiens* transcenderam a confiança nas reações regulares programadas nos genes ou impregnadas por influência do comportamento dos pais. Dentro de certas limitações gerais impostas pelas forças da seleção natural, surgiu um grau muito maior de improvisação individual. Filhotes de gato ou cachorro não seguem cegamente os odores excluindo outros estímulos. Raças diferentes podem ter comportamentos característicos diferentes, mas animais individuais ainda são livres para correr por aí e investigar os estímulos no ambiente imediato.

Vertebrados continuariam confiando em feromônios como uma das correntes de compreensão que os ligam uns aos outros, mas a seleção natural deu sinal verde a um segundo meio de comunicação: o sistema nervoso. Com o tempo, essa adaptação permitiu a recepção de informações muito mais detalhadas por parte dos órgãos sensoriais, o que levou a respostas mais sutis e complexas. Esse novo sistema de "sentir e responder" incluiu uma medula espinhal com uma massa de células no topo que começaram a coordenar mais de perto os processos de comunicação e regulação. Inicialmente, o espectro de ações ainda se limitava à escolha básica entre avanço e retirada, e as questões cobertas ainda se limitavam ao essencial da biologia: comer, acasalar e tentar evitar a dor.

Nas subsequentes centenas de milhões de anos, no cérebro vertebrado, as células neurais se agregaram em volta da massa que ficava no topo da medula espinhal. Foi isso que se converteu no tronco cerebral das espécies avançadas — às vezes chamado de cérebro reptiliano porque apareceu primeiro nos répteis (ver figura 8). A camada mais distante que mais tarde se acumulou nos cérebros mais sofisticados dos mamíferos é o córtex — às vezes chamado de cérebro neomamífero. E, depois, um novo ou neocórtex evoluiu, o que, em humanos, produziu lóbulos pré-frontais muito avançados que podem formular e interpretar mensagens ainda mais complicadas, mensagens simbólicas como $f(c) \leq f(x)$ ou "A vida não-examinada não vale a pena viver".

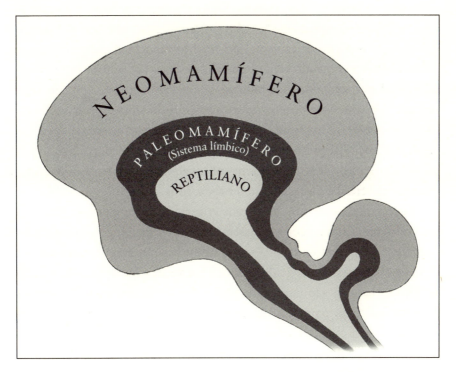

Figura 8. O cérebro triuno.

Mas, mesmo entre criaturas com capacidades computacionais e um pouco de conhecimento de filosofia, a sinalização primitiva por meio de substâncias químicas e outros comportamentos arraigados não foram completamente substituídos; foram apenas suplantados. Essa sobreposição do sofisticado sobre o primitivo complicou ainda mais nossos desafios autorregulatórios — incluindo aqueles induzidos pela solidão. Ter múltiplos sistemas operacionais tornou não apenas possível, mas altamente provável que, tal qual a chimpanzé Sheba diante de um prato de guloseimas, também nós fôssemos forçados a processar mensagens simultâneas bastante contraditórias. "Quero comer essa torta de limão inteira. Quero estar bem de calção de banho quando for para Cancun."

Muito antes de os humanos aparecerem, antes mesmo da emergência do córtex, uma camada intermediária — o cérebro paleomamífero — evoluiu e deu sua contribuição à potencial confusão e complexidade. Envolvendo diretamente o tronco cerebral, e agora envolvido pelo córtex que evoluiu em seguida, esse "cérebro intermediário" também é chamado de cérebro límbico ou, às vezes, de cérebro emocional. Embora nunca tenha ganhado comando sobre números ou palavras, aprimorou a adaptabilidade aumentando a flexibilidade comportamental e o controle contextual. É a conjunção peculiar entre essas três camadas — o animalístico tronco cerebral que remonta aos répteis, o córtex às vezes racional e o cérebro emocional preso no meio — que permite que indivíduos solitários por vezes se vejam gritando inexplicavelmente com pessoas queridas quando na verdade gostariam de ser abraçados.

Répteis, que surgiram antes que o cérebro emocional ou intermediário viesse à tona, têm um sistema de mensagens para ligar mundo interior e ambiente exterior — incluindo suas interações com outros répteis — que não é particularmente bem arranjado, consequentemente, os répteis não são conhecidos por seu altruísmo, empatia ou suas habilidades como pais. Com o advento do cérebro paleomamífero (ou emocional) em espécies mais avançadas, os laços sociais entre indivíduos tornaram-se mais complexos e adaptáveis. Uma mãe rata responde ao estresse abrigando seus filhotes debaixo dela. Em experimentos de laboratório, ratos param de pressionar uma barra para obter comida se detectam que isso provoca um choque elétrico em um rato que esteja por perto.[23] E, mais tarde na cadeia evolutiva, mães macacas, que protegem ativamente seus filhotes, ainda não fazem nada que se pareça com um carinho ou uma ação tranquilizadora, mesmo quando seu filhote foi mordido.[24]

Em todos os primatas, o mesmo tipo de tronco cerebral que existe nos répteis continua controlando as funções básicas da vida — batimentos cardíacos, digestão e respiração — mas suas preocupações limitam-se em grande medida, mesmo em humanos, ao tipo de mensagens que seriam importantes para répteis. O cérebro intermediário, ao lidar com questões mais complexas como amor e remorso, coordena-se com o tronco cerebral em tudo o que é necessário. Isso também acontece às vezes em coordenação e às vezes com propósitos inversos com a parte mais avançada do córtex, os lóbulos frontais que realizam a parte mais sofisticada da resolução de problemas. E é a partir desse complexo sistema de percepção e resposta, com níveis de controle múltiplos e amiúde conflitantes, que as sensações revigorantes de vínculo social começam a emergir, assim como as sensações devastadoras de solidão.

"O homem ainda leva em sua constituição corporal a marca indelével de sua origem primitiva", escreveu Charles Darwin. Ao que o neurologista Antônio Damásio acrescentou: "A mente teve que se preocupar primeiro com o corpo, senão não seria mente."[25] Entender a física das emoções é a única maneira de podermos apreciar com plenitude como essa forma de causalidade a distância — uma sensação subjetiva de bem-estar ou agonia baseada no grau de vinculação com os outros — pode provocar os profundos efeitos fisiológicos que provoca.

Olhar com mais profundidade para as forças invisíveis que ligam um ser humano a outro nos ajuda a ver algo ainda mais profundo: nossos cérebros e corpos estão moldados para funcionar em agregações, não em isolamento. Essa é a essência de nossa espécie obrigatoriamente gregária. A tentativa de funcionar em negação de nossa necessidade de contato, seja ela grande ou pequena em qualquer indivíduo dado, viola nossas especificações designadas. Os efeitos sobre a saúde são sinais de alerta, similares às luzes de "verificar motor" que vêm nos carros modernos com sensores computadorizados. Mas o vínculo social não é apenas um lubrificante que, como o óleo do motor, previne superaquecimento ou desgaste. O vínculo social é uma parte fundamental do próprio sistema operacional (e organizacional) humano.

8

Um organismo indissociável

"TODOS OS BEBÊS se parecem comigo", Winston Churchill uma vez notou, mas é a lógica evolutiva, e não uma paternidade compartilhada, o que influi em seus olhos grandes e redondos e nas bochechas rechonchudas. A seleção natural deu aos bebês a constelação de características faciais e vocais que classificamos como "fofas", porque isso promove o vínculo social. A fofura era parte do que fazia com que as mães primitivas quisessem estar perto de seus bebês. Também fazia com que pais e avós — e hoje até estranhos em supermercados — quisessem interagir com esses humanos em miniatura, diverti-los e protegê-los. Agora existe inclusive algo como uma ciência da fofura, em que engenheiros de robótica tentam criar companheiros computadorizados que exerçam o mesmo apelo à afeição que os bebês humanos.

Dado que a propagação bem-sucedida dos genes requer a sobrevivência da prole, e dado que a prole humana não apenas é completamente dependente mas também se desperta chorando no meio da noite, o laço entre os pais humanos e as crianças precisa ser forte e imediato. É por isso que, nessa forma mais fundamental de vínculo humano, há muito mais acontecendo do que brincadeiras de "cadê o papai? Achou", muito mais do que tolerância amorosa, desejo de proteger ou preferências por um certo som ou olhar. Pesquisadores usaram estudos de ressonância magnética e testes para identificar muito dos específicos circuitos e hormônios neurais do cérebro associados à motivação, atenção e empatia que constituem o processo parental.[1] Mas, de novo, a mente tem que se preocupar primeiro com o corpo, e muito do prazer e da dor que ligam uma pessoa a outra, em relações entre pais e filhos, nas relações sexuais e em todas as relações sociais, está distribuído por toda a anatomia.

Em 1958, em um experimento agora lendário, talvez infame, o psicólogo Harry Harlow, da Universidade de Wisconsin, afastou filhotes recém-nascidos de macaco Rhesus de suas mães. Em vez delas apresentou aos macaquinhos duas substitutas, uma feita de arame e outra de roupa (ver figura 9). Cada uma delas podia enganar com uma garrafa de leite, mas independente de qual "mãe" fornecia a comida, os filhotes passaram a maior parte do tempo pendurados na que era de roupa, correndo de imediato até ela sempre que assustados ou angustiados. Visitaram a mãe de arame apenas quando ela lhes dava comida e, ainda assim, apenas pelo tempo que levassem para se alimentar.[2]

Harlow descobriu que macacos privados do conforto tátil mostravam atrasos significativos em seu progresso, tanto mental quanto emocional. Os privados desse conforto e também criados em isolamento em relação a outros macacos desenvolveram aberrações de comportamento adicionais, muitas vezes severas, das quais nunca se recuperaram. Mesmo depois de retornarem ao grupo, esses macacos desprovidos sentavam-se sozinhos e ficavam balançando o corpo para frente e para trás. Eram agressivos demais com seus companheiros de brincadeiras, e mais tarde na vida continuaram incapazes de formar vínculos normais. Eram, na verdade, socialmente ineptos — uma deficiência que se estendeu até os comportamentos biológicos mais básicos. Se uma fêmea socialmente desprovida era abordada por um macho normal em um período em que seus hormônios tornavam-na sexualmente receptiva, ela se acocoraria no chão em vez de mostrar o traseiro. Quando um macho antes isolado abordasse uma fêmea receptiva, abraçaria sua cabeça em vez do traseiro, para então se engajar em movimentos pélvicos.

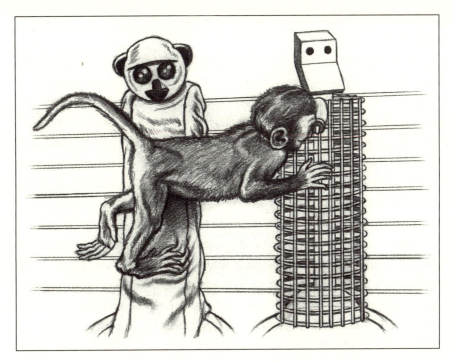

FIGURA 9. No estudo de Harry Harlow, filhotes de macaco criados em isolamento preferiram o conforto da "mãe" feita de roupas (*retratada à esquerda*) ao da "mãe" de arame que fornecia comida (*retratada à direita*).

Fêmeas criadas em isolamento tornaram-se mães incompetentes ou abusivas. Mesmo macacos criados em jaulas onde podiam ver, cheirar e escutar — mas não tocar — outros macacos desenvolveram o que a neurocientista Mary Carlson chamou de "síndrome análoga ao autismo", com asseio excessivo, abraços neles mesmos, retraimento social e balanços do corpo. Como disse Carlson a uma repórter, "não se chega a ser realmente um macaco se não se é criado em um ambiente de interação de macacos".[3]

O experimento de Harlow com macacos nunca seria aprovado hoje por um comitê científico. Mesmo nos anos 1950, qualquer um que tentasse usar tal brutalidade em bebês humanos teria sido preso, e com boa razão. Infelizmente, políticas sociais mal conduzidas mostraram-nos os efeitos que as "mães de arame" da privação emocional e do isolamento

— sendo a imposição de solidão a circunstância mais extrema — tiveram sobre as crianças.

O exemplo mais flagrante ocorreu na Romênia, onde o ditador comunista Nicolae Ceausescu era fanático por uma ideia friamente racional de progresso tecnológico. Antes de ser destituído e assassinado, tinha planos de demolir todas os municípios do país e substituir as casas tradicionais por edifícios de apartamentos com o sóbrio estilo soviético. Não viveu para pôr em ação esse plano, mas durou o bastante para executar uma visão social ainda mais patológica. Em 1966, proibiu a contracepção e o aborto e instituiu um sistema de recompensas e medalhas para aumentar a taxa de natalidade. Mas não fez nada para ajudar os pais que já sofriam por razões econômicas e não eram capazes de criar uma grande quantidade de filhos, amiúde indesejados. O abandono tornou-se desenfreado, com milhares de recém-nascidos confinados em orfanatos que constituíam um Gulag emocional. Cerca de vinte crianças, em média, estavam aos cuidados de um único responsável. Não havia abraços, risadas ou sorrisos, e certamente nenhum mimetismo despretensioso — as bocas e os olhos abertos com que pais e bebês encantam-se uns aos outros para aprender a se relacionar.

Quando os orfanatos foram revelados ao mundo, em 1989, na esteira da queda de Ceausescu, oficiais de saúde estrangeiros encontraram crianças de três anos de idade que não choravam e não falavam. Fisicamente haviam crescido apenas três décimos do que seria esperado, e estavam muitíssimo atrasados nos desenvolvimentos motor e mental. Agarrados aos próprios joelhos e balançando o corpo em silêncio, pareciam replicar o comportamento dos macacos de Harlow desprovidos de contato. Pessoas mais velhas que haviam passado por esse sistema no fim dos anos 1960 ou início dos 1970 ainda eram incapazes de formar laços permanentes. Alguns conseguiram emprego na polícia secreta, onde sua incapacidade de se preocupar com os outros servia aos propósitos do governo. Outros apenas vagavam pelas ruas, sem ter onde morar.

Uma vez mais, vemos por que seres humanos não florescem como os "caubóis existenciais" que o pensamento moderno tanto celebra. Ainda que possa ser uma verdade literal o fato de que "nascemos sozinhos e morremos sozinhos", os vínculos não apenas nos ajudaram em termos evolutivos, como também determinam quem nos tornamos como indivíduos. Em ambos os casos, vínculos humanos, saúde mental, saúde fisiológica e bem-estar emocional estão todos inextricavelmente relacionados.

Vínculos saudáveis

O desenvolvimento humano saudável depende da dinâmica dos primeiros vínculos, o laço entre o bebê e seus responsáveis. Mas vínculos duráveis e saudáveis também dependem de atributos psicológicos inatos da criança, assim como de atributos dos adultos (e às vezes dos irmãos mais velhos) que os criam. A qualidade do laço de cuidado dá a primeira instância em que a predisposição genética encontra o ambiente, e em que a necessidade subjetiva de vinculação da criança será ou não satisfeita. A primeira interação com os que cuidam dela não apenas ajuda a moldar o cérebro da criança, mas determina em grande medida como ela reagirá ao estresse, incluindo aí o estresse social. É esse o momento em que o primeiro golpe de solidão será ou não será introduzido.

Ao tentar explicar a dinâmica dos laços no desenvolvimento individual humano, o psicanalista John Bowlby deixou-se inspirar pela obra precedente em meio século de Konrad Lorenz. Esse lendário estudante de etologia, ou de comportamento animal, mostrou que o bebê de ganso, que normalmente "grava" a imagem de sua mãe e por instinto a segue, podia com a mesma facilidade gravar a imagem de Konrad Lorenz e segui-lo.[4] Fotografias de gansinhos seguindo o cientista austríaco percorreram o mundo. Pensando em parte a partir das descobertas de Lorenz, Bowlby desenvolveu o que chamou de "teoria do vínculo", que sustentava que sinais inatos entre pais e filhos moldavam não apenas essa relação, mas toda a personalidade subsequente da criança. O problema primeiro da teoria de Bowlby é que humanos não são gansos.

Uma estudante de Bowlby, Mary Ainsworth, submeteu bebês a um teste que ela chamou de "situação estranha", uma série de oito episódios curtos de separação e reencontro com suas mães. Baseando-se em suas observações das reações das crianças, ela desenvolveu três categorias do que chamou de "estilo de vínculo". Crianças da primeira categoria mostravam-se indiferentes à partida da mãe e felizes com o reencontro. As do segundo grupo não se perturbavam quando a mãe saía, mas fugiam dela quando voltava. As do terceiro ficavam terrivelmente ansiosas quando deixadas sozinhas, e furiosas e angustiadas no reencontro.[5] Ainsworth rotulou o primeiro grupo de vínculo seguro, o segundo de vínculo inseguro e o terceiro de vínculo ansioso. Enquanto a teoria do vínculo foi muito influente em círculos acadêmicos e se popularizou pelos livros sobre paternidade e maternidade por meio do pediatra William Sears, pesquisadores criticaram os estudos de Ainsworth por numerosas falhas, entre elas a pequena amostragem e o problema da avaliação subjetiva.

Pesquisas mais recentes mostraram que os níveis e tipos de vínculo dos adultos não seguem com rigidez essas experiências da infância, e tampouco permanecem necessariamente constantes entre uma relação e outra. Não que o vínculo da infância não importe; é só que muitos, muitos outros fatores também importam — inclusive a propensão genética que define o termostato para sentimentos de solidão, fazendo com que o indivíduo deseje muito ou pouco vínculo social.

A concepção de vínculo de Bowlby também é limitada pelo foco no indivíduo em isolamento, pois como as relações inevitavelmente se dão ao menos entre duas pessoas, cada relação cria sua própria dinâmica. Como os múltiplos exemplos de autorregulação, corregulação e mesmo de mimetismo que demos, cada pessoa envolvida em uma relação influencia inconscientemente a outra.

O papel do temperamento

O psicólogo Jerome Kagan dispensou em grande medida a teoria do vínculo e tomou outro rumo. Viu o temperamento da criança fortemente relacionado aos genes como ator principal. Em 1986, Kagan e seus colegas deram início a um estudo longitudinal em que balançavam brinquedos novos e apresentavam outros estímulos pouco familiares a um grupo de quinhentas crianças. Vinte por cento desses bebês choravam e protestavam com vigor, e Kagan os rotulou de "muito reativos". Quarenta por cento quase não mostraram nenhuma reação, e assim passaram a ser os "pouco reativos". Outros 40% situaram-se em algum lugar do meio.

Kagan conseguiu trazer de volta ao laboratório muitas dessas crianças em intervalos regulares, para estudos de continuidade. Mais ou menos entre os 10 e 12 anos, quase metade do grupo original passou por uma bateria completa de escaneamento cerebral e por outras medidas clínicas. No esforço de replicar o primeiro experimento com os brinquedos, pediu-se a algumas dessas crianças que improvisassem um discurso — uma fonte de estresse para muitas pessoas. Os 20% que haviam sido rotulados como "muito reativos" quando bebês ainda mostraram uma considerável aflição em resposta a essa pressão. Um terço dos "pouco reativos" mostraram a mesma calma notável que haviam demonstrado na infância. A grande maioria havia deslizado em direção à média, enquanto apenas 5% havia trocado de muito a pouco ou de pouco a muito.[6]

A estabilidade da reatividade ao longo do tempo enfatiza a importância dos genes em determinar a personalidade humana, mas também nos faz lembrar da descrição de E. O. Wilson do DNA como uma coleira elástica. Os resultados de Kagan indicam uma forte influência genética, mas a variabilidade que emergiu também enfatiza o papel do ambiente interagindo com esses genes.

A visão que hoje prevalece — a teoria etológica — na verdade remonta a pesquisadores como Lorenz que estudaram o comportamento animal em seu contexto evolutivo. No contexto teórico da etologia e da psicologia evolutiva, psicólogos do desenvolvimento agora estudam comportamentos humanos de acordo com seu valor adaptativo, isto é, sua contribuição para a propagação dos genes. Nossa visão da solidão como comportamento adaptativo que provoca vínculo social é, nesse sentido, etológica.

Em um contexto evolutivo podemos ver que o vínculo seguro, e a disposição a se entregar que ele suporta, é uma boa estratégia para ambientes em que os pais têm tempo e recursos para atender à criança. Um ambiente seguro e confortante — que promova uma segurança a um só tempo física e emocional — significa que a criança pode explorar sem grandes riscos. Em um ambiente mais estressante, seja no deserto Kalahari ou nas favelas de Paris, as demandas da sobrevivência podem sobrepujar a atenção parental, uma situação que favorece vínculos inseguros que mantenham a criança por perto. Mas o temperamento de uma criança pode também modificar o lado parental da equação.

Algumas crianças têm bom temperamento e se mostram de relação fácil; outras, sem qualquer culpa por isso, parecem emergir do útero mal-humoradas, exigentes e difíceis. Algumas parecem rir sem parar, outras choram mais do que, compreensivelmente, seus pais achariam justo. Algumas desejam carinho e atenção o tempo todo; outras, quando recém-nascidas, estão felizes de ficar em seus berços brincando com seus dedos, e ao crescer um pouco saem engatinhando por conta própria. Alguns indivíduos são, por regra, simplesmente menos otimistas e alegres que outros, uma disposição genética que parece estar relacionada com o lado do cérebro que se mostra mais ativo. Emoções negativas como medo e repugnância ativam regiões pré-frontais da direita mais do que da esquerda.[7] Estímulos que evocam emoções positivas ativam as regiões pré-frontais da esquerda mais do que da direita.[8] Indivíduos com mais tendência a ativação do lado direito têm mais chance de serem fechados em si mesmos,[9] ou de mostrar mais afeto negativo como seu estado emocional cotidiano mais comum.[10] Crianças que demonstram mais competência social mostram uma maior ativação frontal na esquerda.

Assim como crianças diferentes apresentam desafios diferentes, alguns pais são temperamentalmente atentos a cada sorriso ou franzir de cenho de seus filhos, enquanto outros variam entre indiferentes, um pouco menos dedicados, ausentes e abusivos. Alguns pais são abençoados com uma existência bem ordenada e um aspecto alegre, enquanto outros batalham para lidar com suas próprias necessidades, tendo assim muito menos recursos disponíveis para um bebê "fácil", que dirá para um inquieto.

A grande abrangência das características humanas contribui para uma complexa dinâmica que produz a resposta do adulto à criança, o que completa um círculo autoalimentado que ajuda a moldar a autoimagem do bebê. Essa dinâmica também desempenha um papel na primeira experiência de solidão. Uma combinação saudável de pai e criança pode conduzir a um sentimento de que o mundo é sua ostra, de que você fundamentalmente pertence e de que a essência de quem você é tem sua razão de ser. Um descompasso pode fazer você se sentir um marginal. No clássico filme *Cada um vive como quer*, o jovem interpretado por Jack Nicholson tem um encontro bêbado com uma triste jovem interpretada por Sally Struthers. Ela aponta para a reentrância de seu próprio queixo e conta que sua mãe lhe disse que a covinha vinha de Deus, que teria visto a menina na linha de montagem e a teria empurrado em rejeição. Depois de um comentário tão abusivo vindo de uma mãe, não é preciso pensar muito para entender por que alguém pode se deixar tomar por sentimentos de fracasso e solidão.

Preocupando-se com o corpo

Independentemente da teoria que abracemos de como viemos a ser, nossa orientação social individual — incluindo a intensidade de nossa necessidade individual de vínculo e nossa dor ou perturbação quando essa necessidade não é satisfeita — está muito entrelaçada com nossa fisiologia nos níveis mais profundos.

Em sua introdução a *O erro de Descartes*, o neurocientista Antônio Damásio ofereceu três conceitos fundamentais para convencer os leitores quanto a esse fato:

> (1) O cérebro humano e o resto do corpo constituem um organismo indissociável, integrado por meio de circuitos regulatórios bioquímicos e neurais mutuamente interativos (incluindo componentes endocrinológicos, imunológicos e autonômicos neurais); (2) O organismo interage com o ambiente como um todo: a interação não é só do corpo ou só do cérebro; (3) As operações fisiológicas que chamamos de mente são derivadas de um conjunto estrutural e funcional, e não de um único cérebro: o fenômeno mental só pode ser plenamente entendido no contexto de um organismo interagindo com o ambiente. Que o ambiente seja, em parte, um produto da atividade do organismo em si é um fato que apenas sublinha a complexidade das interações que devemos levar em conta.[11]

A psicóloga Martha McClintock ainda era uma estudante quando desvelou evidências das influências sociais em ação nos sistemas endocrinológicos de jovens mulheres morando juntas no alojamento escolar. À medida que passava o semestre, ela notou que suas colegas de moradia começavam a ter ciclos menstruais que seguiam cada vez mais o mesmo calendário.

McClintock mostrou, trabalhando com ratos de laboratório, que animais sociais alojados juntos respondiam a um sinal "cerimonial" que marcava o momento ótimo para a concepção. Ao confinar os animais separadamente, mas fazendo com que compartilhassem o mesmo suprimento de ar, ela demonstrou que a fonte da corregulação eram os feromônios, os mesmos sinais químicos propagados pelo ar, carregados em concentrações inferiores a nossa percepção de odor, que dirigem muitos comportamentos primitivos. Ratos nascidos em momentos socialmente oportunos durante uma onda sincronizada de reprodução sobrevivem em uma taxa de 80% ou 90%; os nascidos fora da época do grupo sobrevivem em uma taxa de apenas 30%. Decerto, nessa instância, referir-se ao poder do vínculo social como uma questão de vida ou morte não é exagero.

Efeitos sociobioquímicos similares determinam não quem vive ou morre, mas quem reproduz — o que tem um efeito ainda mais direto sobre a evolução subsequente. Entre ratos noruegueses, os machos ejaculam mais esperma quando copulam na presença de machos rivais, aparentemente porque a competição da reprodução persiste mesmo através das trompas de falópio até a superfície do óvulo. Pela mesma razão, os testículos dos macacos são proporcionais ao tamanho do estoque reprodutivo do macho. O chimpanzé macho, cercado por uma competição impiedosa, tem um equipamento reprodutivo verdadeiramente prodigioso, enquanto o gorila, vivendo em um harém como único macho, não tem nada de que se gabar. A razão evolutiva: um macho sem rivais não precisa de adaptações especiais para melhorar suas chances de virar pai.

Mais uma vez, o social e o fisiológico não podem ser separados mais do que poderíamos separar o comprimento e a largura de um retângulo.

A química do vínculo

Em 1906, um jovem fisiologista chamado Henry Dale, mais tarde Sir Henry Dale, isolou pela primeira vez uma pequena proteína, ou peptídeo, associada à amamentação de todos os mamíferos. Surgindo da glândula pituitária, essa substância, chamada oxitocina, também tinha um papel no parto. Pesquisas posteriores demonstrariam que a oxitocina é, de uma certa forma, a "substância química principal" do vínculo social, e a coisa mais próxima que conhecemos das poções do amor popularizadas em histórias românticas folclóricas. Manifestações físicas de vínculo como abraços e massagens nas costas aumentam o nível de oxitocina nas áreas que são tocadas.

Quando um bebê chupa o seio da mãe, a estimulação aumenta a concentração de oxitocina, o que então precipita a liberação de leite. Com o tempo essa estimulação torna-se um reflexo condicionado da mãe, e apenas ver o bebê já é suficiente para fazer o leite cair.

Ovelhas que recebem uma injeção de oxitocina desenvolvem laços maternais com cordeiros que não são necessariamente filhotes seus. Ovelhas que recebem uma injeção com uma substância que bloqueia a oxitocina durante o processo de nascimento não criam laços mesmo com sua prole natural. Nos arganazes-do-campo,* uma fêmea injetada com oxitocina na presença de um certo macho vai, desse momento em diante, reconhecê-lo como macho e preferi-lo aos outros. Esses animais são pequenos mamíferos altamente sociais que formam laços duradouros de casal. Em contraste, seus parentes próximos, os arganazes-do-prado e os arganazes-da-montanha,** são criaturas bastante solitárias que não formam laços duradouros. Parte da diferença na necessidade relativa de vínculo social é a oxitocina. Os arganazes-do-campo, monogâmicos e muito sociais, têm receptores da substância concentrados em uma específica área de recompensa do cérebro. Os arganazes solitários, não.[12]

Como a maioria das substâncias químicas do corpo, a oxitocina tem um composto "antagônico" que age em oposição coordenada. Como turbinas ligando e desligando para dirigir uma nave espacial, esses dois compostos dirigem o comportamento com infusões de estimulação química. O parceiro da oxitocina é a vasopressina, um hormônio que contribui para o laço social e, nos machos, estimula a agressão contra outros machos. A vasopressina faz com que ratas de laboratório tenham medo de

---

* *Microtus ochrogaster* (N. do T.)

** *Microtus pennsylvanicus* e *Microtus Montanus* (N. do T.)

estranhos, incluindo ratos mais jovens que não sejam seus filhotes. A oxitocina suprime mesmo as inibições ordinárias contra a aproximação de outro animal. Depois de uma injeção de oxitocina, ratas de laboratório começam a exibir um comportamento maternal mesmo quando não estiveram grávidas. Constroem ninhos, pegam quaisquer filhotes que encontrarem nas proximidades e os conduzem até lá, depois os lambem e cuidam deles. Ainda que essas ratas artificialmente estimuladas não produzam leite, deitam-se e preparam-se para amamentar. Também defendem seus filhos "adotivos" contra outros ratos.

A oxitocina aumenta a regulação social por ser a substância da calma. Macacos passam dez por cento das horas em que estão acordados limpando os pelos uns dos outros, mas esse comportamento não se deve apenas à higiene, ou à cortesia social e à deferência. O contato extenso e ritmado envolvido nesse trato estimula a liberação de oxitocina, o que ajuda a promover a harmonia social.[13] Céticos podem estar certos ao ridicularizar a ideia de que "tudo o que o mundo precisa" é de um grande abraço. Entretanto, quem irá negar que mais abraços e menos brigas poderiam ter um efeito positivo na redução de todo tipo de comportamento antissocial?

A química da regulação social, contudo, não precisa envolver o toque. Correntes de compreensão em forma química fazem os pelos de um chimpanzé se arrepiarem quando ele vê seu rival, e o coração de uma jovem disparar quando ela vê o homem por que está apaixonada. Essas formas de causalidade a distância começam com a excitação visual, seguida de instruções do cérebro para liberar outro estimulante, a noradrenalina.

Calma que cura

No capítulo 6, descrevi o mecanismo de "descanso-e-digestão" que permite que a vinculação social melhore a saúde. No capítulo 7, usei a imagem do computador central de um automóvel para transmitir a força integrativa poderosa do vínculo social em nossas vidas. A oxitocina opera quase onde a borracha encontra a estrada, funcionando como a correia do carro, interligando muitos sistemas diferentes debaixo do capô. Nesse nível funcional, serve tanto como hormônio, promovendo a comunicação entre órgãos, quanto como neurotransmissor, sinalizando dentro do cérebro e por todo o sistema nervoso autônomo.

Também de outras maneiras, essa "substância central" do vínculo social age com um nível único, muito elevado, de coordenação. Nas células que produzem oxitocina, os impulsos elétricos que ativam a função não vêm de um em um, ocorrem em grupo. Quando alguém com quem temos um vínculo social cálido e pessoal faz uma massagem em nossas costas, a atividade elétrica coordenada faz com que as células produtoras de oxitocina ajam em conjunto, e uma coisa boa pode levar a outra. Sensações positivas no pescoço e nas costas têm um efeito cíclico de aumento na produção de oxitocina, o que estreita ainda mais o vínculo social, o que pode criar oportunidades para infusões mais dramáticas de prazer, e assim à produção de mais oxitocina.[14]

Entre as áreas do cérebro influenciadas pela oxitocina estão a tonsila, o hipotálamo e as regiões do tronco cerebral associadas à regulação da pressão sanguínea, do pulso, do estado de alerta, do movimento e do sentimento. Os mesmos nervos conectam lugares do cérebro e da medula espinhal que controlam tanto o sistema nervoso autônomo quanto a sensação de dor. É por isso que o encontro que estimula a liberação de oxitocina pode melhorar tantos aspectos diferentes de nossa perspectiva e de nosso bem-estar social.

Os hormônios em geral circulam pelo corpo inteiro através da corrente sanguínea. Nervos individuais, que tanto informam quanto coordenam, alcançam apenas uma área limitada, onde entregam substâncias de sinalização que provocam efeitos específicos localizados. Como hormônio, a oxitocina é sintetizada em neurônios do hipotálamo, depois liberada na corrente sanguínea pela glândula pituitária. Como neurotransmissor, pode ser entregue diretamente do hipotálamo ao sistema nervoso através de longas fibras nervosas (ver figura 10).

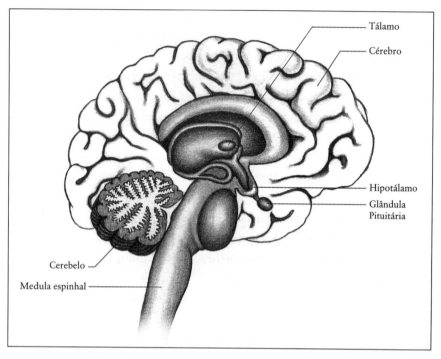

FIGURA 10. O hipotálamo e a glândula pituitária localizam-se próximos um do outro nas profundezas do centro do cérebro.

A proximidade inspirada pela oxitocina libera mais oxitocina, o que pode servir para reforçar ainda mais a coesão do grupo. Fazer exercícios e transpirar pode promover a liberação dessa substância do vínculo, o que pode ser uma das razões pelas quais os membros exultantes de uma equipe vencedora de xadrez raramente sejam vistos abraçando-se uns aos outros, ou dando tapas nas nádegas uns dos outros com tanto entusiasmo quanto os membros exultantes de uma equipe vencedora de hóquei.

Ao passo que a solidão inflige dor, aumenta a percepção de estresse, interfere na função imunológica e prejudica a função cognitiva, a oxitocina (liberada quando sua mulher segura a sua mão no instante em que o avião pousa na pista) pode reduzir a reatividade ao estresse, aumentar a tolerância à dor (como quando a mãe dá um beijinho "para passar") e reduz a distração (como quando a treinadora agarra seu ombro para passar as instruções). No laboratório, a oxitocina capacita animais em experimentos a perseverarem em suas atividades maternais mesmo na presença de ruídos e de luz brilhante.[15]

Vimos antes que a solidão leva a um declínio no controle executivo. Estudos de crianças em creches mostram que aquelas que recebem massagens regulares são mais calmas e comportadas. Talvez porque a massagem libera oxitocina também em quem a faz, massagistas, como grupo ocupacional, mostram níveis relativamente baixos de hormônios de estresse. Também tendem a ter pressão sanguínea no nível baixo mais saudável. E o bom sentimento inspirado pelo toque faz com que as pessoas vejam no massagista alguém confiável.[16]

Quando humanos se engajam na máxima ligação social que é o sexo, o orgasmo libera um fluxo de oxitocina na corrente sanguínea, induzindo à calma — até a um entorpecimento — e ao mesmo foco concentrado que encontramos em mães que amamentam. Aqui, também, a química do vínculo diminui a pressão sanguínea e os níveis de hormônios de estresse. Repetida ao longo do tempo, essa experiência de proximidade ajuda a criar e manter o laço de casal tão essencial ao nosso avanço como espécie, que é muito mais do que o sentimento cor-de-rosa que chamamos de "amor". É também uma ligação inconsciente, psicológica, que, ao menos por um tempo, pode mascarar as outras questões que tornam os membros de um casal bastante incompatíveis. ("Os opostos se atraem", diz um velho ditado, "e depois se atacam"). Esse laço inconsciente é uma das razões pouco apreciadas de não ser tão boa ideia fazer sexo com alguém sobre quem não se tem muita certeza. Como no caso dos arganazes, a infusão química pode criar uma fixação em um único indivíduo que pode não fazer muito sentido.

Valências humanas

Seja ela baseada na química corporal ou em uma paixão compartilhada por filmes de ação de Hong Kong, a obsessão extática que associamos aos jovens amantes sobre os quais muitos já especularam tem, muitas vezes, uma data de validade entre três e sete anos depois de tê-los arrebatado — mais ou menos o tempo que leva para que o primeiro filho de um casal saia do período de sua dependência absoluta.[17] Para a sorte da instituição do casamento, de três a sete anos é tempo suficiente para estabelecer outras formas de afeição, confiança e laços familiares que podem durar a vida toda. Por mais sorte ainda, a maior parte das pessoas estima a compatibilidade a partir de dimensões psicológicas mais profundas, o que pode tornar mais simples e mais certeira a tarefa de alcançar um casamento longo e satisfatório.

Às vezes falamos da "frieza" da solidão e descrevemos o sentimento que tiramos dos vínculos sociais satisfatórios como "calidez". A oxitocina cria um calor literal entre criaturas, em parte, ao redirecionar a calidez de uma parte do corpo a outra. Bebês que mamam no peito mostram um fluxo sanguíneo maior nas mãos e nos pés. Quanto mais quente a mãe, mais quente será o pé do bebê. A oxitocina provoca o mesmo redirecionamento de temperatura em todos os encontros humanos em que vemos colos quentes e bochechas rosadas, seja quando as mães amamentam, quando os pais seguram os filhos ou quando casais se enlaçam no sono depois do sexo.

O revestimento do sistema digestivo tem a mesma raiz de desenvolvimento que a pele, de modo que não é inteiramente surpreendente que comer sirva como um tipo de massagem interna que também estimula a liberação de oxitocina. Toda comida, então, promove até certo ponto um conforto, e uma boa refeição na companhia de bons amigos é uma das melhores coisas a fazer quando se quer aliviar o estresse. Podemos comer demais quando estamos sós, em parte, porque a sensação de isolamento danificou o controle executivo, mas também é verdade que comer faz sentir-se bem. Comer é uma forma de autoapaziguamento que acarreta custos se o fazemos em excesso, mas isso não faz com que seja menos apaziguador no momento em que se come. Quando estamos prazerosamente cheios, nossos problemas parecem mais distantes, e nos sentimos mais próximos das pessoas ao redor. Em uma disposição semelhante, quantidades moderadas de álcool aumentam a concentração de oxitocina no sangue, contribuindo para o convívio dos bebedores sociais. Altas quantidades de álcool têm o efeito contrário, o que pode contribuir para a beligerância e para o comportamento antissocial dos bêbados agressivos.

Assim como o nível de oxitocina de uma mãe aumenta com a sucção do bebê, a gratificação oral da sucção em si aumenta os níveis de oxitocina do bebê e seus sentimentos de vinculação. Esse efeito reconfortante é a razão pela qual as crianças podem se autoacalmar chupando o próprio dedão, ou o dedo mindinho do pai, ou uma chupeta. Em adultos, a liberação de oxitocina despertada pela sucção pode contribuir para o caráter viciante de fumar, assim como para a intimidade imediata amiúde demonstrada entre fumantes que não têm nada mais em comum, e que ainda assim quase sempre se dão cigarros ou os acendem para qualquer um que peça. Um amigo meu fumante disse que parte do apelo desse hábito por um lado asqueroso era o fato dele nunca se sentir sozinho ao acender seu charuto.

Parte da injustiça da solidão é que ela muitas vezes nos priva do contato e do conforto apaziguador que ele traz. Mas, como vimos, o isolamento indesejado em qualquer uma de suas formas — físico, emocional, espiritual — é profundamente perturbador para um organismo moldado pela natureza para funcionar em um cenário social.

Antes descrevi os seres humanos como criaturas gregárias por obrigação e mencionei essa como a consideração número um que deveria levar em conta um hipotético responsável por jardim zoológico que tentasse desenvolver uma jaula apropriada para um membro de nossa espécie. Infelizmente, cerca de cem anos atrás, esse experimento pensado foi convertido em realidade.

Em 1904, o jovem Oto Benga, um membro dos Batwa, do Congo, um povo com frequência chamado de pigmeu, foi levado aos EUA por um missionário e exibido em uma Feira Mundial. Enquanto Oto estava fora, chegou da África a notícia de que sua tribo havia sido dizimada. Assim, quando a feira terminou, ele foi levado para um orfanato e em seguida encaminhado para Nova York, onde foi posto em exibição na jaula dos macacos do zoológico do Bronx. Enjaulado com um chimpanzé, ele treinava com seu arco e flecha, dormia em uma rede e chegou a ser visto por quarenta mil pessoas por dia. Protestos de clérigos negros conseguiram libertá-lo da jaula, e a partir de então ele estava livre para circular pela propriedade do zoológico como um tipo de atração interativa. Sem dúvida já sofrendo com o deslocamento cultural, ele então tinha que aguentar as zombarias dos frequentadores mais estúpidos. Seu comportamento se tornou levemente errático, o que não foi surpresa alguma. Eventualmente, ele acabou sendo mandado para outro orfanato e em seguida para Lynchburg, em Virginia, onde começou a trabalhar em uma fábrica de cigarros. Grupos religiosos tentaram educá-lo; até chamaram um dentista para encapar seus dentes, que haviam sido afiados de acordo com a tradição de seu povo. Mas sua alienação e seu comportamento errático persistiram. De acordo com relatos de observadores, ele se desesperava com a perspectiva de não poder retornar nunca mais para sua casa. Em 1916, depois de doze anos de exílio forçado e humilhação, Oto Benga pegou um revólver emprestado, arrancou a capa dos dentes, acendeu uma fogueira cerimonial e deu um tiro no próprio coração.[18]

"As pessoas devem pertencer a uma tribo", diz-nos E. O. Wilson, "querem ter um propósito maior do que elas próprias". O isolamento social nos priva tanto do sentimento de pertencimento tribal quanto da sensação de propósito. Em ambos os casos, os resultados podem ser devastadores, não apenas para os indivíduos, mas também para as sociedades.

9

Conhece-te a ti mesmo entre outros

QUASE DUZENTOS ANOS atrás, Charles Darwin fez uma viagem transformadora para as Ilhas Galápagos. Nessas rochas isoladas a noroeste da costa sul-americana, encontrou variedades de formas de vida que ele jamais imaginara. Suas observações o inspiraram a pensar muito sobre diversidade, competição e mudança, ruminações que possibilitaram o desenvolvimento da teoria da evolução por seleção natural. Mas Darwin só pôde visitar um lugar tão exótico por ser convidado do navio de pesquisa naval HMS *Beagle*. E só estava naquele navio porque o capitão, Robert Fitzroy, queria companhia e estava excluído por sua posição hierárquica da sociabilidade com os outros membros da tripulação. Em outras palavras, Darwin podia nunca ter chegado a esse princípio estrutural fundamental do entendimento da vida pela ciência moderna se não tivesse sido por esse problema muito humano de solidão.

Em 1839, Darwin publicou um relatório de suas aventuras que ficou conhecido como *A viagem do Beagle*. Em 1859, depois de anos de angústia pelas implicações religiosas e culturais de suas ideias (e só porque um competidor, Alfred Russel Wallace, estava pisando em seus calcanhares), publicou sua primeira descrição da seleção natural, *A origem das espécies*. Pouco mais do que uma década depois, em 1872, voltou-se para as questões da psicologia humana na última de suas obras principais, *A expressão das emoções no homem e nos animais*. Mas foi em seus cadernos, mais do que nas obras publicadas, que ele expressou a questão mais profunda que continua central em nosso esforço de entender a particular "causalidade a distância" que subjaz aos nossos vínculos sociais íntimos e poderosos.

Como é possível, Darwin se perguntava, que "a bondade de um homem para com sua mulher e seus filhos lhe dê prazer, sem que importe seu próprio interesse?" O prazer é psicológico. Sugere a satisfação dos apetites físicos, como o gosto por um bom pedaço de carne ou o calor do raio solar sobre a pele. A bondade para com os outros, assim como outros comportamentos sociais, pode parecer abstrata, muito distante das células, dos sistemas corporais e dos nutrientes. Mas, como vimos repetidas vezes, a dor da solidão e o bem-estar do vínculo são ambos profundamente fisiológicos. Ambos engajam "correntes de compreensão" na forma das reações sensoriais e químicas que acabamos de explorar.

Quanto à segunda metade da questão de Darwin, como um pai que tem que trabalhar em três turnos para colocar um filho na faculdade pode tirar prazer suficiente dessa troca a ponto de dizer que "faria tudo de novo"? Ou então, olhando a equação entre prazer e interesse próprio de uma outra perspectiva, como é que o fato de estarmos distanciados das pessoas que amamos pode nos causar uma dor emocional, mesmo quando a distância *está* servindo ao nosso próprio interesse, seja o interesse de viajar a trabalho ou deixar as crianças com uma babá enquanto pai e mãe podem pelo menos uma vez sair à noite? E, mais ainda, como decidimos o que fazer em face de tantos desejos contraditórios? A satisfação dos apetites contra a satisfação dos objetivos significativos. O prazer do reconhecimento profissional contra o prazer dos amigos e da família; o prazer de um jantar seguido de um cinema contra o prazer de ninar as crianças.

O fato de nossas emoções serem sensações físicas não significa que estejamos inteiramente à mercê delas. Girassóis são plantas que respondem à luz do sol de maneira invariável. São heliotrópios, o que significa que se abrem e se movem na direção dos raios de sol toda vez que esses raios incidem sobre sua superfície. Esse movimento reflexivo invariável, geneticamente programado, em resposta a um estímulo é chamado de tropismo.

Seres humanos têm certas ações reflexivas — o médico que bate justo abaixo do joelho com um pequeno martelo de borracha é um exame dessa reação — mas não somos tropísticos. Somos capazes de exercitar uma considerável liberdade de ação em relação a como, quando e por que fazemos o que fazemos, e essa liberdade de ação opera na intersecção de sensações emocionais, pensamento racional e comportamento social. Se tivéssemos um reflexo invariável de "fazer a coisa certa", talvez não víssemos muita virtude nisso. (Nesse caso, é possível que também não tivéssemos qualquer necessidade de criar um conceito filosófico como "virtude").

Nós, os humanos, nos orgulhamos muito de nossa inteligência — nossa capacidade de pensamento racional — como aquilo que nos diferencia do resto da natureza, e ainda assim costumamos medir a virtude ou a "humanidade" de um indivíduo não pelo poder de seu cérebro, mas por sua sensibilidade emocional. A maioria de nós devota uma tremenda quantidade de energia à tentativa de entender os outros e fazer "o bem", e mesmo enganadores, vigaristas e políticos em defesa de seus próprios interesses sabem que têm ao menos que trabalhar a lábia em nome dos ideais da empatia e da compaixão.

Mostrar a resposta emocional apropriada nos permite ser aceitos como propriamente humanos, mas, mesmo aqui, nós humanos não somos únicos. Mesmo nesse sentido, as raízes estão incrustadas nas profundezas da biologia de nossas células, e incrustadas em nossa história evolutiva.

Darwin abordou o problema das respostas emocionais ao prazer e à dor pela lente da sinalização social. Criou a hipótese de que ser capaz, em algum sentido, de compartilhar os estados interiores uns com os outros capacitaria mais os animais a antecipar, preparar e talvez coordenar suas atividades. Uma vez que a sinalização se estabeleceu, e apesar de sua considerável contribuição para a sobrevivência, essa habilidade expressiva se expandiu para além de seus benefícios funcionais e começou a ser aplicada de maneiras que se estendiam para além das necessidades imediatas de preservar a vida.

Sinais sociais

Em *A expressão das emoções nos homens e nos animais*, Darwin relatou a história de dois chimpanzés que lhe havia sido contada por um funcionário do zoológico: "Eles se sentaram um em frente ao outro, tocando-se com seus lábios bastante protuberantes; um pôs a mão no ombro do outro. Em seguida se abraçaram. Depois se levantaram, cada um mantendo um braço sobre o ombro do outro, ergueram a cabeça, abriram as bocas e berraram de prazer."[1]

Frans de Waal, da Universidade Emory, diretor do Núcleo de Ligações Vivas do Centro Yerkes de Primatas, em Atlanta, Georgia, talvez seja o principal proponente do reconhecimento daquilo que poderíamos chamar de "vida interior" dos animais. Ele conta a história de dois chimpanzés desgarrados de seu abrigo em um zoológico durante uma tempestade, depois encontrados pelo primatólogo Wolfgang Kohler. Ao ver os animais ensopados e tremendo, Kohler abriu a porta para eles, mas, em vez de se apressarem para entrar, ambos pararam para dar-lhe um entusiástico abraço.[2]

Será que os animais experimentam a alegria da companhia da mesma forma que nós? Será que precisam de contato com seus parceiros ou amigos da mesma forma que nós e, assim, será que às vezes se sentem aflitivamente isolados também?

Em seu livro *Eu, primata*, de Waal descreve uma gorila fêmea chamada Binti Jua, que se tornou celebridade mundial quando resgatou um menino que havia caído na jaula dos primatas no Zoológico Brooksfield de Chicago. De Waal também conta de uma bonobo — uma espécie muito próxima dos chimpanzés e dos humanos — que viu um estorninho bater no vidro de sua jaula em um zoológico da Inglaterra. O pássaro ficou baqueado e Kuni, a bonobo, gentilmente o colocou de volta em pé. Quando viu que o estorninho não se recuperou, ela o impulsionou no ar, mas suas asas palpitavam de maneira muito precária. Então Kuni escalou até o topo da árvore mais alta de sua jaula, desdobrou as asas do pássaro e o arremessou como se fosse um avião de papel. Seus esforços, por mais vigorosos que fossem, não machucaram o estorninho; ao fim do dia ele já havia se recuperado e era capaz de voar de novo.

São muitos os exemplos, dados por de Waal, de atos que parecem demonstrar vínculos emocionais dos macacos, ou mesmo altruísmo. Entre eles, o caso de bonobos no Zoológico de Milwaukee cuidando de um macho mais velho chamado Kidogo, que sofria de um problema cardíaco. Novo na área e em seus complexos sistemas de túneis, esse macaco mais velho confundiu-se com os comandos do tratador. Os outros bonobos o levaram pela mão até onde o tratador queria que ele fosse.

Uma comunidade de macacos Rhesus tinha uma integrante, chamada Azalea, com dificuldades de desenvolvimento. Em geral, macacos Rhesus mantêm regras de conduta muito estritas. Mas, aparentemente cientes das limitações de Azalea, deram a ela uma permissão para os comportamentos mais irregulares, inclusive ameaçar o macho alfa.

Kanzi, um bonobo do Centro de Pesquisa Linguística da Universidade do Estado da Geórgia, também em Atlanta, ficou famoso por sua capacidade de comunicação com pessoas. Um pesquisador tentou submeter a irmã mais nova de Kanzi a um questionário oral, mesmo sabendo que ela havia tido muito pouca exposição à língua falada. Kanzi, como irmão mais velho atencioso, começou a mimetizar os significados para ela.

Graças a relatos como esses, a maioria dos cientistas reconhece aquilo que os amantes dos animais há tempos aceitam como senso comum: que algumas das criaturas mais inteligentes — macacos, elefantes, golfinhos — podem ser muito sensíveis ao que acontece sob a pele dos outros. Basta perguntar a qualquer pessoa que tenha um gato ou um cachorro e ela responderá que os animais sabem o que seu "dono" está sentindo, e sabem o que fazer para consolá-lo quando ele está mal. Da mesma maneira, deixe o seu cachorro sozinho por muito tempo e você poderá descobri-lo descontando sua insatisfação nas almofadas do seu sofá.

Teoria da mente

Entre chimpanzés, um agressor que atacou e mordeu outro, mas que agora tenta a reconciliação, muitas vezes olha diretamente para o lugar onde machucou o outro, inspecionando a ferida e depois começando a limpá-la. Bonobos, que, ao menos em cativeiro, muitas vezes fazem sexo frente a frente, monitoram com atenção e reagem às expressões e vocalizações de seus parceiros.

Os alemães têm uma palavra para designar a percepção precisa do estado emocional de outra pessoa. Chamam de *Einfühlung*, o que significa "sentir dentro". Mas podemos dizer que bonobos formam um vínculo emocional enquanto copulam? Kuni estava demonstrando virtude em suas tentativas de salvar o pássaro? Mesmo cientistas que compartilham as opiniões de De Waal da expressividade animal são cautelosos em ir longe demais na identificação de características humanas em outras espécies — o antropomorfismo.

Deixarei a questão da virtude aos filósofos, mas na ciência cerebral a palavra "emoção" carrega uma definição bastante seca: é uma resposta neural ou endocrinológica a um estímulo, cuja função é regular o mundo interior do organismo para que seja compatível ao mundo exterior do ambiente. De acordo com a taxonomia popularizada por Antônio Damásio, uma emoção é uma sensação física. Um "sentimento" é o conhecimento de ter uma emoção. "Consciência" é o conhecimento do "eu" que tem um sentimento.

Entre o impulso de Kenzi de ajudar sua irmã e a delicada sutileza de emoções expressa nos sonetos de Shakespeare ou no solilóquio de Molly Bloom existe um abismo bastante amplo, e em algum lugar entre as duas coisas podemos encontrar as raízes das emoções relativas à solidão humana.

Vimos como sensações fisiológicas prazerosas motivam-nos a desempenhar comportamentos pró-sociais que colaboram com a sobrevivência e ajudam a perpetuar os genes. Vimos como sensações adversas (solidão) nos conduzem a comportamentos ainda mais isoladores que diminuem a sobrevivência e assim diminuem a propagação dos genes. Também nos esforçamos para atravessar uma quantidade considerável de elementos constituintes desse sistema prazer/dor, avanço/retirada: propensões genéticas, recompensas e punições de dentro do grupo social, hormônios e neurotransmissores que transportam as mensagens que ligam genes a comportamentos e comportamentos a genes e os círculos autoalimentados de corregulação que completam o ciclo.

Mas saber que pássaros saem voando, e que têm penas e ossos leves para permitir esse voo, ainda não nos dá um entendimento particularmente útil de como de fato os pássaros se descolam do chão. Se você quer construir uma máquina voadora, saber algo de aerodinâmica ajuda. Se você quer construir vínculos sociais mais satisfatórios, ajuda saber mais sobre como o "vínculo emocional" ocorre em um sentido funcional, o que equivale a dizer, como um cérebro humano ganha acesso aos pensamentos, sentimentos e intenções de outro. Também ajuda saber como e por que o sistema pode se tornar opressivamente confuso.

A teoria da mente, que é como chamamos a capacidade de detectar os pensamentos, sentimentos e intenções de outras pessoas, se desenvolve nos humanos quando temos cerca de 2 anos de idade. É o mesmo período em que começamos a nos reconhecer em espelhos, de modo que o auto-conhecimento e a capacidade de entender os sentimentos e as intenções sinalizados por outros podem estar conectados. O biólogo N. K. Humphrey até sugeriu que o valor adaptativo de ser capaz de detectar o estado emocional de outra pessoa pode ter sido o que levou não apenas ao desenvolvimento da inteligência humana, mas ao desenvolvimento da consciência humana em si.[3]

No entanto, além da habilidade em reconhecer o que alguém está experimentando, e de exercitar certa discrição no modo de reagir ao que percebemos, temos a capacidade de compartilhar espontaneamente a experiência. Quando a jovem estrela está no alto do palco e tenta conter as lágrimas abaixando o rosto, em seguida agradecendo aos membros da Academia, ao diretor do filme e a seu próprio terapeuta, espectadores sentados no sofá de casa em Bangkok ou Birmingham podem reverberar a empolgação dela de tal forma que também são levados às lágrimas. Onde estão os cabos ou tubos? Como essa energia se transfere?

Mais uma vez, estamos diante da questão da causalidade a distância, e das correntes de compreensão que tanto nos unem.

Empunhando o espelho

Apesar de nossas respostas arbitrárias, e indiferentemente à posição em que nos encontramos no espectro de sentimentos sociais, seja na miséria da solidão ou na "maior felicidade possível", nossos cérebros respondem a outras pessoas de modo involuntário e automático. Como Adam Smith observou trezentos anos atrás, nosso corpo se contrai quando alguém dá uma topada.[4] Nos agachamos quando alguém se agacha. Monitoramos e imitamos inconscientemente o contato visual dos outros, as pausas no discurso, a postura. Pais fazem cara de prazer tentando inspirar o bebê a imitá-los e, assim, a comer. Se um bebê chora na creche, outro bebê se junta a ele. E, como antes mencionado, se você balança o pé, o mais provável é que eu acabe balançando o meu com mais vigor ainda se estiver me sentindo socialmente deslocado.

Até onde sabemos, ninguém tem a habilidade de ler a mente de outra pessoa, mas a "teoria da mente" significa que não temos que nos sentar e ponderar, analisando as evidências e fazendo listas, para ter uma ideia do que acontece com outras pessoas com quem interagimos. A base neural dessa habilidade começa com uma detecção altamente refinada e inconsciente do movimento, seguida de sua interpretação.

"Semântica da ação" é o termo que aplicamos a essa habilidade de saber instantaneamente de que se trata o gesto de alguém, qual é seu objetivo e como ele se relaciona com outras ações e acontecimentos. No mundo social cada vez mais complexo, até mesmo dos humanos mais primitivos, essa habilidade permitia a nossos ancestrais fazer deduções rápidas e às vezes vitais sobre as intenções tanto dos aliados quanto dos inimigos. Estudos de ressonância magnética mostraram que certas regiões do cérebro — as áreas pré-motoras e o giro inferior frontal — chegam a simular as ações que observamos. Essa simulação, ou "representação de ação", desperta a atividade cerebral em regiões relacionadas a emoções, como a ínsula e a tonsila. Essa ativação estreita a ligação entre a imitação de uma pessoa e a identificação com ela,[5] o que ajuda a explicar os pais que mexem a boca seguindo as falas de um diálogo enquanto assistem ao filho da terceira série atuar em uma peça escolar.

Circuitos em seu cérebro o inibem de realmente se mover quando sua mente é estimulada pela ação de outros, mas, enquanto isso, sua experiência neural do movimento cria um equivalente em seu cérebro. Isso pode ajudar a explicar como as crianças aprendem a escrever ou a amarrar os cadarços, como jovens atletas, dançarinos ou músicos se beneficiam da observação de grandes mestres, e por que milhões de pessoas gostam de assistir a jogos de golfe na televisão.

Nos anos 1980, o neurofisiologista Giacomo Rizzolatti começou a fazer experimentos com macacos, prendendo eletrodos em seus cérebros e dando-lhes vários objetos para manejar. O acesso era tão preciso que permitiu que Rizzolatti e seus colegas identificassem os neurônios específicos que se ativavam a cada momento.

Quando os macacos realizavam uma ação, como pegar um amendoim, uma área no córtex pré-motor chamada F5 se ativava (ver figura 11). Mas então os cientistas notaram algo bastante inesperado. Quando um dos pesquisadores pegava um amendoim para entregar ao macaco, os mesmos neurônios motores do cérebro do macaco se ativavam. Era como se o animal mesmo houvesse pegado o amendoim. Similarmente, os mesmos neurônios que se ativavam quando o macaco punha o amendoim na boca voltavam a ativar-se quando ele observava o pesquisador colocando o amendoim na própria boca. "Levamos muitos anos para acreditar no que estávamos vendo", Rizzolatti contou a Sandra Blakeslee, repórter de ciências do *New York Times*.[6]

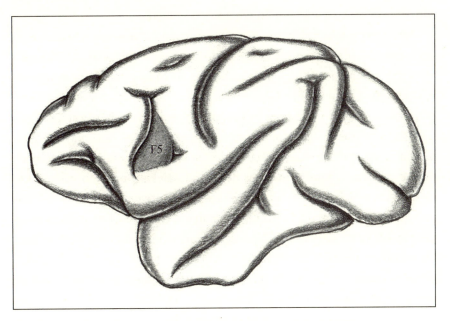

FIGURA 11. A região do cérebro do macaco (F5) que Giacomo Rizzolatti e seus colegas descobriram conter neurônios especulares.

Rizzolatti deu a essas estruturas o nome de "neurônios especulares". Eles se ativam mesmo quando o ponto crítico da ação — a mão da pessoa que segura o amendoim, por exemplo — está fora de vista atrás de algum objeto, desde que o macaco saiba que há um amendoim ali. Basta até escutar a ação — uma casca de amendoim sendo partida — para que se dê uma resposta. Em todas essas instâncias, é o propósito e não a ação observada o que está sendo refletido na resposta neural do macaco.[7]

Para investigar mecanismos semelhantes de "percepção e reação" nos humanos, Rizzolatti examinou a contorção de músculos da mão. Trabalhando com o neurocientista Luciano Fadiga, ele registrou potenciais motores — o sinal de que um músculo está prestes a se mover — enquanto os participantes observavam um pesquisador pegando vários objetos. Os potenciais registrados enquanto os participantes observavam foram os mesmos registrados quando eles próprios pegavam os objetos; e, desde que o propósito do pesquisador fosse o mesmo (pegar um objeto), os potenciais eram os mesmos indiferentemente do fato de os participantes conseguirem ver ou não a mão em volta do objeto.[8]

Rizzolatti e seus colegas confirmaram o papel dos propósitos de compelir essa atividade mental escaneando o cérebro de pessoas enquanto assistiam a humanos, macacos e cachorros abrindo e fechando as mandíbulas como em uma mordida. Em seguida, repetiram o escaneamento enquanto os sujeitos assistiam a humanos falando, a macacos estalando os lábios e a cachorros latindo.[9] Quando os participantes observavam qualquer uma das três espécies executando uma mordida, as áreas do cérebro que se ativavam eram as mesmas de quando eles próprios mordiam. Ou seja, observar ações que podiam ser razoavelmente empreendidas por humanos, mesmo quando realizadas por macacos ou cachorros, ativava a porção adequada no sistema especular de neurônios do cérebro humano. Da mesma maneira, a ativação da porção do sistema especular de neurônios associada à fala ocorria quando os participantes observavam humanos falando. Contudo, quando acompanhavam os movimentos orais que cachorros e macacos usam para a comunicação — latir e estalar os lábios, métodos de comunicação não utilizados por humanos — o sistema especular de neurônios relacionado aos movimentos de fala não se ativou. Assim, o sistema especular de neurônios não é apenas um "macaco vê, macaco faz", ou um "humano vê, humano faz". Funciona para dar ao indivíduo que observa um conhecimento da ação observada de uma perspectiva "pessoal". Essa compreensão "pessoal" das ações dos outros parece promover nossa compreensão e nossa ressonância para com os outros.

E também responde pelo fato de que a simples observação pode nos dar uma sensação de destino compartilhado. Essa ressonância neural explica por que filmes de terror podem ser tão assustadores, por que às vezes temos a urgência de gritar da plateia: "Não entre na casa!" Também pode explicar alguns dos prazeres intensos que tiramos só de ver pessoas de que gostamos se divertindo.

Em outro estudo, Rizzolatti e seus colegas usaram ressonância magnética para escanear cérebros de catorze voluntários enquanto inalavam odores desagradáveis. Um desses inalantes era ácido butírico, que tem cheiro de vômito. Eles também escanearam os cérebros dos mesmos voluntários enquanto observavam um filme de pessoas inalando o conteúdo de um vidro e contorcendo o rosto de nojo. Descobriram que experimentar uma sensação de desgosto — sentir o cheiro de ácido butírico — e observar outra pessoa refletir esse desgosto em sua expressão facial ativavam a mesma região da ínsula anterior do cérebro.[10] Emoções como culpa, vergonha e luxúria estão associadas com a ativação da mesma estrutura física.

A mente se relaciona em primeiro lugar com o corpo, de fato. No entanto, essas ações imitativas instantâneas que ocorrem dentro do crânio não envolvem controle voluntário.[11] Essas imitações e simulações também são mais rápidas que outras reações, o que significa que ocorrem mesmo antes de nos darmos conta delas. Alguém atraente sorri para você, você sorri de volta em reflexo, e é essa resposta automática — a ressonância física — o que lhe dá acesso privilegiado à experiência interna de outro ser. Você sente o flerte dela, e talvez ganhe consciência disso pela primeira vez, fisicamente, em seus próprios gestos de flerte.

Presumindo que sua percepção seja precisa, então, a imitação se torna uma plataforma para formar um vínculo emocional que persista por mais tempo do que o momento de ressonância do flerte. O mimetismo sutil pode até iniciar um círculo autoalimentado, uma vez que os que são imitados ganham intimidade com aqueles que imitam.[12] É claro que leituras imprecisas podem conduzir a estranhamentos, como: "Não estou sorrindo para *você*. Estou sorrindo para *ele*!"

E como em qualquer atividade intuitiva, física, problemas podem surgir quando "sua cabeça se intromete". Pensar demais — o que às vezes chamamos de "deixar-se comandar pelos pensamentos" — pode fazer com que um golfista erre a tacada, ou que um tenista jogue bolas fáceis na rede. Quando a percepção consciente, muitas vezes por medo, de repente se intromete em algo automático, como tocar no piano uma música bem ensaiada, o fluxo é interrompido e junto se rompe o que os músicos chamam de memória muscular.

A solidão, é claro, é um estado mental que faz da sua mente o centro. Ao engendrar cognições negativas e receosas, ela permite que a mente interfira em várias formas de ressonância que poderiam fluir muito mais naturalmente em direção ao vínculo social.

Einfühlung

Essas diversas variedades de comunicação pré-linguística — simulação, ressonância, mimetismo motor — servem de base para representações compartilhadas socialmente, assim como para o que chamamos de cognição social. Servem de base, da mesma maneira, para a coordenação automática e para a corregulação entre indivíduos. Mas também podem servir de base para aquele laço social mais profundo cujo nome — empatia — deriva do alemão *Einfühlung* ("sentir dentro").

Estudos de ressonância magnética mostram que várias áreas do cérebro, como o córtex medial pré-frontal, o sulco temporal superior posterior e a junção temporoparietal, são ativadas quando pensamos em outras pessoas, ou quando tentamos tirar algum sentido de relações sociais (ver figura 12).[13] Em um estudo, cientistas observaram que quanto maior o grau de ativação do sulco temporal superior posterior de uma pessoa, maior a possibilidade dela ter comportamentos altruísticos.[14] Essa parte do cérebro tem um papel preponderante na percepção do agenciamento e, como resultado, pode participar da integração de nossa experiência pessoal em uma narrativa significativa. Parece, desse modo, que o altruísmo se baseia no "pensar sobre" e no "tentar entender" nossa vida com outras pessoas. Em outras palavras, o altruísmo emerge do tipo de narrativa que construímos sobre responsabilidade e agenciamento humano.

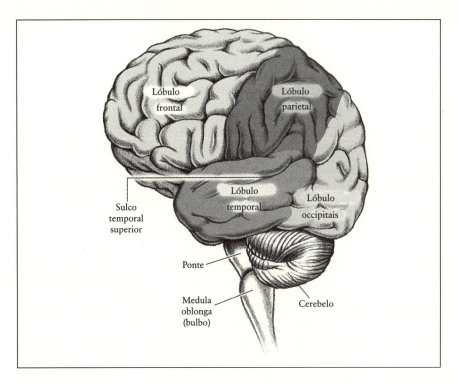

FIGURA 12.

Lóbulos frontais direito e esquerdo	funções de controle executivo como pensar, planejar, resolução de problemas, inteligência social e controle de impulsos.
Lóbulos parietais	informação integrativa dos sentidos e do controle relacional e funções associativas como processamento visual e espacial.
Lóbulos occipitais	primeiro processamento de informação visual.
Lóbulos temporais	memória, processamento auditivo, comunicação, percepção biológica de movimento (especialmente pelo sulco temporal superior) e outras formas de processamento visual de alto nível de, por exemplo, rostos e cenas.
Ponte	recoloca informações sensoriais entre o cerebelo e as partes mais altas do cérebro, controla o despertar e a excitação, regula os músculos das expressões faciais e participa dos sonhos.
Medula oblonga	controla funções autonômicas básicas como respiração, batimento cardíaco e pressão sanguínea.

Cerebelo	contribui para a integração dos processos sensoriais e motores, permitindo assim a coordenação motora, movimentos precisos, aprendizado motor, assim como nossa habilidade de andar em equilíbrio.

O processamento de informação que permite que vejamos o mundo dessa maneira contínua decorre de um esforço coordenado envolvendo também várias outras regiões do cérebro: as que se especializam em lidar com estímulos emocionais, as que se especializam em informações não sociais e as especializadas em lidar com informações sociais.[15] Essas regiões neurais estão largamente distribuídas pelo cérebro, e regiões diferentes são ativadas dependendo do contexto. Por exemplo, a percepção de rostos envolve a região da parte mais baixa e posterior do lóbulo temporal, conhecida como "área fusiforme da face" (FFA).[16] O reconhecimento das emoções expressas por um rosto, contudo, depende de outras estruturas que decodificam sinais emocionais específicos. Essas estruturas incluem a ínsula anterior, que é particularmente sensível a expressões de desgosto e dor, e a tonsila, que é particularmente sensível a rostos que expressam medo (ver figura 13).[17] Esse reconhecimento sensível de conteúdos emocionais acontece mesmo quando os rostos são apresentados rápido demais para que sejam percebidos conscientemente.[18]

O que esta breve incursão na neuroanatomia nos mostra é o grau em que os recursos do cérebro estão pareados com duas das coisas que mais importam para a sobrevivência humana: o reconhecimento emocional e outros seres humanos.[19]

O sulco temporal superior, o córtex medial pré-frontal e a tonsila são todos sensíveis ao conteúdo emocional de imagens, assim como ao conteúdo social.[20] Porém, essas regiões do cérebro lidam com o timbre emocional (feliz ou triste) indiferentemente se a imagem retrata pessoas ou objetos. Isso nos permitiu determinar que, independentemente do timbre emocional, estímulos (como imagens) que descrevem pessoas costumam evocar uma maior ativação cerebral do que quando descrevem objetos, mesmo quando a luminescência ou a novidade ou outras características são comparáveis.[21] Em outras palavras, a imagem de um palhaço triste produz mais atividade no cérebro, e em mais partes diferentes do cérebro, do que a imagem de uma floresta sombria.

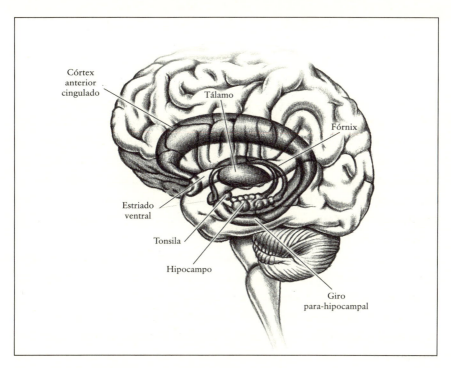

FIGURA 13. Aqui vemos "através" das camadas mais externas do cérebro como se fossem transparentes, para ver as estruturas interiores.

Córtex anterior cingulado	envolvido em processos como a detecção de erros e a modulação de atenção, e em processos executivos.
Tálamo	hospeda informações sensoriais e, através de conexões com o lóbulo frontal, modula os níveis de atenção.
Tonsila	está envolvida na cognição social e na consolidação da memória, e também contribui com a tendência motivacional inicial de abordar ou evitar.
Estriado ventral	está envolvido em sentimentos recompensadores, no planejamento e na modulação do movimento e no processamento de estímulos novos e intensos.
Hipocampo	envolvido na navegação espacial e na formação de novas memórias que podem ser verbalizadas.
Giro para-hipocampal	envolvido em processos visuais de cenas e aspectos da memória.
Giro fusiforme	(não visível aqui; localizado abaixo do giro para-hipocampal) colabora com o processamento visual de alto nível de rostos.

Essa alocação desproporcional de recursos é consistente com a "hipótese do cérebro social", que sustenta terem sido as complexidades da vida social o que levou à rápida expansão do córtex humano.[22] O cérebro de um macaco-aranha é perfeitamente adequado para os desafios de encontrar comida suficiente sem pisar em uma cobra. Também é adequado para conviver em um pequeno grupo com regras sociais rígidas. Mas uma maior latitude comportamental significa maior complexidade social. Entre os desafios mentais mais exigentes encontram-se a diferenciação entre amigos e inimigos quando ambos são capazes de uma simulação sofisticada, a negociação de estruturas de poder que incluem alianças e rivalidades cambiáveis baseadas em motivações complexas, o uso da linguagem para a comunicação (bem como para a manipulação de outros), o malabarismo para manter relações sexuais de longo e de curto prazo que não estejam rigidamente restritas pelo ciclo feminino de ovulação, e lidar com uma constante e sempre metamórfica evolução cultural.[23]

O último ponto é o propulsor que continuou a conduzir e acelerar o processo do desenvolvimento mental humano. Grandes cérebros não descansam em seus louros: continuam inventando novas coisas e criando novas situações que demandem cérebros ainda maiores. A desatenção a um significado social exato pode trazer problemas, mas o mesmo acontece com a leitura equivocada de evidências, e esses são os perigos gêmeos que tão amiúde nos confundem quando nos sentimos sós.

Lesões, é claro, também podem danificar percepções e interpretações. Pessoas com danos na tonsila têm mais dificuldade de reconhecer emoções sociais como amor ou repugnância do que a maioria das emoções básicas como felicidade ou raiva. Lesões bilaterais da tonsila alteram a contemplação pelo olho e, como o medo é expresso pelo olhar, pacientes com lesões bilaterais na tonsila não percebem com precisão o medo dos outros, o que lhes traz dificuldades em avaliar confiabilidade.[24] Pacientes com lesões na tonsila podem identificar estímulos positivos e negativos, mas ainda que avaliem que um estímulo positivo (um riso) vale uma atenção especial, como você e eu faríamos, avaliam um estímulo negativo (um rosnado) como não mais provocador do que qualquer som com implicações neutras.[25] E, no entanto, mesmo quando participantes de experimentos são dirigidos a se concentrarem em uma consideração não social, como se uma imagem é agradável ou desagradável, seus cérebros continuam focando na questão de se há ou não pessoas na imagem.[26] Isso acontece de maneira automática porque, mais uma vez, nossos grandes cérebros não evoluíram para avaliar obras de arte ou para resolver equações quadráticas. Evoluíram porque era uma vantagem adaptativa ser capaz de processar e lidar com informações *sociais* complexas e dinâmicas.

Nossa capacidade de formar impressões de outras pessoas, incluindo nossa capacidade de adotar a perspectiva de outra pessoa e designar-lhes estados mentais e intenções (a teoria da mente), deriva de um conjunto diferente de estruturas, incluindo o córtex medial pré-frontal, o córtex cingulado anterior e a junção temporoparietal.[27]

Mas a capacidade de designar estados mentais e intenções ainda não nos garante precisão. As percepções dos estados mentais alheios têm muito a ver, como nossas experiências de empatia, com as narrativas que construímos em torno delas, e essas interpretações são facilmente distorcidas pela dor tão devastadora que perturba nossa função executiva: a solidão.

Assistindo de perto

Em um estudo de como as pessoas monitoram sinais sociais, quando pesquisadores deram aos participantes fatos relacionados aos laços sociais coletivos e interpessoais apresentados em formato de diário, os solitários lembraram-se de uma proporção muito maior dessas informações do que os não solitários. Sentir-se sozinho aumenta a atenção da pessoa a sinais sociais assim como estar com fome aumenta a atenção a sinais de comida.[28]

Os mesmos pesquisadores então seguiram para testar a habilidade dos solitários em decodificar e inferir significados menos explícitos, modos não verbais de expressão. Apresentaram-lhes imagens de 24 rostos de homens e mulheres refletindo quatro emoções — raiva, medo, alegria ou tristeza — em dois modos, alta intensidade ou baixa intensidade. Os rostos apareceram individualmente apenas por um segundo, durante o qual os participantes tinham que julgar o timbre emocional. Quanto mais alto o nível de solidão dos participantes, menos precisa eram suas interpretações das expressões faciais.[29]

Em outro estudo os pesquisadores pediram a três grupos de participantes que "revivessem" uma entre três experiências diferentes escrevendo sobre elas: um momento em que houvessem se sentido intensamente rejeitados, um momento em que houvessem tido uma intensa sensação de fracasso diante de um desafio intelectual não social, ou simplesmente a experiência de sua ida até o campus naquela manhã. Em seguida testaram os três grupos em sua capacidade de perceber sutilezas na língua falada. Pessoas que acabavam de reviver experiências de rejeição mostraram maior atenção ao tom de voz, mas foram pouco precisas na interpretação de significados específicos.[30] Tudo isso ajuda a dar conta do sentimento de ameaça que tantas vezes associamos aos cenários sociais em que nos sentimos sós. Ao entrar em uma festa, em uma sala de aula ou em uma reunião de trabalho quando nos sentimos sós, irrompe nosso medo de avaliação negativa. O que essas pessoas vão pensar de mim? Não acredito que vim com esta roupa! Não conheço ninguém, eles vão pensar que eu sou um fracassado.

Mas variações nas respostas a sinais sociais revelados por escaneamentos com ressonância magnética também mostram por que a solidão nos priva de alguns dos prazeres que, em outras circunstâncias, encontraríamos nos vínculos que temos. No Centro de Imagens Cerebrais da Universidade de Chicago, pedimos a um grupo de voluntários que olhasse fotografias durante a ressonância.[31] As imagens que mostramos eram de objetos ou de pessoas, e muitas delas haviam sido selecionadas por terem um impacto emocional, de novo, positivo ou negativo. Asseguramo-nos de que o grau de impacto positivo ou negativo fosse classificado de maneira consistente para os dois tipos de fotografia. Uma foto de um objeto classificada como "muito negativa" (um banheiro muito sujo), por exemplo, tinha que ter um impacto igualmente negativo em relação à foto de uma pessoa classificada como "muito negativa" (um homem sangrando por ter sido mordido). Seguindo o escaneamento e a visualização de imagens, medimos o nível de solidão de cada participante.

Como indicado na figura 14, participantes não solitários mostraram maior atividade no estriado ventral, um dos "centros de recompensa" do cérebro, quando viram a imagem agradável de uma pessoa (um fazendeiro sorridente) do que quando viram uma imagem igualmente agradável de um objeto (um arranjo de flores). Para os não solitários, uma imagem positiva de outro ser humano significava obviamente algo especial — proporcionou-lhes um específico incentivo emocional como evidenciado nessa específica área que registra o prazer. Participantes solitários, contudo, quando viam imagens positivas de pessoas, não registravam o mesmo incentivo: a ativação do estriado ventral em resposta a um rosto feliz era na verdade um pouco mais fraca do que quando viam a imagem de um arranjo de flores. Essa descoberta se alinha com relatórios pessoais em que indivíduos solitários mostravam menos entusiasmo diante de interações sociais positivas do que seus equivalentes não solitários.[32]

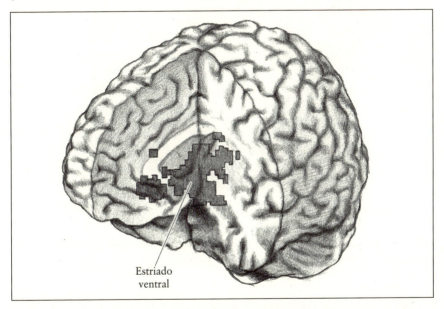

FIGURA 14. Pessoas que não se sentiam solitárias, em relação a pessoas que se sentiam solitárias, mostraram mais atividade em uma extensa região límbica que inclui o estriado ventral (uma área de recompensa do cérebro) do que indivíduos solitários ao olharem imagens agradáveis de pessoas do que quando olhavam imagens igualmente agradáveis de objetos.

No mesmo estudo, quando as fotografias eram negativas, os padrões de ativação do cérebro eram igualmente reveladores da experiência de solidão, momento a momento (ver figura 15). Enquanto os participantes não solitários prestavam uma atenção equivalente a imagens negativas de pessoas e de objetos, indivíduos solitários prestavam muito mais atenção às imagens negativas retratando pessoas. Em ambos os casos, a medida era a ativação do córtex visual.

Quando observamos a junção temporoparietal, uma área envolvida na teoria da mente e na tomada de perspectiva, o padrão de ativação foi

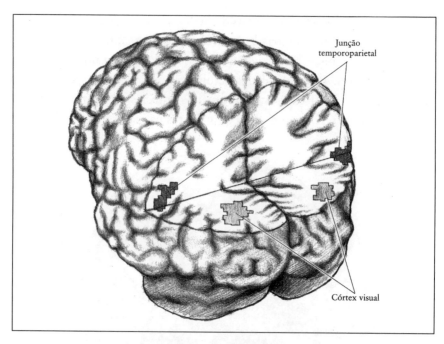

FIGURA 15. Pessoas solitárias mostraram mais atividade no córtex visual — e menos na junção temporoparietal — quando olhavam figuras desagradáveis de pessoas do que quando olhavam figuras igualmente desagradáveis de objetos.

o oposto. Indivíduos solitários se mostraram mais propensos do que seus equivalentes não solitários a reagir em primeira pessoa a imagens de outros em perigo (como indicado pela ativação mais fraca da junção temporoparietal). Quando nos sentimos sós, tendemos a examinar o horizonte em busca de qualquer possibilidade de perigo social, mas com a atenção voltada para a autoproteção, e não com uma preocupação genuína com o que outros possam estar pensando ou sentindo.

Quando se combina a derivação de um prazer menor das companhias prazenteiras com uma perspectiva reduzida desordenadamente focada em ameaças, reais ou imaginárias, em situações sociais, o infeliz resultado são reações menos socialmente hábeis que podem servir para reforçar o isolamento da pessoa solitária.

Não muito tempo atrás fui a um casamento que era uma ocasião da mais pura alegria, exceto para uma mulher que parecia incapaz de compartilhar aquela calidez. Ela já se aproxima dos quarenta anos de idade e fala com bastante abertura que está mais que cansada da vida de solteira e pronta para encontrar um marido e ter filhos. A festa estava cheia de familiares e amigos próximos, mas ela parecia deslizar de um lado para o outro como se estivesse envolta em sua própria bolha. Podia haver um sem-número de motivos para que ela se sentisse um pouco mal naquele dia — problemas de saúde, problemas no trabalho, depressão — mas sua sensação de isolamento era palpável. Não que os outros fossem pouco receptivos; era só que ela não parecia inteiramente "presente" para compartilhar a ressonância emocional do momento. Era também, para ela, uma rara oportunidade de conhecer seus pequenos sobrinhos e sobrinhas, mas ela não se dedicou de fato a nenhum deles. Podia ser que seus sapatos estivessem apertados e seus pés doessem, mas também é possível que toda aquela união reforçasse sua sensação de exclusão, assim como seu medo de nunca ter seus próprios filhos. A distração e a desregulação causadas pelos sentimentos de solidão podem ter impedido que ela aproveitasse os vínculos oferecidos por dezenas de familiares e amigos queridos, e também que apreciasse o fato de essas crianças serem "suas" em um sentido diferente: crianças das quais ela poderia ser uma tia afetuosa. Suas conversas foram breves e um pouco tensas, e ela acabou indo embora cedo.

A inabilidade de aproveitar as coisas positivas tem maiores implicações para aqueles que portam em suas relações íntimas um senso subjetivo de isolamento. "Capitalização social" é o termo que os psicólogos usam para descrever o apoio e o reforço que uma pessoa recebe de seu parceiro ou de sua parceira depois de uma experiência *positiva*. Estudos mostram que curtir verdadeiramente esses momentos positivos e aproveitá-los ao máximo é até mais importante para a saúde de um casamento ou de uma relação íntima do que dar apoio nos momentos difíceis. Compartilhar a alegria da promoção de sua parceira, parece, pode realmente ser mais importante do que estar atento quando ela é descartada. Similarmente, outro estudo mostrou que, quando se trata de resolver problemas dentro de um casamento, manter uma disposição animada e agradável — ainda que essa animação venha acompanhada de capacidades imperfeitas de comunicação — pode ser um indicativo muito maior da felicidade do parceiro do que ser alguém mal-humorado que de alguma forma consegue fazer ou dizer exatamente a coisa certa.[33]

Quando a solidão interfere na *Einfülhung*

Se você dá mostras de sofrimento, eu posso ser capaz de perceber aquilo por que você está passando e posso me sentir mal a respeito, mas isso ainda não é empatia. Posso ser um narcisista respondendo: "Que estraga-prazeres... você está me deprimindo". Posso ser um terapeuta gentil, mas apartado, simplesmente revisitando sua última frase — "Você diz que está se sentindo angustiada porque perdeu o namorado" — enquanto me pergunto qual será a cotação do ouro com o fechamento do mercado de Londres.

Muitos de nós experimentamos o estresse ambiental que pode tomar conta de uma casa quando o marido ou a mulher chega desesperado por causa do trabalho, do trânsito ou do preço da gasolina, e em poucos minutos todos o sentem, inclusive o bebê, o cachorro, o gato. Similarmente, uma única reação motora compartilhada pode criar o que se chama de "contágio emocional", mas não empatia. Evitar esse tipo de estresse de segunda mão ou outro deslizamento de emoção não é tão simples como evitar a fumaça de segunda mão. Não queremos simplesmente fugir, e assim habituar-nos, à dor de alguém. Melhor ideia seria incrementar nossa própria autorregulação emocional para poder reagir apropriadamente.

Meu colega Jean Decety estuda a neurociência da empatia e identificou quatro elementos essenciais nessa forma de vínculo: afeto compartilhado, percepção de que o outro está separado do eu, flexibilidade mental de "se colocar no lugar do outro", e a autorregulação emocional necessária na produção da resposta apropriada.

Decety foi capaz de identificar esses quatro elementos separados e de isolá-los em áreas diferentes do cérebro. Determinou que, com exceção do afeto compartilhado, cada um desses elementos de empatia exige função executiva. Quando a solidão assume, o sentimento de isolamento que contribui para a perturbação do controle executivo e da autorregulação pode interferir também em respostas verdadeiramente empáticas.

Sob condições experimentais, Decety mostrou pares de fotografias às 64 pessoas submetidas ao teste. Uma foto retratava uma situação ordinária, digamos uma mão com uma tesoura podando um galho; a outra expressava dor, talvez a mesma mão cortada pelas lâminas da tesoura. Uma figura mostrava um pé descalço do lado de uma porta aberta; a outra mostrava a porta esmagando o pé. Quando as imagens passavam do comum ao horrível, a ínsula anterior e o córtex cingulado anterior dos sujeitos se acendiam. O córtex cingulado dorsal anterior é responsável por coordenar a motivação e o afeto em resposta à dor — uma função de controle executivo que permite a resposta a acontecimentos negativos de maneira medida e apropriada. Nos estudos de Decety, quanto mais dolorosa fosse a experiência retratada, mais intensamente essas regiões do cérebro eram ativadas.[34]

Mas, assim como não queremos sofrer ou nos machucar, também não queremos nos render à "excitação empática excessiva". Não seremos de grande utilidade para ajudar um amigo a chegar a uma sala de emergência ou acalmar um filho em desespero se estamos nos retorcendo empaticamente em agonia no mesmo grau que eles. As regiões do cérebro que Decety e seus colegas mostraram estarem envolvidas na distinção entre ações autoproduzidas e ações geradas por outros são o córtex pré-frontal medial, a junção temporoparietal, e o cingulado dorsal anterior. Essas regiões, em parceria com o cingulado anterior e o córtex pré-frontal lateral, que estão envolvidos na regulação de emoções, permitem medir apropriadamente a resposta empática à visão de outra pessoa afligida por alguma dor.[35]

Apenas passar por um dia normal requer manter o barco equilibrado, o que, de novo, requer autorregulação emocional.[36] Por si só a solidão pode fazer com que ultrapassemos a média, ou fiquemos muito abaixo dela, de um equilíbrio emocional autorregulado. Para piorar ainda mais as coisas, quando nos sentimos sós, sentimos menos satisfação do que a maioria das pessoas quando vemos os outros em circunstâncias felizes.

A ilusão do eu aqui

A neurociência social nos mostra não apenas que não há uma barreira mágica entre mente e corpo, mas que as barreiras que sempre julgamos existir entre nós e os outros são muito menos rígidas do que havíamos imaginado.

O psicólogo social Gun Semin defende a existência do que ele chama de "co-cognição". A maneira do cérebro de formar representações implica que duas ou cinco ou cinquenta pessoas podem compartilhar mais ou menos a mesma perspectiva. Esse compartilhamento cognitivo é o que dá uma excitação adicional a ouvir jazz ou uma jam session, assistir a uma comédia de improvisação ou ver companheiros de time trocando passes em um campo, antecipando o que cada um precisa fazer para desequilibrar a defesa e levar a bola até o lugar certo. Em algum grau vivenciamos o que todos os outros espectadores vivenciam; dependendo de nosso nível de habilidade e engajamento, também vivenciamos em algum grau o que os participantes vivenciam. Esse compartilhamento também permite que membros de uma equipe de cirurgia cardíaca e de seleções internacionais de futebol antecipem os desejos e as necessidades uns dos outros e resolvam um problema ou respondam a ele em uma velocidade impossível para um único indivíduo. Somos transportados a uma intensa coordenação e sincronização que se move em um ritmo que pode ser mais rápido que nosso pensamento consciente. Pelo "compartilhamento cognitivo", transcendemos por um instante as barreiras do eu.

Treinadores, líderes corporativos e palestrantes motivacionais gostam de dizer que, se somos capazes de imaginar, somos capazes de alcançar. A co-cognição é uma das razões pela qual corporações, governos e outras grandes organizações fazem enormes esforços para estimular que todos imaginem a mesma coisa, focando sua energia mental em uma específica e muito refinada "missão". Na outra ponta do espectro cultural, a mesma ideia fundamental — reduzida ao clichê de "todos por um" — é central em várias formas de misticismo. O mestre zen Yasutani Roshi expressa a questão deste modo: "A ilusão fundamental da humanidade é supor que eu estou aqui e você está aí."[37]

Como exploraremos nos próximos capítulos, as capacidades de ver com uma perspectiva mais abrangente e de se adaptar de modo criativo e muitas vezes coletivo aos contextos são, talvez, os atributos humanos mais distintivos. Mas compartilhar uma visão com outros não é uma simples questão de ter estruturas neurais compatíveis. É difícil o bastante ter uma missão consistente em nossas cabeças. "O coração humano em conflito consigo mesmo" é a única coisa sobre o que vale a pena escrever, disse William Faulkner, e de *Édipo rei* a *ER* as estruturas sociais humanas, assim como a anatomia e a fisiologia humanas, deram a romancistas e dramaturgos um amplo material. Qualquer um pode ter conflitos internos debilitantes. É só que, quando nos sentimos sós, é provável que vivenciemos muito mais do que a nossa cota.

10

Em conflito por natureza

PARTE DO PROCESSO de amadurecimento para a idade adulta envolve assumir o controle sobre nossas emoções e nossos impulsos desordenados. A solidão diminui esse controle, em seguida causando mais problemas ao engendrar emoções negativas como hostilidade e ansiedade. Quando nos sentimos sós, as pessoas podem nos ver como distantes, pouco empáticos, socialmente insensíveis, talvez até mesquinhos, quando, no fundo, o que está acontecendo é que nossa cognição e nossa autorregulação estão sendo distorcidas pelo medo. Mas, não importa quanto estejamos insatisfeitos socialmente, nenhum de nós deixa inteiramente para trás nossas respostas controladas.

O grande neurologista John Hughlings Jackson foi o primeiro a reconhecer que, durante a maturação, o desenvolvimento individual segue o mesmo padrão geral de *upgrade* em camadas — e não de *downloads* e supressões — que se deu ao longo do curso evolutivo do cérebro. Isso significa que, ao amadurecermos, em vez de dispensar nossos impulsos mais infantis e animalescos, o que fazemos é trazer à tona formas mais sofisticadas de processamento, o que nos dá a capacidade de inibir — às vezes por meio de um esforço considerável — as respostas de níveis inferiores. Esse arranjo já complicado se complica ainda mais com o fato de nosso sistema neural não conter um interruptor simples e binário para sensações boas e ruins rotuladas como "prazer" e "dor". Em vez disso, essas sensações vêm em múltiplas variedades, e a evolução as esculpiu para operarem como prêmios e castigos, tanto separadamente quanto em coordenação, ao longo das muitas camadas diferentes do sistema nervoso.

Sobrepor funções de nível mais alto a funções mais baixas nos permite seguir fazendo uso de mecanismos de estímulo-resposta da medula espinhal, do tronco cerebral e da região límbica quando deles necessitamos — respostas reflexivas imediatas como "bebê caindo, agarre-o!". Mas também temos funções corticais mais sofisticadas que possibilitam considerações prolongadas, viagens mentais no tempo e tomadas de decisão matizadas.

Apesar das vantagens, manter o primitivo junto com o novo às vezes pode ser uma receita para angústias, ambivalências e conflitos internos por propósitos contraditórios. A solidão, como vimos, é um grande catalisador desses conflitos, instigando-nos a buscar calor e companhia e ao mesmo tempo permitindo que percepções temerosas nos tornem ríspidos e críticos com aqueles de quem gostaríamos de estar próximos.

Prendendo os cavalos

Platão via a natureza humana como uma carruagem tentando controlar dois cavalos, um representando nossos impulsos "nobres", outro nossas paixões incontroláveis. Mas essa responsabilidade dual é uma peça infantil se comparada com a complexidade que a neurociência agora nos mostra existir. Os múltiplos caminhos neurais em nossos cérebros não se dividem em linhas simples como bom/ruim, nobre/ordinário, lógico/passional; na verdade, não se arranjam nem mesmo em uma hierarquia típica e não formam uma corrente de comando. Em vez disso, organizam-se em um complexo amálgama que o neurocientista Gary Berntson qualificou como "heterarquia".

Enquanto as elevadas capacidades do córtex frontal exercitam o controle executivo, a região límbica, ou cérebro intermediário, serve como uma plataforma de processamento para informação e regulação. Ela capta a informação sensorial, transmite-a na cadeia de comando e em seguida transporta de volta as mensagens que desempenham nossas intenções. Mas, como vimos repetidas vezes, tanto a via principal quanto a outra estão sujeitas às influências do contexto social, inclusive se nos sentimos calidamente pertinentes ou angustiados de tão sozinhos.

O córtex pré-frontal, que é central no planejamento racional e na execução deliberada do comportamento, também está muito envolvido na regulação da emoção. Quando se pede a alguém que reflita sobre si mesmo ou sobre os outros, é no córtex pré-frontal que se vê maior ativação durante escaneamentos cerebrais,[1] de modo que essa parte mais nova do cérebro é uma carruagem com múltiplas rédeas. Controles de alta ordem (memória operacional, atenção, escolhas e tomadas de decisão) têm o desafio de impor alguma organização a processos de baixa ordem como afetos, impulsos e motivação. Temos, por exemplo, a tendência reflexiva de cuspir substâncias muito amargas. Essa reação se desenvolveu porque os venenos que alguma vez fizeram parte de nosso ambiente social tendiam a ter sabor amargo. Alguns xaropes para a tosse, no entanto, também têm gosto amargo e é aqui que o córtex frontal entra na jogada. Uma criança pode chorar e fechar a boca para esses remédios, mas com a maturidade aprendemos a superar esses impulsos naturais e tomar nossos remédios.

O arranjo de distribuição do processamento neural no cérebro humano também tem a grande vantagem de permitir uma maior flexibilidade de comportamento e um maior controle contextual. Mas precisamos do cérebro executivo para filtrar os pensamentos irrelevantes, focar a mente e regular nossas reações mais profundamente incrustadas, amiúde primitivas. E aqui, mais uma vez, a solidão entra no caminho.

No exercício de escuta dicótica descrito no capítulo 3, demos aos participantes sinais auditivos contraditórios. Em 1935, o psicólogo John Ridley Stroop desenvolveu um modo de medir sinais contraditórios cognitivos. Psicólogos, administrando o que ficou conhecido como Teste de Stroop, mostram aos participantes uma lista de nomes coloridos em uma página, mas a palavra "vermelho" está escrita em amarelo ou verde, a palavra "amarelo" está escrita em azul ou vermelho, e assim por diante. Então pedem aos participantes para nomearem as cores. A dissonância entre a informação visual (a cor em si) e a informação verbal (a cor soletrada) interfere, provocando um pequeno atraso na tentativa do participante de decifrar a resposta em meio aos estímulos contrastantes.

Armamos um teste de interferência baseado no modelo de Stroop, imprimindo em uma página várias palavras em várias cores diferentes.[2] Entre as opções aleatórias havia algumas palavras para emoções, como "medo", e outras de mecanismos sociais, como "competir". A tarefa era nomear a cor em que essas palavras estavam impressas. Para identificar as cores das palavras sociais, os participantes mais solitários levaram uma fração de segundo a mais do que os não solitários. Esse atraso indicava um efeito de interferência. Mesmo quando a tarefa não tinha nada a ver com sociabilidade, e sem qualquer consciência ou intenção, os participantes solitários pareciam estar buscando, e acabavam distraídos por, informações sociais. Palavras sociais associadas a emoções negativas, como "tortura", asseveravam ainda mais esse efeito.

Assim como os que fazem dieta, em detrimento de seus grandes esforços, acabam se vendo obcecados por comida, os solitários, muito mais do que os outros, focam em vínculos sociais e rejeições sociais em tudo o que veem e fazem. Desse modo, mesmo situações sociais corriqueiras podem causar nos solitários o mesmo efeito que a visão de muitos doces provocava em Shiba, a chimpanzé que sabia matemática, confundindo sua capacidade de seguir as instruções do jogo.

As histórias que contamos

Um amigo meu que gosta de jogar basquete costumava entrar nas partidas que encontrava em viagens a trabalho. Charlie tem pinta de quem joga — é alto e esbelto — e de fato é bastante bom. Até participou de algumas equipes competitivas no tempo da escola, mas sempre foi um coadjuvante mais dado a atrair a marcação e pegar rebotes do que a fazer cestas, e decerto nunca foi "o homem do jogo". Mas em um dia específico, em um ginásio desconhecido em uma cidade distante da casa de Charlie, a única coisa que os outros jogadores viram entrando em quadra foi um rosto novo com alguma altura. Os homens se dividiram em times e começaram a jogar e, na primeira vez que Charlie pôs as mãos na bola, viu-se livre bem na entrada do garrafão, arremessou e acertou a cesta — direto na rede sem nem tocar o aro. Um ou dois companheiros de time balançaram a cabeça em aprovação, mas ficou por isso. Na segunda vez que tocou na bola, Charlie mais uma vez estava bem posicionado, tentou a cesta e acertou mais um belo arremesso direto na rede. Mais assentimentos desta vez, combinados com alguns sorrisos e um cumprimento de mãos elevadas, mas Charlie continuou tranquilo — ao menos aos olhos dos outros jogadores. Tentou passar a impressão de que tudo isso era normal para ele. Afinal, ninguém sabia nada de seu histórico de vinte anos de ansiedade e precipitação, que ele sempre tentava dissimular para não sucumbir diante da pressão.

Seus companheiros agora se sentiam bem: claramente tinham uma máquina de fazer pontos no time. E assim foi nos dez minutos seguintes. Eles passavam a bola para Charlie, ele continuava arremessando e acertando, chegando à marca de oito acertos em oito arremessos de média e longa distância, além de uma bandeja espetacular debaixo da cesta. O time dele arrasou o outro, e então, com um aceno de mão, Charlie disse, "Valeu... tenho que ir", sumindo em direção ao vestiário. O segredo profundo e obscuro de Charlie é que ele só estava *representando* o papel de grande jogador, e que era hora de parar enquanto tudo estava dando certo. Ele nunca arremessara tão bem assim na vida, mas a sorte da primeira tentativa havia lhe dado confiança para a segunda, o que foi reforçado por seu completo anonimato. Pelo que todos os outros sabiam, ele era quase um pequeno Kobe Bryant. Assim, durante aquela breve partida, ele de fato chegou a sê-lo.

Uma construção tendenciosa de significados é uma força poderosa que pode nos ajudar a chegar a novos patamares ou nos impedir de sair da cama de manhã. E, como vimos em tantos outros contextos, efeitos como esse não estão "só em nossas mentes". Quando sentimos que vamos fracassar em uma tarefa importante, essa impressão pode fazer com que nos limitemos, produzindo insuperáveis obstáculos ao nosso sucesso. E a solidão, com o egocentrismo que ela gera, pode tornar essa tendência natural em um sério e persistente estado das coisas. Mesmo quando a tarefa importante é conseguir vínculos humanos, nos vermos como estranhos congênitos, sujeitos a ameaças, à fome e à necessidade de ser alimentados, é algo que mina nossos melhores esforços. Uma vez mais, é essa mesma capacidade humana de sermos "arquitetos de nossa própria realidade" o que nos dá a chave de que precisamos para emergir do confinamento solitário.

Quando erramos

Quando tentamos determinar o significado dos acontecimentos que nos circundam, nós, os humanos, não somos particularmente bons em entender as causas de nossos próprios sentimentos e comportamentos. Costumamos superestimar nossas próprias forças e subestimar nossos defeitos. Superestimamos a importância de nossa contribuição a atividades de grupo, a penetração de nossas crenças na população mais ampla e a probabilidade de que ocorra um acontecimento que desejamos.[3] Ao mesmo tempo subestimamos a contribuição dos outros, assim como a probabilidade de que os riscos do mundo se apliquem a nós. Acontecimentos que se desdobram inesperadamente não são tão raciocinados quanto racionalizados, e o ato em si de lembrar — mesmo o da "testemunha ocular" utilizada em julgamentos — é muito mais uma reconstrução tendenciosa do que uma recapitulação acurada dos acontecimentos.[4] Sutilezas nas lembranças do crime podem fazer com que essas testemunhas culpem a vítima. Juradas mulheres estão mais propensas do que jurados homens a acreditar que uma vítima de estupro contribuiu de alguma forma para seu destino. "Afinal", pensa a jurada, "se isso aconteceu com *ela* sem que ela se comportasse mal ou corresse riscos desnecessários, então poderia acontecer *comigo*! Ela tem que ser de alguma forma responsável pelo que aconteceu; se não, eu nunca poderei me sentir segura". Também julgamos muito mal quanto tempo devemos empreender experiências particulares até que nos sintamos bem ou mal. Praticamente em todos os domínios confirmamos o que já acreditávamos ser verdade. Dizemos que os opostos se atraem com a mesma certeza que dizemos que pássaros da mesma espécie voam juntos. Ou, como disse Casey Stengel, o sábio do New York Yankees, "um bom arremesso sempre vai deter uma boa rebatida, e vice-versa".

Entre todas as distorções padrão por que passamos, assim como os efeitos de interferência que vimos no caso de Sheba e os doces, a solidão também nos alija tornando-nos mais frágeis, negativos e autocríticos. Em um estudo, os participantes tinham de realizar uma tarefa simples, depois da qual recebiam uma avaliação de se haviam sido bem ou malsucedidos. Quanto maior fosse a solidão do indivíduo, mais propenso ele estava a atribuir o fracasso a si mesmo e o sucesso a algo na situação.[5] Para o público não solitário, a norma é ver má sorte nos fracassos próprios e atribuir-se o crédito pelo sucesso, mesmo quando se trata de um golpe de sorte.[6]

Uma das características distintivas das pessoas que se tornaram cronicamente solitárias é a percepção de que estão condenadas ao fracasso social, tendo pouco ou nenhum controle sobre as circunstâncias externas. Afogadas em pessimismo, e sentindo a necessidade de se protegerem em cada esquina, tendem a recuar, ou a confiar em formas passivas de lidar com o estresse que aumentam a resistência periférica e, com o passar do tempo, a pressão sanguínea.[7] A estratégia social que a solidão induz — com um alto nível de evitação social e um baixo nível de abordagem social — também assegura uma solidão futura. A cínica visão de mundo induzida pela solidão, que consiste em alienação e pouca fé nos outros, mostrou contribuir para uma rejeição social verdadeira. É desse modo que se sentir sozinho produz profecias que garantem seu próprio cumprimento. Se você mantém uma impressão subjetiva de rejeição por muito tempo, você tem muito mais chance no longo prazo de se confrontar com a rejeição social que tanto temia.[8]

Esse processo ficou demonstrado em outro estudo baseado no jogo do dilema do prisioneiro, em que os participantes, alguns solitários, outros não solitários, jogavam contra pessoas que não conheciam.[9] Nessa versão do jogo, os participantes jogavam por dinheiro. Antes de cada julgamento, os jogadores contavam a seus oponentes se pretendiam agir na base da lealdade ou da traição — mas os oponentes não sabiam se eles estavam mentindo ou dizendo a verdade. Se um jogador seguia a intenção afirmada e o outro não, o engano fazia com que o jogador que confiou perdesse o jogo. Mas, em se tratando de um estudo e não de um jogo de salão, o oponente era, na verdade, um pesquisador que fingia ser um participante do estudo e que sempre agia da mesma maneira que o participante real havia agido na rodada anterior — ou seja, utilizava a estratégia do olho por olho. Como o pesquisador sempre copiava o movimento anterior, eram os participantes reais que determinavam como os eventos se desdobrariam, embora não soubessem disso. Durante os primeiros embates, solitários e não solitários foram igualmente colaborativos. À medida que os jogos continuaram, contudo, e que deserções ocasionais ocorriam com os jogadores apenas para serem seguidas de deserções dos oponentes, os jogadores solitários passaram a confiar muito menos. Suas interações passaram a transmitir uma consistente carga de traição e acidez. Enquanto isso, os jogadores não solitários, apesar das ocasionais deserções próprias seguidas das deserções dos pesquisadores, em geral se mantiveram cooperativos durante o jogo. As diferentes realidades sociais criadas pelos participantes solitários e não solitários refletiam as diferentes expectativas sobre a natureza dos outros.

O eminente psiquiatra americano Harry Stack Sullivan descreveu a solidão como uma experiência "tão terrível que praticamente falseia lembranças nítidas". Em especial para os jovens, ele disse, o medo de ostracismo é "o medo de não ser aceito por ninguém entre aqueles que se tem por modelos no aprendizado de como ser humano".[10]

Em outras palavras, não surpreende que a solidão evoque esses sentimentos de ameaça, ou que os jovens se desesperem tanto para se relacionar com seus pares que acabam sacrificando sua própria identidade, assim como seu próprio bom-senso. O medo de ser excluído pode fazer qualquer um, novo ou velho, tomar atitudes idiotas, inclusive autodepreciativas. No esforço de se proteger contra a decepção e a dor da rejeição, o solitário pode se deparar com um sem-número de razões para a inutilidade de uma aproximação, ou para o fracasso certeiro de uma relação. Isso pode explicar por que, quando nos sentimos sós, minamos a nós mesmos julgando que carecemos de habilidades que, na verdade, temos disponíveis.

O poder da mente

Embora tenha colocado as palavras na boca do diabo, John Milton resumiu muito da condição humana quando escreveu: *"A mente é um lugar em si mesma / Pode fazer do paraíso um inferno ou do inferno um paraíso."* A variação de Shakespeare sobre a questão foi: "Nada é bom ou mau, nosso pensamento é que o faz."[11]

Seres humanos são criaturas inerentemente criadoras de significado, e os solitários estão longe de ser os únicos a interpretar sinais sociais através de uma lente muito subjetiva. O cérebro humano tem que assimilar retalhos disparatados e atomísticos de informações sensoriais e tecê-los em uma "teoria do caso", uma interpretação de tempo e espaço, causa e efeito, que nos permite sobreviver hoje, planejar o amanhã e dar sentido ao passado. Idealmente, a narrativa que construímos se alinha com a realidade objetiva bem o bastante para que possamos tratar com propriedade os problemas que enfrentamos no mundo real. Contudo, não há garantias. Por reflexo, o cérebro humano hipersocial registra que três pontos em um padrão triangular representam um rosto humano, mas às vezes três pontos são apenas três pontos.

Nos anos 1940, os psicólogos Fritz Heider e Mary-Ann Simmel produziram uma breve animação retratando um pequeno triângulo, um pequeno círculo e um grande triângulo que se moviam dentro de um grande retângulo. O filme não era nada mais do que esses formas geométricas móveis, e no entanto todos os que o assistiram "viram" um drama social se desdobrando, cheio de intenções, planos e um subtexto emocional. Era simplesmente o cérebro humano fazendo o que faz melhor: construindo uma "realidade" a partir do que quer que os dados sensoriais revelem.[12]

Da mesma maneira que os observadores podiam achar uma história em formas geométricas que se moviam, crianças novas, antes de desenvolverem a teoria da mente, projetam promiscuamente nos outros seus próprios pensamentos e experiências. Durante a infância da raça humana, foi essa mesma tendência, como concorda a maioria dos acadêmicos, que deu vazão às primeiras religiões, em que as forças naturais recebiam nomes e complexas histórias pessoais — atributos semelhantes aos dos humanos que serviam como fonte para os primeiros mitos e lendas.

Da carruagem de Platão ao subconsciente torturado de Freud, os filósofos têm visto um lado racional e admirável da natureza humana combinado a um lado mais escuro e emocional. Mas a neurociência social conduz a uma visão mais unificada. Como o sistema emocional que governa a autopreservação humana foi construído para um ambiente primitivo e perigos simples e diretos, pode ser extremamente ingênuo. É impressionável e prefere informações superficiais, sociais e anedóticas a dados abstratos. Mas os mesmos processos irracionais que podem nos derrubar podem ser também a base de nossas mais finas qualidades como seres humanos.

Esperança pressupõe irracionalidade. Ilusões positivas sobre um marido ou uma mulher contribuem para casamentos mais duradouros e felizes.[13] Sem uma avaliação tendenciosa e otimista das possibilidades, poucas pessoas começariam novas aventuras. Pensando apenas nas estatísticas, é irracional para qualquer indivíduo presumir que possa começar um negócio de sucesso, pintar um quadro que possa ser vendido a um colecionador sério, escrever um romance que valha a pena ler, dar uma contribuição significativa à ciência ou casar até que a morte os separe.

Propensões também podem resultar de uma simples necessidade de tomar atalhos cognitivos. Confrontados com mais informações do que podemos processar, tendemos a economizar o pensamento formando crenças que não são imediatas à nossa sobrevivência: crenças sobre política, cultura ou religião. Outras vezes fazemos opções enquanto ainda ignoramos as imagens incrustadas, as pré-concepções e os preconceitos que governam nossas preferências. Mas é a confluência entre o racional e o emocional/irracional que determina muito da narrativa de nossas vidas. A mesma experiência pode ser um desafio ou um pesadelo dependendo de como a enquadramos, o mesmo copo pode estar meio cheio ou meio vazio. E é do sistema de alta vigilância contra ameaças, somado à hiperatenção à informação social — informação social muitas vezes distorcida por uma perspectiva defensiva e egocêntrica — que precisamos escapar uma vez que entramos em um período prolongado de solidão. Esse enquadramento negativo é o beco sem saída que faz com que as pessoas necessitadas sincera e profundamente de vínculo social acabem criando elas próprias os obstáculos que frustrarão essa necessidade. E esse beco sem saída pode enredar qualquer um de nós em qualquer estágio da vida.

Um adolescente chega a uma festa de seu novo colégio, um jovem de vinte e poucos começa seu primeiro dia no novo emprego sem conhecer ninguém, uma velha viúva chega a um evento na igreja ou no clube de uma amiga pouco depois de ter perdido o marido. Uma sensação de isolamento pode fazer qualquer um deles se sentir inseguro. Quando nos sentimos inseguros, fazemos a mesma coisa que um caçador-coletor faria nas savanas africanas: procuramos as ameaças no horizonte. E, tal qual um caçador-coletor que ouve um ruído ameaçador na folhagem, o solitário quase sempre espera o pior, se enrijece e entra no estado psicológico equivalente a um encolhimento protetor.

É difícil para a maioria de nós sermos articulados ao falar de nossas emoções mesmo na melhor das circunstâncias. É muito mais difícil quando vivenciamos sensações intensas de ameaça inundando nosso corpo com hormônios de estresse, e sem nenhum conhecimento consciente do que nos faz suar e resfolegar. Em consequência, muitos passam suas vidas agindo um pouco como sobressaltados bonecos de corda, batendo contra as mesmas paredes de novo e de novo, perguntando-se por que estão presos dentro de uma sala tão pequena e solitária — uma sala que eles próprios inadvertidamente ajudaram a construir.

As realidades que construímos

Felizmente, a mesma capacidade cognitiva nos permite tomar consciência do que nos confina e entalhar portas e janelas que possam ser abertas. Mais uma vez, é claro, as cognições sociais libertadoras não vêm em um estalar de dedos.

O tipo de "realidade" que construímos para nós também determina em grande medida como os outros nos veem e agem em relação a nós. Eles "veem" a realidade que construímos, usam-na para definir-nos e em seguida agem em relação a nós a partir dessa estimativa. É por isso que se liberar da solidão exige algo como uma nova preparação, um pouco de disciplina — porque a tendência da mente de distorcer a realidade em formatos irreconhecíveis aos outros não é nada transitória ou superficial.

Quando nos sentimos sós, temos uma dolorosa consciência de que nossas necessidades sociais não estão sendo satisfeitas; ao mesmo tempo, temos uma maior tendência de nos vermos sem muito controle sobre essas necessidades e com pouca capacidade de supri-las.[14] As opiniões preconceituosas dos outros sempre têm um papel nesse ciclo negativo autoalimentado. Se as pessoas esperam que um novo conhecido seja divertido e simpático, comportam-se de um jeito que amplia o lado agradável desse novo conhecido. Se pais ou professores pensam que uma criança é inteligente, fazem e dizem coisas que encorajam essa criança a exercitar sua inteligência. Em um estudo, os participantes foram apresentados a parceiros do outro gênero depois de terem recebido a informação de que a pessoa que iam conhecer era solitária ou não solitária. Em seguida classificaram as pessoas que eles haviam sido levados a considerar solitárias como menos sociáveis que as outras. Também se comportaram de um modo menos sociável quando se defrontaram com pessoas que haviam sido rotuladas como solitárias.[15]

Quando nossas expectativas sociais negativas provocam em outros comportamentos que validam nossos medos, a experiência faz com que nos comportemos ainda mais de maneiras autodefensivas que alimentam o ciclo e acabam asseverando ainda mais o isolamento.[16]

Então, enquanto qualquer um de nós pode se sentir sozinho devido à soma de uma disposição genética com uma situação indesejável, mantemo-nos sozinhos por causa da maneira como pensamos e como os outros pensam. À medida que a armadilha da solidão vai se tornando mais uma decorrência de expectativas e aspirações sociais, a realidade literal vai perdendo importância.

Seria de esperar que uma pessoa solitária, ciosa por suprir necessidades sociais insatisfeitas, fosse muito tolerante com um novo conhecido, assim como uma pessoa faminta encontra prazer em pratos que não estão muito bem preparados ou que não seriam de sua preferência. Contudo, as pessoas que se sentem solitárias são muito menos abertas para potenciais novos amigos do que os que se sentem socialmente satisfeitos.[17] Estudos mostram que estudantes universitários solitários têm percepções mais negativas de seus colegas de dormitório do que seus pares não solitários. Essa diferença entre solitários e não solitários em suas percepções era ainda maior quando o outro era seu companheiro de quarto, era maior ainda para vizinhos de mesmo andar, e ainda mais pronunciada para estudantes que moravam nos outros andares do mesmo prédio.[18]

O tempo também tem sua função na construção dessas "realidades" negativas. Pesquisadores pediram aos participantes que interagissem com um amigo, e logo depois avaliarem a qualidade da relação e a qualidade da comunicação. Em seguida os participantes assistiram a uma gravação da mesma interação social e a avaliaram de novo. Algumas semanas depois os pesquisadores lembraram os participantes daquele intercâmbio prévio com o amigo e pediram que mais uma vez avaliassem a qualidade da interação e da comunicação. Os participantes assistiram à gravação mais uma vez e, mais uma vez, avaliaram a interação. Em todos os pontos de medida, indivíduos solitários classificaram a qualidade da relação mais negativamente do que os indivíduos não solitários. Quanto mais passava o tempo, mais negativamente eles avaliavam o encontro. Eram especialmente negativos depois de assistir a cada gravação.[19] Quando avaliavam a interação logo depois de ter acontecido, parecia que sua cognição social negativa era controlada por seu entendimento das razões para o comportamento do amigo. Porém, à medida que o tempo passava o texto subjacente desaparecia, e as restrições também desapareciam. Quanto mais o tempo passava, mais a realidade objetiva sucumbia à "realidade" construída pela cognição social negativa do sujeito solitário.

Apesar de demonstrarem habilidades sociais no estudo que pedia especificamente que exercessem um papel de apoio, os estudantes solitários se mostraram menos reativos a seus colegas durante discussões em classe, e nesse contexto mostraram um rendimento menos apropriado ou menos efetivo do que os estudantes não solitários.[20] De modo geral, as distorções cognitivas e comportamentais induzidas pela solidão podem causar muitos problemas, e isso antes do ambiente externo entrar em ação. O mundo nem sempre é benigno e, mesmo no nível do cromossomo, novas pesquisas mostram, pode ser bem selvagem. A agenda de qualquer gene não se alinha necessariamente aos planos e vontades do indivíduo que está transmitindo. Muitos genes, fragmentos de cromossomos e pedaços de DNA não codificado agem por seus próprios interesses à custa de seus elementos genéticos. Uns danificam outros cromossomos para conseguir replicar-se como parte de um processo de reparo. Outros desabilitam a transmissão à prole de todos os outros cromossomos do pai, assegurando-se de que os machos afetados só transmitam o elemento renegado.[21]

Sendo uma competição tão intensa parte da condição humana em cada nível, do DNA não codificado ao Tratado Norte-Americano de Livre Comércio, que tipo de desvantagens podemos ter quando uma sensação de isolamento arruína nossos melhores pensamentos e comportamentos?

11

Conflitos na natureza

ALGUM GRAU DE confusão é inerente a quase todas as situações sociais e, como tenho notado, algo disso é interior, uma função de interferência derivada da forma como nossos cérebros estão construídos. Mas, no mundo exterior, amor e intimidade se mesclam com ressentimento e competição a cada esquina.

Em teoria, pais amam todos os seus filhos e, ao menos em teoria, amam a todos eles igualmente. Os adultos da família tentam encorajar irmãos e irmãs a demonstrarem afeto uns pelos outros, e a compartilhar os recursos entre todos com justiça. Mas pais e filhos têm apenas uma sobreposição de uns 50% em seus interesses genéticos. Cada criança tem sua própria agenda evolutiva, que começa com a extração de todo o amor parental e de todos os recursos que consiga. Mães e filhos disputam pela quantidade de tempo gasta na amamentação. Filhotes da mesma ninhada lutam pelo acesso à amamentação, e os menos desenvolvidos são relegados ao fim da fila. Pintinhos que compartilham o ninho muitas vezes brigam e podem empurrar para fora os mais fracos. Em algumas espécies de aves, os filhotes bicam-se uns aos outros até a morte enquanto a mãe observa placidamente.

Em um mundo como esse, temos que ser capazes de discriminar entre a afeição genuína e a manipulação, e de tomar conta de nós mesmos a partir dessa discriminação. Infelizmente, devido aos tipos de falhas de autorregulação e dos erros na cognição social que tenho descrito, nos tornamos menos aptos a esse tipo de tarefa quando a solidão nos comanda.

Robert Trivers, um dos fundadores da psicologia evolutiva, estabelece uma distinção entre ensinar, que é para o benefício da criança, e moldar, que é para benefício dos pais.[1] Uma rápida olhada em qualquer parquinho ou nas cabines de qualquer loja de departamentos mostrará alguns pais fatigando e maltratando seus filhos com instruções excessivas. Em casa, a mãe pode tentar "moldar" a pequena Susan para que tire uma soneca todo dia às três para que ela possa ter um intervalo, ou o pai pode tentar "moldar" Charlie para que se torne um oftalmologista como ele próprio, e não um saxofonista como o imprestável tio Ralph.

Crianças solitárias podem ser menos capazes que outras de se erguer contra esse tipo de pressões em defesa de seus próprios interesses. Quando nos sentimos sós, estamos mais propensos a adotar a opinião consensual, imitamos os outros com mais intensidade e temos menos chances de exibir persistência. E, quando nos sentimos sós, assim como em todos os outros momentos da vida, precisamos de amor, uma necessidade que em si pode ser coerciva, até o ponto de nos persuadir a trair nós mesmos.

Pelo mesmo tipo de razões que a seleção natural mantém uma certa quantidade de variações nos atributos comportamentais de qualquer população dada, a seleção natural também favorece uma certa flexibilidade comportamental em cada um de nós. Assim encontramos, mesmo naqueles que em geral apelam à bondade e à generosidade como ferramentas para as habilidades sociais, resíduos vestigiais de desonestidade e duplicidade armazenados como reserva. Uma criança inteligente o bastante para ludibriar a fim de se afirmar terá uma ligeira vantagem sobre seus pais e sobre seus pares. Mães e pais com inteligência suficiente para não serem ludibriados terão também uma vantagem, pois serão capazes de alocar seus recursos de maneira mais equitativa por todo o espólio de seu investimento genético — isto é, entre todos os seus filhos. Com cada avanço de uns ou de outros no jogo do engano e da detecção, a competição se intensifica um pouco mais, assim como a complexidade e a sofisticação do equipamento neural necessário para praticá-la.

Embora as vantagens do vínculo social protetor recomendem um certo grau de deferência aos conselhos e às instruções parentais, o que chamamos de amadurecimento exige avaliar essas influências e, em algum momento, aprender a prestar mais atenção ao que *parece* certo para nós. Aqui, mais uma vez, a criança solitária tem uma considerável desvantagem. O exercício de uma sutil discriminação entre os desejos e objetivos próprios, o estímulo das emoções, e as influências de pressão exterior requer um controle executivo exemplar — precisamente o tipo de autorregulação que a sensação de isolamento prejudica.

Mesmo jovens chimpanzés sabem como enganar, simulando ataques de raiva enquanto lançam olhares furtivos para ver se a mãe está prestando atenção. E, mesmo nos chimpanzés, a autorregulação e a corregulação também envolvem um senso geral de justiça, assim como percepções agudas do que é justo e do que não é. Se você duvida, basta oferecer a um chimpanzé um pedaço de pepino e a outro uma uva pela execução de uma mesma tarefa e ver como reagem.

Em 2006, nos dispusemos a testar o impacto da solidão em resposta ao tratamento desigual. Nossa estratégia envolvia um jogo em que o pesquisador designava um jogador como "proponente" e outro como "decisor", dando ao proponente dez dólares. O proponente tinha que dividir o dinheiro com o decisor, a partir de qualquer critério que conseguisse fazer o decisor aceitar. Se o decisor rejeitasse a proposta, nenhum deles ganhava dinheiro. O proponente tem um incentivo natural para tentar ficar com o máximo que puder, mas também tem que, em certo sentido, comprar a aceitação do decisor. Será que ele consegue se dar bem com a proposta de dar um dólar, ou será que o acordo exige uma divisão meio a meio? Um dólar é melhor do que nada, mas o fato de o proponente receber arbitrariamente nove dólares enquanto o decisor recebe apenas um pode parecer pouco justo a este último. Talvez ficar com sete dólares e oferecer três seja suficiente. Tudo está na negociação, e na percepção do decisor do que constitui um nível aceitável de justiça.

Em nossa versão do jogo, esse mesmo cenário se repetia vinte vezes, sendo que era sempre o segundo jogador quem decidia se aceitava ou não a divisão que lhe era oferecida. Mas, em se tratando de psicologia experimental, armamos para que o "proponente" fosse um de nossos aliados, para que pudéssemos orquestrar as negociações. Proponente e decisor foram colocados em quartos separados. Em seguida, por meio de um sistema de microfones, o proponente — na verdade, para garantir o controle experimental, era uma gravação de sua voz — fazia uma série de vinte proposições, oferecendo ao outro jogador uma cota que variava de um a cinco dólares. Os acordos propostos eram cuidadosamente arranjados para que os primeiros dez ou os últimos dez chegassem perto de meio a meio. Os outros dez eram claramente injustos, não oferecendo mais de três dólares para o decisor.

É provável que não seja nenhuma surpresa que a maioria das pessoas é sensível ao fato de o outro estar ou não negociando com justiça, e que aceitem mais ofertas justas do que injustas. As pessoas fazem isso mesmo quando, em nosso experimento, rejeitar uma oferta os deixa sem nenhuma recompensa a não ser o orgulho e a noção do que é certo e errado. Jogadores solitários em geral seguiram esse padrão, e participantes solitários e não solitários aceitaram quantidades comparáveis de ofertas justas. Contudo, jogadores solitários aceitaram mais ofertas injustas do que os não solitários. Com mais frequência concordavam em ir em frente quando o outro os tratava injustamente, mesmo que solitários e não solitários avaliassem as propostas como igual e profundamente injustas.

Essa disposição para aguentar a exploração mesmo quando temos uma clara consciência de que a outra pessoa está nos tratando injustamente não é muito boa para as nossas chances de alcançar vínculos sociais satisfatórios a longo prazo, e pode expor indivíduos solitários a riscos maiores de serem enganados, ou ao menos decepcionados. Com o passar do tempo, as experiências ruins que se seguem podem contribuir para a impressão do solitário de que, se você parar para ver, traições e rejeições encontram-se a cada esquina — uma percepção que proporciona medo, hostilidade, desamparo e indiferença.

Mesmo entre macacos, justiça e reciprocidade implicam uma troca mútua de favores. Em relações próximas, eles intercambiam aparentemente sem nenhuma contabilidade ou agradecimento particular, mas em relações mais distantes recompensam na exata medida uma sessão boa e prolongada de cuidados corporais ou qualquer outro tipo de boa ação. E mesmo macacos têm poder cerebral para acompanhar um placar de favores. O primatólogo Frans de Waal descreve uma chimpanzé chamada Geórgia conhecida por ser muito sovina e, assim, impopular. Sempre que havia carne a ser compartilhada, a má reputação dela fazia com que ela tivesse que pedir e implorar por muito mais tempo do que qualquer um dos outros.[2]

Nos humanos ainda mais que nos chimpanzés, a seleção natural favoreceu genes que geram sentimentos de gratidão calibrados para refletir a magnitude da ação altruística ou do favor prestado. Permitir que um estranho pegue emprestado seu telefone celular em uma emergência está bem distante de doar um de seus rins, ou doar sangue, ou mesmo enviar cem dólares para a Rádio Pública Nacional. A seleção natural, assim como nossa cultura comercial moderna, favorece aqueles que conhecem essa diferença e são capazes de discriminar os casos com propriedade em seus intercâmbios sociais. Mas a seleção natural nunca dá um cheque em branco.

O papel das sanções

Pesquisadores da Universidade de Erfurt, da Alemanha, e da London School of Economics conduziram um experimento que dividiu 84 participantes em dois diferentes clubes de investimentos. O experimento consistia em trinta repetições de um processo de três estágios: uma fase "escolha sua instituição", uma fase "faça sua contribuição" e uma fase de "sanção". Cada participante do experimento começava com vinte "unidades" de dinheiro. Depois de escolher em que instituição confiar para o investimento, os jogadores escolhiam com que contribuir para o fundo coletivo, uma soma que podia variar de zero a vinte unidades. O total do que o participante decidisse não contribuir ia direto para sua conta privada. O que fosse para o fundo coletivo teria seu valor aumentado, mas ao final do jogo seria dividido igualmente entre todos os membros da instituição, independentemente do nível de contribuição de cada um. Os que contribuíram menos, os culpados pelo que psicólogos chamam de "vadiagem social",[3] receberiam tanto quanto alguém que investira tudo. Para deixar as coisas mais interessantes, ao fim da fase de contribuição de cada rodada todos os jogadores ficavam sabendo quanto cada um havia contribuído. Também eram informados dos ganhos de cada um até aquele momento.[4]

Foi na terceira fase, com a introdução das sanções, que as duas instituições divergiram de maneira dramática. Na instituição A, não havia sanções. Na instituição B, cada jogador tinha a opção de penalizar oportunistas e premiar os generosos. Cada jogador podia determinar uma multa de três unidades para membros não contribuintes, mas com o custo de perder ele próprio uma unidade. Inversamente, podiam recompensar contribuintes especialmente generosos com um prêmio de uma unidade, com um custo para eles também de uma unidade.

No começo do experimento, apenas cerca de um terço dos participantes escolheu a instituição que aplicaria sanções com penalidades financeiras. Contudo, na décima rodada do jogo, quase 90% dos participantes havia escolhido passar para a B, a instituição com sanções. Mais ainda, os participantes da B estavam cooperando plenamente. Na décima terceira rodada, as contribuições para a instituição A, que não previa sanções, caíram para zero. A razão para a explosão da B: uma instituição em que as contribuições generosas ao bem comum são a norma — uma norma reforçada por sanções — dá os melhores retornos a seus membros.

É verdade que os oportunistas da instituição A, livre de sanções, ganharam a maior quantia na primeira rodada, mas depois disso seus pagamentos declinaram drasticamente, levando por fim a um colapso total do arranjo de *laissez faire*. Depois da quinta rodada, estava claro que altos contribuintes da instituição com sanções estavam ganhando mais, o que provocava um efeito de bola de neve na quantidade de membros e nos rendimentos, à medida que mais pessoas viam os benefícios e decidiam entrar. Com mais membros entrando e contribuindo livremente à instituição B, os benefícios desse comportamento social positivo tornaram-se ainda maiores.

Mas muito do crédito pelos altos rendimentos na instituição com sanções se deve aos "fortes justiceiros", aqueles que puniam os oportunistas mesmo que isso implicasse um custo para eles próprios. Nas primeiras rodadas não havia nenhum benefício social óbvio em impor multas aos outros participantes. Mas, depois de muitas repetições, esse reforço dos padrões levou a um contínuo aumento de eficiência, com mais e mais pessoas tornando-se altos contribuintes, a tal ponto que a necessidade de sanções negativas desapareceu.

Podemos ver a mesma tendência à cooperação social no trabalho na economia real. Oligarcas e especuladores podem fazer uma fortuna em países em que uma elite se safa com qualquer coisa e os dissidentes são controlados com pulso firme. Mas, em longo prazo, os investidores querem pôr seu dinheiro em sociedades estáveis onde a lei, também sob a forma de sanções, prevalece. Quando o mundo parece especialmente caótico, ter seu dinheiro em um banco da Suíça parece uma aposta melhor. Democracias sociais benignas como as escandinavas parecem se sair razoavelmente bem ano após ano. Comunidades muito unidas como a dos *amish* ou a dos mórmons também se mostram bastante prósperas pelo modo como se cuidam uns aos outros.

Por outro lado, quanto mais estendemos nosso círculo contextual, mais difícil é manter o nível dos *amish* de consenso e homogeneidade. Quando passamos do laço entre pares para a tribo, e daí para o estado-nação e para a humanidade como um todo, a maior variação leva a uma maior complexidade econômica, política e histórica. Isso faz com que absolutos morais — a *sharia*, por exemplo, ou o "proibido beber, proibido dançar" dos batistas do sul dos EUA — são mais difíceis de manter à medida que as comunidades antes isoladas se tornam mais cosmopolitas. À medida que a cultura passa a incluir mais variedades em seus costumes, a ausência de padrões estritamente definidos e rigidamente impostos aumenta o fardo do poder executivo, não apenas para guiar a autorregulação, mas para calibrar, discernir e modular respostas apropriadas. É aí que a plasticidade de desenvolvimento dos humanos nos fornece uma oportunidade evolutiva e, mais uma vez, é aí que os efeitos de interferência causados pela solidão podem criar fardos adicionais.

Assim como no jogo dos clubes de investimentos, ou no torneio do dilema do prisioneiro descrito no capítulo 4, a rota para alcançar a satisfação nos vínculos sociais não é o altruísmo ingênuo e cego. Menos que uma resposta simples a estímulos alinhada a padrões fixos, a estratégia mais eficiente é ter uma capacidade cognitiva aumentada, cautelosamente regulada por meio do controle executivo, que pode ler sinais do ambiente com propriedade e em seguida tentar determinar o que renderá os melhores frutos — para os outros *e* para si próprio.

Uma abnegação de santo não seria necessariamente a estratégia de sobrevivência mais eficiente na Prisão de Brixton, ou entre piratas no nordeste da África. Mesmo em ambientes bastante benignos, a combinação vitoriosa não é tão simples como uma regra de ouro, e sim um "fazer para os outros" que tendesse para a generosidade e para a solidariedade, tendo algumas alternativas mantidas em prontidão para evitar explorações e abusos.

Uma mensagem que nem todos entendem

Em seu livro *O gene egoísta*, Richard Dawkins explorou a evolução do altruísmo através de algo que ele chamou de "efeito da barba verde". Qualquer sistema de cooperação altruística podia ser desfeito por trapaceiros e oportunistas porque eles poderiam tirar proveito dos benefícios da cooperação social sem ter que arcar com qualquer custo. Como resultado, teriam uma probabilidade maior de espalhar pela população os genes que determinavam puramente o interesse próprio.[5]

Para imaginar uma forma de resolver esse problema, Dawkins imaginou uma espécie hipotética em que uma barba verde literal servisse para marcar o gene altruísta. A barba, como expressão de um gene, tornaria os membros do clube mais fáceis de reconhecer e promoveria um comportamento cooperativo entre seus membros — uma versão genética de sociedades secretas como a dos maçons.

Muitas espécies colaboram dessa maneira, mas até há pouco os únicos exemplos conhecidos eram os invertebrados — formigas, micetozoários e outros — em que a influência dos genes compartilhados (seleção consanguínea) restringe todos os aspectos do comportamento. Em 2006, contudo, pesquisadores da Universidade da Califórnia em Santa Cruz reportaram uma espécie de lagarto que opera de acordo com regras muito altruísticas, sem que a consanguinidade seja um fator relevante. Essa espécie vem em três variações — garganta-laranja, garganta-amarela e garganta-azul — e a diferença de coloração denota diferentes comportamentos territoriais dos machos. Machos de garganta laranja são militares oportunistas, anexando territórios alheios. Os de garganta amarela são subversivos que se esgueiram por territórios de outros e acasalam com suas fêmeas. Os de garganta azul são os exemplos da vida real dos barbas-verdes hipotéticos de Dawkins: formam parcerias em que dois machos cooperam para proteger seus territórios, um por dois e dois por um.

Ao acompanhar esse comportamento ao longo de dezoito gerações, os pesquisadores de Santa Cruz descobriram que os garganta-azul não passam suas vidas indiferentes às circunstâncias mutáveis, em vez disso flutuam entre o altruísmo sacrificial e um mutualismo mais equilibrado. O gatilho é o comportamento dos maus: os hiperagressivos garganta-laranja. Quando a presença desses invasores é excessiva, um garganta-azul investe tanto tempo e energia servindo como defensor de seu parceiro que acaba não conseguindo reproduzir. Em anos em que os garganta-laranja não ameaçam tanto, os dois garganta-azul são muito bem-sucedidos em suas apostas de reprodução. O que mantém o sistema em funcionamento são as vantagens de longo prazo do auxílio mútuo quando a reciprocidade é contínua durante muitos ciclos anuais.

Entretanto, nem todos os garganta-azul têm a memória genética da cooperação. Como falta a alguns o DNA diretivo inteiro para o comportamento altruístico, eles não fazem parcerias. Nos anos em que os garganta-laranja provocam o altruísmo sacrificial, esses garganta-azul solitários se reproduzem mais que os altruístas, mas não tanto quanto os seus parceiros protegidos. Em anos em que a pressão dos garganta-laranja é mais fraca e as parcerias podem ser mutuamente benéficas, os solitários se saem pior do que qualquer um dos parceiros socialmente conectados.[6]

No final das contas, então, o comportamento cooperativo do tipo "barba verde" é a adaptação mais bem-sucedida para os garganta-azul, uma lição que ecoa as simulações do computador de Robert Axelrod no dilema do prisioneiro, no jogo de investimentos com sanções e nas sociedades equitativas que continuam estáveis e prósperas. Todavia, não se pode confiar nem mesmo na cooperação de todos os lagartos de garganta azul. E entre humanos a situação é ainda mais problemática, porque aqueles que cooperam não carregam um sinal colorido em seus queixos anunciando sua benevolência para o mundo. Assim, mais uma vez, a vantagem é daqueles que sabem detectar com rapidez e precisão quais são os maus e quais são os bons, qual o Senhor Errado e qual o marido potencialmente leal.

Entre os humanos, mantemos uma certa cautela em relação a estranhos e forasteiros, ainda mais em circunstâncias estressantes ou pouco comuns. No extremo do nível de alerta — durante a guerra — os combatentes têm usado por tradição uniformes militares que deixam claro quem está de cada lado. Leis de combate e das Convenções de Genebra tornam esse discernimento mais simples e, por mais grotesco que seja, você morre por aqueles que são designados seus camaradas e mata os que foram designados inimigos. Não é uma situação fácil de encarar, mas em geral não é difícil de entender. A angústia do combate é muito pior quando ocorre no meio de civis cercados por inimigos, como sabemos bem a partir de expedições militares nebulosas como as guerras do Vietnã e do Iraque. Devo salvar o bebê abandonado à beira da estrada, ou será esse mesmo bebê uma armadilha carregada com explosivos?

Similarmente, na vida comum, os indicativos mais difíceis de cooperação/competição a serem decodificados são os transmitidos e recebidos na terra de ninguém da ambiguidade social, muito próximos e pessoais. É aí que o solitário sofre mais com os danos a sua função executiva. Minha colega de trabalho sorri e parece bem intencionada, mas e se ela for uma loba em pele de cordeiro? Será que eu quero mesmo comprar o aparelho auditivo que este jovem agradável está tentando me vender? Meu vizinho está dizendo a verdade, ou seria melhor que eu levasse esse documento a um advogado?

Com as capacidades de discriminar, perseverar e de se autorregular prejudicadas, o solitário, tanto criança quanto adulto, com frequência se deixa levar por extremos. Às vezes, em um esforço para pertencer, permite que seja manipulado, como em nosso jogo do proponente/decisor, quando um adulto solitário fica ressentido mas vai em frente e aceita ofertas injustas. Esse distúrbio está em ação quando uma criança solitária deixa os meninos mais velhos andarem em sua bicicleta nova. Outras vezes, o medo pode levar essa mesma criança solitária a níveis quase paranóicos de autoproteção — como não deixar ninguém, nunca, tocar em seus brinquedos. Especialmente com o avanço da idade, o solitário se torna vítima de vendedores inescrupulosos que tentam explorar sua necessidade de vínculo e sua capacidade diminuída de ler sinais sociais e detectar manipulações. Indivíduos, jovens ou velhos, que "tentam ver o lado bom de cada um" sem um nível de cuidado apropriado estão especialmente vulneráveis a outros que não respondem, ou demonstram, o mesmo tipo de impulsos de corregulação que a maioria dos humanos compartilhamos quando nos sentimos socialmente vinculados.

A força da quantidade

Dois mil anos atrás, Júlio César podia ter sobrevivido aos Idos de Março se tivesse sido mais astuto na leitura dos falsos sorrisos de seus outrora aliados Brutus e Cássio. O grande general romano, no entanto, não foi nem o primeiro nem o último alfa a saber tarde demais que aliados podem se tornar assassinos em um piscar de olhos. Seja entre macacos ou entre primeiros-ministros, alguém dominante que mostra qualquer traço de fraqueza pode ser deposto do topo da pirâmide. Entre chimpanzés, os machos mais jovens estão sempre tramando algo, agrupando-se para armar golpes políticos, esperando o momento oportuno, que é quando um macho alfa enfraquecido usará uma energia extra para mostrar seu vigor com petulância e alarde.

Ainda assim, como a experiência dos garganta-azul solitários sugere, aliados e coalizões promovem vantagens demais para serem tratados com uma suspeição generalizada que elimina a cooperação. A chave para um vínculo social bem sucedido de qualquer tipo reside em uma leitura acurada dos indícios sociais e em um manejo hábil — e empático — das relações.

Espécies predatórias como lobos e chimpanzés há muito tempo desenvolverem a habilidade de trabalharem juntos para encurralar e capturar presas. Chimpanzés estão tão condicionados à defesa coletiva que muitas vezes se espalham e fazem uma patrulha do território mesmo em cativeiro. No mundo selvagem, quando estão percorrendo áreas em que a vegetação grossa reduz a visibilidade, confiam no reconhecimento das vozes de cada um para identificar e coordenar a ação. Nós, humanos, confiamos de maneira semelhante na coesão de grupo. Treinamentos militares tentam garantir que cada soldado venha a valorizar a sobrevivência do grupo de companheiros não relacionados geneticamente acima do instinto natural de autopreservação. É por isso que as sociedades recompensam esse triunfo máximo da autorregulação com medalhas e condecorações louvando no indivíduo "a total indiferença à segurança pessoal". É a vontade de cada soldado de dar seu máximo pelos outros o que promove o conforto, a segurança e a vantagem estratégica associados ao grupo.

Trabalho em equipe acima de tudo

O torneio baseado no dilema do prisioneiro de Robert Axelrod explorou a evolução da cooperação social em termos de um indivíduo agindo sozinho. Em 2004, o especialista em ciência da computação Graham Kendall teve a ideia para uma nova partida vinte anos depois que representava as sociedades com mais fidelidade. Desta vez, o modelo olho por olho que tendia à lealdade seria desafiado em uma nova nuance.

Para o torneio atualizado de Kendall, as equipes podiam submeter múltiplas estratégias inscrevendo como concorrentes vários programas de computador. Chegou-se a 223 inscritos, sendo que cada programa devia enfrentar os outros em um sistema de todos contra todos. No jogo original, os dois "prisioneiros" não podiam comunicar suas intenções ou qualquer outra coisa. Desta vez os réus virtuais podiam compartilhar informações, através de uma versão high-tech de bater o código nos canos da prisão. Como na vida real, é claro, mesmo com a comunicação permitida, não havia certeza de que os jogadores estavam dizendo a verdade.

A grande inovação foi feita por especialistas em computação da Universidade de Southampton da Inglaterra. Eles inscreveram sessenta programas, cada um sendo uma ligeira variação de uma estratégia geral que permitia que os jogadores se reconhecessem e agissem em equipe. Cada entrada de Southampton estava programada para executar uma série de cinco ou dez movimentos através dos quais dois programas de Southampton podiam se identificar um ao outro. Se um programa detectava que outro jogador não era de Southampton, imediatamente agia como traidor e dedurava esse outro "prisioneiro". Mas toda vez que dois jogadores de Southampton se reconheciam, cada um imediatamente assumia o papel de mestre ou de escravo, com um dos membros do time se sacrificando para que o outro ganhasse. O resultado foi que, enquanto alguns dos programas de Southampton se deram mal, coletivamente os jogadores dessa equipe dominaram o torneio, conseguindo o primeiro, o segundo e o terceiro lugares.[7]

O trabalho em equipe exige informação precisa e oportuna mesmo quando a disputa se localiza nos domínios íntimos da relação interpessoal. É claro que a recompensa que deriva da informação pode encorajar formas ainda mais tortuosas de engano e traição. Para avançar em seu cronograma genético, em algumas espécies os machos que acabam de se tornar dominantes matam proles alheias. Em reação, uma fêmea grávida aprende a solicitar e fazer sexo com o novo macho alfa assim que ele assume a condição, enganando-o para que pense que o filho que ela carrega pode ser dele. Seus objetivos reprodutivos demandam que ele fique de olho em todas as fêmeas do grupo, para evitar que alguma delas escape para fazer sexo com o macho de sua preferência. Entre os !Kung vimos que violações à fidelidade de casal estavam longe de ser raras no ambiente humano da adaptação evolutiva. Nas sociedades pós-industriais de hoje, o teste de DNA para verificar paternidades incertas é um negócio bastante próspero.

Para permanecer no topo, o macho alfa não precisa apenas de informação acurada; precisa refinar seu próprio uso manipulador da informação à medida que seus poderes físicos declinam com a idade. Do outro lado da equação, um chimpanzé arrivista, querendo ampliar seu status, aprende a manipular dissimulando. Depois de ser derrotado em uma disputa, pode se entregar a demonstrações melodramáticas de dor (às vezes fingida) para ganhar compaixão e apoio político. Especialmente entre humanos, a manipulação pode incluir uma extrema crueldade, como quando um tirano faz agrados a seu círculo íntimo com presentes, depois inflige atos aleatórios de terror e brutalidade sobre os mesmos cortesões para sustentar e ampliar a ilusão de seu poder imbatível, até divino. Os que não estão muito aptos a decifrar as complexidades de seu universo social, seja na corte da Renascença ou em uma corporação contemporânea, seja em domínios privados ou políticos, acabam sempre sofrendo.

A profundidade e a amplitude dessa corrida entre engano e detecção ajudam a explicar nosso apetite insaciável por informações sobre os outros, o tipo de inteligência estratégica comumente conhecida como fofoca.[8] Como sugerem as histórias de *Nisa*, lavar roupa suja tem sido uma faceta da vida humana desde o tempo em que todos vivíamos mais ou menos como os !Kung. Hoje, com *People, Us, Entertainment Tonight* e boa parte dos tabloides, a fofoca, também conhecida como informação social, é um dos focos principais da mídia contemporânea. Como a informação pode ser compartilhada sem ser rendida, transmiti-la não custa nada, o que a torna ainda mais inesgotável como meio de intercâmbio social.

Coerção

Para além do impulso de saber o que os outros estão fazendo, todos temos em graus variados o impulso de impor nossa vontade em relação ao que os outros podem ou não fazer. É por isso que emoções sociais negativas — outro material dos tabloides —, quando não ataques e assassinatos, sobrevêm com tanta frequência, o que é mais um motivo para que seja uma má ideia deixar que a necessidade de vinculação acarrete um comportamento ingênuo. E é também por isso que a seleção natural fez com que comportamentos espontâneos de corregulação ditassem o ritmo, promovendo o bem comum e mantendo em xeque o poder de cada indivíduo específico. De qualquer modo, vale repetir, o sentimento de exclusão pode nos contrapor a uma intensa necessidade insatisfeita de vinculação, o que pode perturbar os sensores que subjazem ao processo.

A lógica correguladora de cooperação recíproca, do modo olho por olho, não espera sempre encontrar equilíbrio caso a caso. Ainda assim, se você está disposto a fazer um sacrifício pelo bem do grupo — liderar uma caçada perigosa, por exemplo, ou cuidar de uma criança enquanto a mãe desempenha alguma tarefa — você espera que outros estejam dispostos, se a necessidade aparecer, a fazer uma contribuição de custo e significação comparáveis. O que resulta dessa densa rede de expectativas recíprocas é o senso de um por todos e todos por um, o que pode tanto marcar a atuação dos paleolíticos "três mosqueteiros" quanto delimitar sentimentos de intenso pertencimento a um grupo étnico, a uma religião ou a uma nação.[9]

Qualquer um que tenha ido ao exército ou que tenha feito parte de um time sabe que punir o grupo todo pelas mancadas de um indivíduo é a melhor maneira de pressionar para que os mais relapsos se esforcem. O adesivo subjacente da coesão de grupo — o desejo de cada membro de não prejudicar seus companheiros, ou a vergonha e a reprovação em que se veria — funciona na sala de aula e nos escritórios tanto quanto nos quartéis e nos campos de batalha. Mas a imposição de padrões e sanções não é exclusivamente função do líder. Bettina Rockenbach, autora principal do artigo sobre clubes de investimento e sanções, afirmou ao *New York Times*: "A conclusão (...) é que, quando se tem pessoas com parâmetros compartilhados, e algumas com coragem moral para punir outras, informalmente, então esse tipo de sociedade funciona muito bem."[10]

No estudo dos clubes de investimentos, a punição dos oportunistas acabava levando a retornos maiores para todos. No começo, contudo, antes que o ganho financeiro se tornasse evidente, o comportamento punitivo dos "grandes castigadores" podia ser considerado uma "punição altruística", já que eles queriam punir os vilões por nenhuma outra razão a não ser a promoção de um comportamento socialmente responsável no futuro. A punição altruística não traz nenhum benefício imediato ao castigador, e pode até lhe impor um custo considerável.[11] No entanto, há recompensas psíquicas.

Escaneamentos cerebrais sugerem que a antecipação de uma resposta emocional prazerosa é o que motiva tal policiamento e controle social. Usando essa tecnologia imagética, pesquisadores verificaram uma ativação do núcleo caudado — mais um dos centros de recompensa do cérebro — em proporção direta com o grau de punição imposto sobre os outros.[12] Todos sabemos que fazer o bem acaba dando uma boa sensação; punir outras pessoas por violações de um contrato social implícito também provoca seus prazeres.

Na mesma linha, a seleção natural também favoreceu a indignação moral evidente e a desforra quando sentimos que estamos sendo tratados injustamente. Emergindo do mesmo impulso que faz com que um macaco se alvoroce contra você se você lhe oferece uma fatia de pepino e a outro uma uva, a fundação de nosso sistema legal está incrustada em nossos genes e em nossas culturas. De modo que é o conceito de honra que, especialmente em sociedades tradicionais, pode levar a duelos, assassinatos por vingança e muitos outros danos. Esses comportamentos decorrem do fato de que, seja por solidão ou por outros fatores, costuma ser pouco adaptativo deixar-se manipular e cair em desvantagem. Como bem sabem os chimpanzés, sociedades estáveis necessitam do que Robert Trivers chamou de uma "forte demonstração de agressão quando uma tendência à traição é descoberta".[13]

Além disso, a indignação é uma arma mais potente quando é exposta em público. Pergunte a qualquer chefe da máfia ou líder de gangue: quanto mais dramático e público é seu escândalo, menor a chance de você ser desrespeitado no futuro. Você pode ser assassinado na semana seguinte, ou pode passar o resto da vida na prisão, mas, assim funciona esse pensamento primitivo, você não será "desprezado". Em uma cultura violenta como a do crime organizado, infrações menores são punidas com, digamos, a perda do dedo polegar; traições sérias levam à "eliminação". Os psicólogos Margo Wilson e Martin Daly contam que, em sociedades humanas em geral, quando homens matam homens que conhecem, costumam fazê-lo diante de uma plateia.[14] Apesar das dificuldades de negação que esse comportamento irrefletido acarreta, ele faz sentido em termos de psicologia evolutiva.

A mesma lógica de reprovação social se estende às expressões verbais de descontentamento. Acusar alguém publicamente de ter cometido uma incorreção é uma exortação implícita para que seus colegas retirem a cooperação e a boa vontade em relação à pessoa acusada. Você espera que seu escândalo leve o acusado ao ostracismo, servindo o isolamento social involuntário como medida de reforço do bom comportamento. Mas o recurso se esgotou há muito tempo, quando os protestos indignados se tornaram um expediente natural dos trapaceiros.

Por muitas razões, a estratégia mais adaptativa é manter tanto a habilidade de detectar trapaças ou traições quanto a capacidade de modular com cautela as próprias reações. A desregulação provocada pela solidão nos leva aos extremos, seja sofrendo passivamente (reagir muito pouco) ou sendo "difícil" (reagir com intensidade demais). Sofrer em silêncio não é bom, mas tampouco é bom discutir aos berros com o seu rival de escritório por cima da mesa de reuniões. A adaptação distintiva dos humanos é ser socialmente cooperativo de uma maneira que permite otimizar as vantagens do grupo a um só tempo preservando a própria individualidade. Essa tarefa, nem um pouco fácil, é o desafio a que nos voltaremos na última parte deste livro.

PARTE 3

ENCONTRANDO SENTIDO NOS VÍNCULOS

Lembro do ano em que o contato visual se interrompeu. Não foi uma grande mudança demográfica. As pessoas simplesmente pareceram parar de se relacionar umas com as outras. Agora esta pequena cidade é um dos lugares mais solitários do mundo. As pessoas são vagamente paranoicas, ultrassensíveis e autocentradas. As rendas são altas, o custo de vida é astronômico, mas está todo mundo endividado, vivendo em casas de um milhão de dólares e comendo pizza para viagem. E, quando vem o divórcio, o sujeito sai de casa e vai morar em seu barco particular.

— *E-mail de um homem da Califórnia*

12

Três adaptações

UMA GRANDE PARTE do que significa ser humano, talvez muito mais do que a filosofia, a religião ou mesmo a ciência havia entendido até muito recentemente, é ser social. Mas não somos de modo algum a única espécie "gregária por obrigação". Os humanos modernos evoluíram de uma linha genealógica de hominídeos, ou humanoides, uma árvore familiar que teve muitos desdobramentos. Nosso galho separou-se do tronco principal cerca de cinco ou sete milhões de anos atrás, quando uma mudança climática reduziu a quantidade de floresta tropical na África e deu lugar a um novo habitat: a savana. Registros fósseis nos mostram que mais de uma dúzia de espécies de macacos bípedes também surgiu mais ou menos nesse período. Esses primos distantes migraram conosco para a savana, mas parece que suas adaptações foram menos bem-sucedidas que as nossas, o que se evidencia pelo fato de já não estarem entre nós.[1] Nós continuamos evoluindo e nos adaptando, e eles foram acabar no cemitério da extinção.

Enquanto isso, duas espécies um pouco mais antigas sobreviveram ao permanecerem na floresta: os chimpanzés (*Pan troglodytes*) e os bonobos (*Pan paniscus*), sendo os primeiros muito mais conhecidos por nós. Os bonobos, na verdade, só foram descobertos pela ciência ocidental na década de 1920 e reconhecidos como espécie distinta à dos chimpanzés na década de 1930. Mais compridos e flexíveis do que seus primos, com uma cabeça menor e um rosto mais chato e evidente, parecem muito com reconstituições artísticas dos antigos proto-humanos conhecidos como australopitecos, o grupo cujo fóssil mais famoso foi chamado de Lucy.

Muito embora os DNAs de humanos, chimpanzés e bonobos sejam 98% iguais, nós não "descendemos" de nenhum desses habitantes das florestas. Em vez disso, cada espécie, incluindo a nossa, é uma variação da linhagem principal, cada uma com um conjunto diferente de adaptações para a vida social, cada uma sendo bem-sucedida a sua própria maneira. Existem a adaptação dos chimpanzés, a adaptação dos bonobos e o que eu chamo de Terceira Adaptação: a humana. Cada uma dessas três formas de lidar com uma existência altamente social funcionou bem o bastante para fazer a espécie durar até o século XXI, mas uma avançou na linhagem primata um tanto mais longe do que as outras duas.

Em comparação com todos os outros hominídeos, o *Homo sapiens sapiens*, o "esperto", também conhecido como ser humano, é, como espécie, hiperempático e hipercooperativo. O que não significa, é claro, que tudo seja leve e doce entre nós. Ainda assim, enquanto nossos primos permaneceram na floresta, nós conseguimos colonizar todos os hábitats do planeta, e em seguida partir para o espaço. Pelo caminho, ao longo de quarenta mil anos fomos compilando um sem-número de artefatos culturais, de pinturas rupestres a anticorpos monoclonais. Devemos boa parte desse progresso à habilidade cognitiva expandida, aos laços de casal mais intensos e a um nível mais sofisticado de investimento parental nos filhos. Fisicamente, tivemos as "vantagens" do polegar opositor (melhor para o manejo de ferramentas), da postura ereta (melhor para carregar coisas), das pernas mais compridas (melhor para percorrer longas distâncias), e de um ombro mais bem adaptado para arremessos. Esses atributos físicos, coevoluindo lado a lado com as habilidades cognitivas, nos permitiram abrir vastos territórios novos e aproveitar melhor os novos recursos. Com ferramentas que prolongam a pegada, com arremessos que ampliam o alcance e com a postura ereta para erguer o olhar, desenvolvemos um campo de visão bastante mais aberto. Com a perda de pelos corporais melhoramos nossa capacidade de dissipar o calor, o que permitiu que nossa locomoção bípede evoluísse para corridas rápidas, e em seguida para a corrida durante longos períodos de tempo. Combinada com capacidades mentais cada vez mais sofisticadas — a habilidade de manter a imagem de uma presa animal mesmo quando ela não está mais à vista, a habilidade de continuar focando em um determinado objetivo com persistência durante dias ou mesmo anos — a corrida possibilitou que deixássemos de ser catadores de carniça na savana e nos tornássemos caçadores competentes.[2]

Da expansão de nosso cérebro e de nosso campo de visão decorreu uma expansão ainda maior: não apenas da amplitude de lugares que habitamos, mas da amplitude global e temporal de nossas preocupações. É essa a expansão que está no cerne da Terceira Adaptação. Tornamo-nos criaturas não apenas do momento, mas do futuro e do passado. Pudemos internalizar lições a partir da experiência, aprender com nossos erros e planejar os próximos passos. Pudemos adiar gratificações e guardar registros mentais de traições e bondades ao longo de gerações, até de séculos. Com um controle executivo muito sofisticado e plenamente funcional, pudemos identificar muito melhor o que serve aos nossos interesses, levando em conta também nosso pertencimento a maiores comunidades de interesses, estendendo esses critérios ao mundo inteiro e ao futuro em que viverão nossos bisnetos. E, assim, apesar de todas as outras vantagens humanas, nossa adaptação mais singularmente benéfica continua sendo a autorregulação e a cognição social nuançada proporcionadas pelo neocórtex. A pedra angular da Terceira Adaptação é a função executiva, sem a qual nossa inteligência e nossas capacidades físicas nos deixariam tão inconstantes, desconcentrados e isolados quanto Phineas Gage, o ferroviário que teve o cérebro perfurado por uma barra de aço.

Apesar de todo seu desenvolvimento cognitivo, sua percepção e sua expressividade, tanto chimpanzés quanto bonobos são em grande medida criaturas do momento. Sem terem dominado efetivamente a locomoção bípede ereta, estão adaptados a um olhar baixo e a preocupações limitadas que condizem com seu limitado campo de visão. Embora sejam capazes de exibir gentileza e até comportamentos altruísticos, esses atributos sociais, combinados com sua inteligência, não chegaram a ir além de uma existência para a subsistência em alguns bolsões isolados da África, onde são ameaçados pela intrusão humana.

Talvez devido a essa ameaça, bonobos vivem tão nas profundezas da floresta que sabemos muito pouco de seu comportamento na natureza selvagem. (Felizmente, a República do Congo há pouco demarcou para eles a reserva natural Sankuru, com uma área equivalente ao tamanho do estado de Massachusetts.) Muito do que sabemos sobre sua estrutura social vem da observação de indivíduos capturados em zoológicos e em outras instituições de pesquisa, e é com base nessas informações que os bonobos ganharam a reputação de "chimpanzés hippies", os expoentes originais da paz e do amor livre.[3]

Alguns primatólogos ainda estão tentando iniciar uma pesquisa com os bonobos semelhante à que Jane Goodall fez com os chimpanzés, e enquanto isso vão adiando qualquer julgamento sobre essa questão de paz e amor. Ainda assim, a percepção geralmente aceita é de que chimpanzés e bonobos têm um contraste imenso no que diz respeito à vida em grupo. Em termos de autorregulação e corregulação, chimpanzés são os fuzileiros navais e bonobos são a cooperativa de alimentos orgânicos.

Se a sociedade dos bonobos na natureza selvagem corresponde à estrutura social que vemos em cativeiros, pode ser que a paz e o amor desenfreados não sejam tão eficientes quanto a abordagem mais muscular e competitiva dos chimpanzés. No entanto, mesmo que a agressividade e a competição deem aos chimpanzés uma proteína mais concentrada, essas qualidades pouco contribuíram para seu desenvolvimento cultural. Enquanto os humanos progrediram para a engenharia genética, para o *Rei Lear* e para o Concerto de Brandemburgo, nossos primos macacos ainda ficam sentados à chuva, enfiando gravetos em buracos na tentativa de pegar cupins.

O *Homo sapiens* hipercooperativo

Dentro da estrutura social de qualquer hominídeo, seja no leste da África ou em Manhattan, cada indivíduo deve em alguma medida suprir as necessidades dos outros, em alguma medida suprir suas próprias necessidades e em alguma medida manter sob controle o suprimento da necessidade dos outros. A lição simples que emerge ao estudar hominídeos é que, quanto mais extenso o altruísmo recíproco nascido no vínculo social — a adaptação em que os humanos realmente se sobressaem —, maior o avanço em termos de saúde, riqueza e felicidade.

Martin Nowak relacionou cinco dimensões distintas de cooperação social, cada uma com uma caracterização sucinta:

- Seleção consanguínea: "Saltarei no rio para salvar dois irmãos ou oito primos."

- Reciprocidade direta: "Coço as suas costas se você coçar as minhas."

- Reciprocidade indireta: "Ajudarei os outros para ganhar uma boa reputação, o que será recompensado pelos outros."

- Reciprocidade em rede: "Ajudarei os outros para evitar a exclusão de uma rede cooperativa em que os membros se ajudam."

- Seleção de grupo: "Um grupo de cooperadores pode ser mais bem-sucedido que um grupo de traidores."[4]

Cada uma dessas regras se aplica a chimpanzés e bonobos assim como a humanos; a diferença entre nossa Terceira Adaptação infinitamente mais bem-sucedida e os dois outros grupos é questão de grau. Por exemplo, mesmo quando qualquer opção B dada beneficiará o grupo social maior, chimpanzés podem ir por qualquer via, escolhendo a opção A cerca de metade das vezes. Em contraste, crianças humanas quase sempre ajudarão outras a desempenhar uma tarefa, espontaneamente e sem recompensa, a partir dos quinze meses de idade.[5]

Na vida cotidiana, assim como nos laboratórios de pesquisa, a motivação individual é influenciada pelos objetivos evolutivos do gene egoísta. Se para salvar a vida de um bebê chimpanzé que não é seu descendente direto, um chimpanzé adulto arrisca sua vida mergulhando no canal que cerca sua jaula no zoológico, ele não tem tempo — ou, como se pode presumir, não tem poder cognitivo suficiente — para fazer um cálculo elaborado das forças da seleção consanguínea, das reciprocidades direta, indireta ou em rede, ou da seleção de grupo. Em vez disso, sua ação é motivada pelas predisposições programadas em seu desenho genético.

Alguns pesquisadores dizem que chimpanzés ficaram "presos" na competitividade por sua falta de "tolerância social", ou seja, pela seleção que fazem dos outros chimpanzés que estão dispostos a ajudar. Chimpanzés sabem como cooperar quando há uma recompensa clara. Isso ficou demonstrado em um experimento em que dois chimpanzés eram capazes de conseguir comida, mas só se agissem juntos, cada um puxando uma corda separada.[6] Mas ainda eram muito seletivos ao decidirem com quem cooperariam. Sinais sociais podem ser mais um fator que interfere. Os humanos chegaram a um nível único de habilidade em aprender a ler intenções e cooperar como uma equipe integrada. Cachorros, depois de milhares de anos de procriação seletiva e parceria com a nossa espécie, atendem prontamente a gestos humanos para encontrar comida. Chimpanzés, embora sejam mais inteligentes do que cachorros, só o fazem raramente.[7]

O que está longe de dizer que chimpanzés são brutos e inexpressivos. Seu lado amável e brincalhão é tão real quanto sua disposição para a agressão, e ambos aspectos de seu temperamento são muito físicos. Depois de uma matança na natureza selvagem, ou mesmo quando tratadores trazem baldes de comida no zoológico, eles se reúnem como torcedores depois de uma partida vitoriosa, abraçando-se, beijando-se, dando tapas nas costas dos outros, pulando para cima e para baixo. Todo esse contato, é claro, é um meio de regulação social, assim como o compartilhamento de comida que se segue. A celebração física — pensemos de novo na oxitocina — alivia tensões e promove uma atmosfera cooperativa. E, para os machos caçadores que trazem a carne, distribuir esse luxo altamente proteico também é um modo de barganhar por sexo.

O fato de chimpanzés, apesar de toda a camaradagem, nunca chegarem a uma sutileza na leitura de sinais sociais, ou a uma maior habilidade ao desempenhar tarefas cooperativas, foi uma coisa boa para os primeiros humanos, porque nossa vantagem competitiva nunca se baseou na força física. O chimpanzé adulto macho médio é cinco vezes mais forte que o homem médio. Com pescoços grossos, ombros largos e caninos grandes e afiados, chimpanzés machos têm um temperamento feroz. E também se valem dos pelos para parecerem maiores do que são.

Bonobos não se deixam levar tanto por essa postura, mas também são muito físicos no modo de promover uma atmosfera social positiva. Eles também compartilham comida, e "celebram" antes de comê-la, mas não se abraçam e não se beijam. Bonobos soltam gritos altos, e em seguida fazem sexo.

Os hippies das décadas de 1960 e 1970 eram conhecidos por usar o sexo como uma maneira de limpar a atmosfera comunal de "más vibrações", mas, para os bonobos, ao menos em cativeiro, o sexo é a moeda de troca da afiliação social cotidiana, o equivalente bonobo para um aperto de mãos, um abraço ou um aceno de despedida. Ao cumprimentarem, uma das primeiras coisas que as fêmeas bonobos fazem, praticamente em qualquer lugar, sob quaisquer circunstâncias, é o que os primatólogos chamam de fricção genital (GG). Machos e fêmeas, machos e machos, da mesma maneira fazem sexo em toda parte, a qualquer hora, muitas vezes com os mais jovens pulando em cima deles para poder ver melhor.

Contratos sociais

Seja por intimidação física, por gratificação sexual ou por uma especialização social mais sofisticada, cada uma das três adaptações deve atingir um nível de regulação grupal que promova cooperação, que puna a falta de cooperação e que governe a distribuição de recursos. Chimpanzés e bonobos usam alavancas não verbais para governar a fertilidade e o investimento parental, bem como a submissão e a dominação, ao mesmo tempo mantendo o que políticos poderiam chamar de "apoio das massas". Foi assim que nossos ancestrais adquiriram o sistema de prêmios e castigos que tanto nos interessa, as sensações fisiológicas de prazer e dor que chamamos de vínculo social e solidão.

Bonobos machos, como chimpanzés machos, têm dentes caninos afiados, e pesam em média 15% a mais do que as fêmeas. Ainda assim, na sociedade dos bonobos, ao menos de acordo com a visão predominante, são as fêmeas que comem primeiro e que regulam a distribuição de comida. Aparentemente satisfeitos em toda sua atividade erótica, os bonobos machos não precisam lutar pelo acesso às fêmeas, o que significa que eles também não têm nenhum incentivo para lutar pela dominação. Bonobos copulam livremente também com membros de grupos vizinhos, o que dispensa boa parte do incentivo pela territorialidade e toda a violência que dela decorre. Por que um macho bonobo arriscaria sua vida ou sua saúde em incursões em busca de fêmeas de outros grupos quando esse recurso sexual está, de modo geral, livremente disponível? E, tal qual os casamentos cruzados entre a realeza medieval, a inter-relação entre os bandos criada pela promiscuidade mitiga ainda mais a hostilidade.

A sociedade dos chimpanzés se organiza em torno de grupos de machos caçadores e de guerras contra os machos de outros bandos. A "comuna" dos bonobos é relativamente tranquila e liderada sobretudo pelas fêmeas. E, assim como nas sociedades humanas, cada abordagem em relação à regulação e à coesão social implica mudanças em termos de custo e benefício.

Para os chimpanzés, a necessidade dos machos de competir pesadamente por sexo (combinada com as preferências que as fêmeas exercitam em sua escolha dos parceiros sexuais) levou à evolução de machos grandes, fortes e muitas vezes brutais. O resultado indireto desses dois fatores sociais — a competição social e a seleção feminina — é a dominação masculina, o que então influencia a interação entre seleção sexual e seleção natural. Machos dominantes têm mais e melhores opções reprodutivas, e desse modo é do interesse genético da fêmea acasalar com o maior e mais forte, nem que seja para aumentar as chances de que sua prole masculina também seja grande e forte, e tenha as opções reprodutivas mais amplas que cabem aos machos grandes e fortes, e assim por diante ao longo das gerações.

Diferentemente dos clubes de investimento, a natureza não fornece relatórios regulares de ganhos e perdas para indicar que estratégias sociais são mais benéficas. O indicativo último é a taxa de sobrevivência da prole. As regras nem sempre são explícitas, e as sanções e recompensas às vezes são quase imperceptíveis. Ainda assim, todos os sistemas sociais da natureza selvagem devem adquirir uma regulação autossustentada, e devem fazê-lo na interface das escolhas individuais e da corregulação.

Na espécie *Homo sapiens*, contudo, nossa inteligência e nossa perspectiva mais ampla abriram novas áreas de sanções e recompensas, assim como outra forma de seleção natural. O que é mais uma razão por que a dominação na forma da "lei do mais forte" é inadequada para o avanço humano. Diversidade, competição, escolha e sobrevivência dos mais aptos podem se aplicar a valores culturais assim como a características físicas ou comportamentos. Richard Dawkins cunhou o termo "meme" como corolário cultural para "gene", isto é, a unidade de cultura sendo transmitida.[8] O meme representa nossa atenção humana a propósitos e significados. Assim como estamos dispostos a morrer por nossa prole ou por nossos camaradas de pelotão, estamos dispostos a morrer para preservar valores, princípios e ideias que significam muito para nós. Mas, na mesma linha, a seleção natural é um jogo em que o sucesso é medido pelo maior número de unidades lançadas e sobreviventes em um sistema. Não se pode avançar o meme "justiça" em um meme de "comportamento totalitário incluindo tortura". A propagação dos memes requer aderência a valores culturais que lhes são inerentes. O que significa dizer: os fins não podem justificar os memes.

Sozinho no topo

Um fato muitas vezes desprezado quanto à dominação é a medida em que o alfa no topo da pirâmide social pode confiar em sua habilidade de se autorregular e de se corregular. Um chimpanzé dominante costuma ganhar sua posição de mando com mais do que uma pequena ajuda dos seus amigos, primos e irmãos. Estes, em contrapartida, ganham maior acesso a privilégios sexuais sob a forma de patronagem política. Assim, ao mesmo tempo que alcançar e manter a liderança decerto requer uma força genética, também depende de uma disposição genética para os tipos de funções do controle executivo que, como vimos, são desafiadas por sentimentos de exclusão social: atenção focada, autodomínio, controle de impulsos, percepção social e mesmo sensibilidade social.

A liderança depende de uma cooperação entre machos, de modo que, mesmo entre macacos, alcançar esse status exige visão, relações de confiança, capacidade de detectar traições e reciprocidade. Essa é a única maneira para que se estabeleçam e sejam mantidas "coalizões minimamente vencedoras" que preservam posições importantes e atraem benefícios para todos os membros da equipe. Como todo macaco aprende mais cedo ou mais tarde, um sistema social construído sobre a base de que "o vencedor leva tudo" nunca é viável por muito tempo.

Para chimpanzés, regular interações sociais por meio de batalhas constantes tem um preço. O macho solitário que se ergue ao topo da hierarquia não se torna subitamente imune à competição que conduz o processo seletivo. Ele pode estar "sozinho no topo", mas ainda tem que manter o controle executivo. Tem que estar focado e atento o tempo todo — empertigando-se, tomando cuidado, fazendo jogos de dois contra um para manter alianças que lhe permitam evitar ser derrubado por rivais.

Qualquer um que almeje ao trono necessita das mesmas aptidões sociais, porque qualquer líder deve devotar quantidades similares de tempo e energia no manejo de alianças, traições e triangulações políticas. Como resultado — e aqui voltamos a uma dimensão física — a vida para os chimpanzés machos é incrivelmente estressante. Pesquisadores veem com frequência machos jovens tremendo de medo, gritando e sofrendo de diarreia devido à ansiedade. Não surpreende que, na sociedade dos chimpanzés, ainda que machos e fêmeas nasçam em igual número, em geral haja duas vezes mais fêmeas do que machos.[9] Imagina-se que bonobos machos tenham que passar por muito menos estresse social, e nas sociedades de bonobos o número de adultos machos e fêmeas costuma ser equivalente. Mas, mais uma vez, cercados por um mundo duro e competitivo para além do grupo imediato, como mostra a ameaça a sua sobrevivência, pode ser que os bonobos tenham levado até o limite essa abordagem mais "relaxada" da regulação social.

Entre chimpanzés, e de modo pouco surpreendente dado o preço que pagam e as questões em jogo, alfas hiperagressivos são muito claros nas punições merecidas por qualquer um que não mostre o respeito apropriado por seus superiores hierárquicos. Após demonstrações de poder, que podem incluir rolar rochas e brandir porretes, um macho alfa costuma sentar-se e esperar que a corte se reúna ao redor. Como prova de deferência, os subordinados dão uma saudação característica, acompanhada de resmungos ofegantes, que facilmente poderia ser considerada um ato de humilhação. Se você já viu políticos se apressando para congratular o vencedor de uma eleição, conhece o gesto. É tudo parte do contrato social: protocolos de dominação (uma forma de corregulação que requer autorregulação) mantêm a ordem, enquanto a submissão e os rituais de deferência (uma forma de autorregulação que requer corregulação) promovem a harmonia. A segunda parte amiúde negligenciada desse ato de equilíbrio — a deferência — também serve para evitar batalhas inúteis, lesões desnecessárias e energia desperdiçada, seja na forma de verbas para campanhas políticas, seja na forma de calorias gastas na floresta tropical.

Um equilíbrio cuidadosamente regulado entre dominação e deferência, competição e obediência mantem alertas os que estão no topo, a um só tempo proporcionando algo para todos. O grupo alcança o tipo de homeostase social que pode preveni-lo de sucumbir ao caos e à destruição. E essa complexa equação social encontrou ao menos um equilíbrio temporário nessas três adaptações, sem o benefício de um alvará das Nações Unidas, uma Magna Carta ou consultores políticos. As regras, e a sabedoria para fazê-las funcionar, estão escritas nos genes e nos memes.

Tranquilização

Entre chimpanzés fêmeas e bonobos, a posição costuma basear-se na personalidade e na idade, de modo que há pouco por que brigar e a hierarquia prescinde em grande medida de disputas. Ainda assim as pressões de autorregulação e corregulação continuam fortes. Mesmo em cativeiro, quando chimpanzés fêmeas são levadas a laboratórios de pesquisa para serem submetidas a experimentos, uma sempre trata com deferência a que lhe é superior. Retrai-se e não toca o quebra-cabeça ou o computador ou qualquer coisa que seja oferecida até que a fêmea dominante abra o caminho.[10]

Entre bonobos, se uma fêmea de posição baixa comete alguma ofensa contra o filho de uma fêmea dominante, ou pega um pedaço de comida em que uma fêmea mais velha estava de olho, ou falha em ceder terreno quando uma matriarca se move para cuidar de um macho, a fêmea de posição mais alta pode se recusar a compartilhar comida com ela ou a aceitar o trato de suas subordinadas. Esse tipo de represensão pode fazer com que o animal mais jovem tenha uma explosão de raiva bem na frente dos mais velhos que o rejeitam e o tratam com frieza. A afronta é tão estressante que faz com que o subordinado fique fisicamente mal, muitas vezes vomitando aos pés dos que o punem. Parece que macacos detestam a rejeição social tanto quanto os humanos.

Não apenas as interações do dia a dia, mas alguns dos lembretes fisiológicos de corregulação que controlam a estrutura social maior dos bonobos se baseiam no sexo. No despertar da puberdade, as fêmeas perdem o interesse nos jogos eróticos que são parte integrante de sua cultura. Em seguida deixam seus grupos originais e partem à procura de outro, um movimento que ajuda a minimizar a procriação consanguínea. Assim, na idade em que a promiscuidade divertida pode levar a uma gravidez, irmãos e irmãs se separam. Mas o fator que então se torna mais importante para as jovens fêmeas migrantes é ter refinamento social suficiente para que sejam aceitas por um novo grupo. Os bonobos, tão obrigatoriamente gregários quanto os chimpanzés e os humanos, não sobrevivem sozinhos por muito tempo. Ao encontrar estranhos, de imediato a jovem estrangeira se engaja em contatos genitais com as fêmeas mais velhas, o que a faz receber o apoio de uma das matriarcas, ajudando assim a reforçar e perpetuar as alianças sociais femininas que corregulam a tropa e a mantêm unida.

Mesmo nas sociedades dos chimpanzés dominadas por machos, são as fêmeas que movimentam os fios invisíveis que reforçam esses contratos sociais hominídeos. A liderança depende em grande medida do consentimento dos governados, e sempre que um macho novo e ascendente aparece — o equivalente entre os macacos a um rapaz de dezenove anos com músculos salientes e boné virado para trás — as fêmeas se juntam para deixar claro a ele que tipo de "dominação" elas estão dispostas a tolerar. Mesmo em sociedades instáveis e hierárquicas como as dos chimpanzés, de nada serve derrubar o líder e assumir seu lugar se toda a tropa se ergue em rebelião. Líderes autoritários costumam ter governos curtos. Mais uma vez, tanto para os alfas quanto para os insurgentes, ler corretamente os sinais sociais e ser sensível às dinâmicas de poder vale tanto quanto a força e o vigor jovial. Assim como humanos solitários que tentam se reengajar no mundo social de uma maneira mais satisfatória, todas as criaturas sociais necessitam de discernimento e de percepção social aguçada para prosperar.

Quando chimpanzés fêmeas sentem uma discórdia social que não lhes agrada, algumas soltam seu grunhido característico. Os primeiros chamados são experimentais, como se estivessem testando o ambiente. Quando os outros se unem a elas, e em especial quando a fêmea alfa dá seu apoio, os chamados crescem em intensidade até formar um coro ensurdecedor. Sem urnas ou cédulas, parece que os governados estão votando se dão ou não seu consentimento ao novo sujeito que almeja o poder. Se a insatisfação é grande o bastante, pode levar a uma grande revolta, com o bando afugentando ou mesmo matando o postulante a macho alfa. Um líder do grupo longamente estudado por Jane Goodall, um infame alfa chamado Goblin que aprendeu a inflar seu status batendo em latas vazias de querosene, era tão tirano que por duas vezes quase foi assassinado.[11]

Um incentivo a mais para que as chimpanzés fêmeas trabalhem para amenizar a tensão e promover a estabilidade do grupo é que os indivíduos machos são conhecidos por descontar em todos suas próprias frustrações. Um chimpanzé macho planejando uma tomada de poder passa uns quinze minutos se aquecendo antes de se lançar ao ataque. Seus pelos se arrepiam e ele anda de um lado a outro, soltando gritos. Com frequência se arma com um pau pesado ou uma pedra. Durante esse período, muitas vezes uma fêmea se aproxima e tira a arma de sua mão.

Fêmeas de todas as espécies de hominídeos desenvolvem habilidades sociais de mediação de conflitos como uma parte necessária da maternidade. Durante o desmame, a mãe afasta a criança de seu peito, mas logo permite que retorne se ela chora em protesto. O intervalo entre a rejeição e a aceitação vai aumentando à medida que a criança cresce, e o conflito se torna uma grande batalha de interesses. Os mais novos tentam convencer a mãe com lamúrias e respiração ofegante; se tudo falha, podem até ter um surto de raiva. De novo, a vantagem será da criança que sabe como manipular com sucesso; do lado materno, a vantagem será para a fêmea que souber permanecer firme e não se deixar levar. Mais uma vez, essa rejeição primária pode perturbar tão fisicamente o filho que ele pode vomitar aos pés da mãe.

Tal como na sociedade humana, são as fêmeas mais velhas que comandam os comportamentos de corregulação que ajudam a dissipar a tensão grupal. Quando dois machos persistem em uma disputa, uma fêmea mais velha e de posição elevada se aproxima de um, cuida dele penteando-o por um momento, depois se afasta e faz o mesmo com o outro. O primeiro macho geralmente a segue, sem fazer contato visual com o oponente. Se não a segue por vontade própria, a fêmea pode puxá-lo pelo braço para que a acompanhe. Ela então se senta perto do segundo combatente, e os dois machos passam a penteá-la, um de cada lado. Depois de um tempo ela simplesmente se retira, deixando que se penteiem um ao outro. Em seguida, ruidosos estalos de lábios indicam que os antigos inimigos estão completamente engajados nos tratos mútuos. Que os líderes mundiais dos *Homo sapiens* tomem nota: nenhum macho teve de tomar a iniciativa, nenhum deles teve que se humilhar, e no entanto foi restaurado o equilíbrio do grupo.[12]

Manter a coesão de grupo e a regulação entre humanos pode ser algo igualmente físico e igualmente sutil. Humanos têm "um senso" da distância adequada a ser mantida entre duas pessoas que conversam. Isso varia entre culturas, mas em cada cultura existem regras claras. Guardamos certas regras não ditas de contato visual. Olhar fixamente é algo considerado rude, às vezes até ameaçador. Olhar de relance certas partes da anatomia está além dos limites porque é considerado provocativo ou sexualmente agressivo. Mas não pensamos em nada disso até que alguém viola a norma, e então o sentimento de desconforto é palpável.

Ao passo que macacos passam 10% de suas horas de vigília penteando e cuidando uns aos outros, humanos riem das piadas sem graça do chefe. Também praticamos a bondade rindo das brincadeiras por vezes patéticas das crianças, dos muito velhos, ou dos que têm problemas mentais. Bajulamos nossos conhecidos mais ricos ou mais proeminentes em termos sociais, mas, se estamos realmente atentos à sociabilidade, também mudamos de assunto assim que percebemos que o mais humilde dos ouvintes mostra algum desconforto. Quando nosso voo atravessa uma bolsa de ar e dá um solavanco, nós não liberamos a tensão e promovemos a coesão grupal abraçando sexualmente nosso vizinho de assento, mas podemos soltar alguma piada. O objetivo inconsciente determinado por genética de todos esses comportamentos é a manutenção da coesão de grupo.

A terceira vez é a que vale

Não temos meios de avaliar o comportamento social de cerca de uma dúzia de espécies de hominídeos que não deixaram qualquer traço senão alguns ossos espalhados. Mas, da linhagem que conduz ao *Homo sapiens*, sabemos que foi só ao conseguirmos ampliar a visão e ver o quadro mais geral que nos tornamos capazes de otimizar a cooperação social a ponto de criarmos os estados-nação. É óbvio que os humanos foram mais bemsucedidos em certos momentos e lugares do que outros, mas as falhas evidentes de harmonia social — descendo até a violência, a miséria e a estagnação econômica — provam a regra. É só quando adotamos a perspectiva social mais abrangente da Terceira Adaptação, operando em contraposição à ambição pessoal e ao desejo de ganho individual, que chegamos a soluções realmente inovadoras que transcendem a estreiteza do interesse próprio. As melhores ideias são aquelas que beneficiam o indivíduo, a família, a tribo e, em última instância, a espécie.

As tecnologias da alavanca, da roda e do fogo sempre foram de domínio público. As sabedorias de Heródoto e Hegel estão disponíveis para qualquer um. Mesmo predadores corporativos que passam décadas pilhando e roubando muitas vezes veem a luz e, no fim, organizam grandes fundações para fazer algo útil de suas riquezas. Madre Teresa devotou sua vida a ajudar os pobres de Calcutá, mas não de olho no Prêmio Nobel. Tim Berners-Lee inventou a estrutura básica da rede mundial de internet como um meio de unir a humanidade, sem pensar em sua exploração comercial. E, no entanto, o registro humano de avanços benéficos continua sendo estragado pelo pensamento de "o vencedor leva tudo" e "do meu jeito ou de jeito nenhum", incluindo tribalismo, intolerância, crueldade e derramamento de sangue.

Muitos fatores — estupidez, ignorância, ganância, insegurança, raiva mal resolvida — podem nos impedir de fazer consistentemente um bom uso da abrangente, mais nuançada e mais socialmente benéfica Terceira Adaptação. Muitas dessas causas de problemas são difíceis demais de tratar. Mas a solidão é uma com que podemos lidar de uma maneira bastante direta, especialmente ao percebermos que a solidão não é uma sentença perpétua, mas um chamado para reparar os vínculos sociais.

A lição motivacional implícita na solidão é esta: enquanto o comportamento bom e generoso conduz a uma aceitação social e a um sentimento de pertencimento, o comportamento egoísta e antissocial leva ao declínio físico e à dor perturbadora do isolamento. Construir vínculos depois de um período de privação não é fácil, mas, como nossa fisiologia teima em nos lembrar, a vinculação é nosso estado normal.

Um nível distinto de percepção social, cognição social, vinculação e cooperação está no cerne do que somos como espécie. Isso significa que dependemos uns dos outros não apenas para o conforto, mas para a sobrevivência. O processo de socialização pode diferir nas várias culturas, mas toda criança aprende a ler os outros, se não também a respeitar os direitos e os sentimentos dos outros. Socializar — tolher o eu para alcançar algum grau de aceitação social — depende de escolher comportamentos que melhorem as circunstâncias de todos. Mas isso não significa o equivalente adulto a deixar os garotos maiores andarem com a sua bicicleta.

Tentar amenizar a dor da solidão e trabalhar para satisfazer nossa necessidade de pertencimento muitas vezes precede outros objetivos, levando as pessoas a renunciarem a gratificações imediatas e aos interesses próprios de modo a conseguir resultados melhores em longo prazo. Mas, como vimos, quando a exclusão social parece absoluta e irredutível, o sentimento adverso de isolamento perde seu poder de motivação. Em vez disso, parece perturbar a própria fundação do eu. A experiência de isolamento social ameaça nossa sensação de propósito, que é um dos fatores subjacentes ao desenvolvimento humano. Ela mina a negociação implícita — autorregulação em troca de aceitação social — em que se baseia a identidade pessoal, e que é um dos princípios organizadores básicos da sociedade humana. Pouco surpreende que a solidão seja um fator de risco que pode levar ao suicídio.[13]

Vimos que sensações de isolamento podem causar declínios no controle executivo e na autorregulação que levam a comportamentos impulsivos e egoístas. A capacidade de reagir com atitude e propósito também declina, sendo substituída pela passividade, pela negatividade e às vezes até pela depressão clínica. Enquanto nossas respostas automáticas e nossos hábitos persistem, como no caso de Phineas Gage depois de sua lesão cerebral, nossa capacidade de ter pensamentos complexos é prejudicada.

A solidão nos torna menos capazes de filtrar "ruídos" culturais que nos distraem e focar no que é realmente importante. E essas tendências comportamentais têm um efeito de bola de neve. Ao nos privar da autorregulação e do controle executivo, a solidão abate tanto o autocontrole quanto a persistência. Ela distorce a cognição e a empatia, a um só tempo perturbando as percepções que contribuem para a regulação social, incluindo as percepções do tipo dar-e-receber da sincronização social, os atos medidos de deferência e dominação, os apaziguamentos, as sanções sociais e a formação de alianças.

O caso é que precisamos dessas sutis habilidades para facilitar não só nossa "adequação" ao grupo, mas a adequação do grupo em geral, isto é, um nível praticável de harmonia social.

A solidão diminui o sentimento de recompensa que tiramos da interação com outras pessoas. Em contrapartida, nos impele a reações muitas vezes repulsivas governadas por partes do cérebro associadas a vícios. Se não consigo ler os outros com precisão, não consigo captar nuances e me deixar levar pela intuição em direção a soluções de ganho coletivo. Minha obtusidade vai fazer com que eu não seja visto como um parceiro adequado. Devido às minhas respostas e às respostas que suscito nos outros, posso ficar insatisfeito com minhas interações sociais por não receber os sentimentos de recompensa que os outros recebem. E o que perco como indivíduo isolado pode ganhar raízes e se disseminar por minha sociedade.

Outra pesquisa confirma o que amantes desprezados sabem bem: que, quando as pessoas se sentem rejeitadas ou excluídas, tendem a ficar agressivas, mais autodestrutivas, menos cooperativas e atenciosas, e menos inclinadas à dura tarefa de pensar com clareza.[14] Em toda a sociedade, podemos ver todos os dias esses mesmos princípios em ação em perturbadoras manchetes de jornal.

Saúde, riqueza e felicidade

A maioria de nós aprende que a felicidade genuína ao longo do tempo não se equaciona com nada tão simples quanto mais aparelhos eletrônicos, carros maiores ou uma barriga cheia. A felicidade não é apenas o oposto da dor, da tristeza ou do desconforto.[15] E a felicidade genuína também não é um estado de humor transitório.[16]

Anos atrás um estudo clássico mostrou que, em dois anos, a felicidade de ganhadores de loteria, assim como a felicidade de vítimas de acidentes que ficaram tetraplégicas por suas lesões, voltava aproximadamente ao mesmo patamar de antes deles experimentarem a fortuna ou o infortúnio.[17] Nossa pesquisa com os habitantes mais velhos de Cook County mostrou uma estabilidade similar nos níveis de felicidade testados ao longo de anos subsequentes, sugerindo que têm muito a ver com a disposição fundamental de cada um. Mas a felicidade como disposição não pode ser reduzida apenas a construtos de personalidade. Para um membro da espécie humana, a felicidade demanda vinculação.

Em nossa pesquisa de Cook County, todos os fatos objetivos e as avaliações subjetivas que nossos participantes forneceram sobre suas vidas cotidianas vão para um banco de dados que nós analisamos com tanto cuidado quanto seus exames de sangue. Esse grande corpo de pesquisa foi uma tentativa de longos anos de analisar os elementos que conduzem a uma vida melhor.[18]

O quadro que emergiu desse estudo é o seguinte: ter acesso a um auxílio prático da parte de outros não está relacionado à felicidade, mas níveis de solidão e autoestima sim. O estresse crônico tinha, como era de se esperar, um efeito negativo sobre a felicidade, mas não houve associação direta quando a análise incluiu todas as variáveis que podem influenciar a felicidade. Sintomas depressivos e hostilidade também não estavam diretamente relacionados com a felicidade ou com a falta dela quando outras variáveis foram incluídas. Saúde fraca e dor crônica só estavam remotamente relacionadas com a felicidade — presumivelmente porque as pessoas que sofrem dessas aflições conseguem se ajustar a elas. Ter um estilo de vida saudável ou não — fatores como fumar, consumir álcool, exercitar-se, ter uma boa nutrição — não tinha nenhum efeito mensurável na felicidade (embora a fadiga diária mostrasse um efeito transitório). A idade sim teve um efeito, contudo, e de um modo que pode surpreender: os mais velhos reportaram mais felicidade do que os mais jovens.

Em seguida conduzimos uma análise longitudinal para determinar que fatores permitem prever mudanças na felicidade de uma pessoa em um período de três anos.[19] Por fim, descobrimos três que davam conta disso:

1. *Vínculos sociais.* Sentir-se menos solitário é um bom presságio da felicidade, e a felicidade um bom presságio de que alguém possa se sentir menos solitário com o passar do tempo.
2. *Renda familiar.* O cruzamento de dados mostrou que a renda familiar está *sim* associada à felicidade. Todavia, uma renda familiar maior não permitia prever *aumentos* subsequentes de felicidade. Existe, em outras palavras, um limite para além do qual um aumento de renda deixa de fazer efeito sobre a felicidade. Encontramos uma relação entre renda e felicidade, mas de ordem inversa: níveis mais altos de felicidade permitiam prever aumentos subsequentes de renda. E a felicidade predizia um aumento de renda ao menos em parte devido a uma diminuição dos sentimentos de solidão.
3. *Idade.* Em detrimento da impressão comum sobre "as misérias da velhice", nossos dados e os da psicóloga Laura Carstensen nos dizem que na verdade as pessoas vão ficando mais felizes com a idade. Dois fatores podem explicá-lo. O primeiro é que a tonsila — a estrutura cerebral que governa as respostas emocionais, em especial as negativas — com o passar do tempo pode se tornar ligeiramente menos reativa a estímulos negativos.[20] Como resultado, as pessoas mais velhas, em média, simplesmente já não se abalam tanto com potenciais ameaças que costumavam perturbá-las. E o segundo fator, talvez mais importante, é que as pessoas mais velhas, sabendo que têm menos tempo a desperdiçar, começam a se concentrar nos aspectos da vida que são mais satisfatórios em termos emocionais: os vínculos humanos.[21] (Ver o número 1 logo acima.)

Se queremos fazer desses dados sobre a felicidade um curso de ação, tanto para indivíduos quanto para a sociedade, temos que aceitar que a idade é o que é. Perceber que não viveremos para sempre pode nos ajudar a levar certos aborrecimentos menos a sério e a reconcentrar nossos valores, mas duvido que qualquer pessoa resolva apressar o curso da idade para poder se acalmar. Quanto aos dois outros fatores, a relação causal específica que emergiu dos dados nos permite fazer certas recomendações.

Confiar em uma renda maior como caminho direto para a felicidade não é uma boa ideia. Qualquer um que acompanhe as notícias, leia ou vá ao cinema já foi exposto à miríade de armadilhas de uma busca insaciável por dinheiro; nossas informações oferecem evidências demonstráveis de que, de fato, não se pode comprar felicidade. Nossa análise longitudinal mostrou que, ainda que uma baixa solidão e uma renda maior estejam *associadas* a uma maior felicidade, nem uma nem outra *contribuem* para uma felicidade maior. Funciona da maneira inversa: uma maior felicidade, por meio de seu efeito positivo nos vínculos sociais, contribui para uma renda elevada. Pessoas felizes se tornam menos solitárias, e pessoas que são menos solitárias tendem a ganhar mais dinheiro.

Como isso é possível? Baseados em nossos dados, não podemos afirmar com precisão. Mas sabemos sim que pessoas mais felizes e menos solitárias formam boas relações, incluindo relações de trabalho, e pode ser que essas boas relações, mais do que a felicidade em si, melhorem a performance no emprego, aumentem a probabilidade de receber boas avaliações e em seguida promoções, e forneçam melhores oportunidades para um crescimento na carreira. A felicidade, aliada a um nível mais baixo de solidão, parece também promover uma tomada de decisões mais criativa,[22] o que pode levar a recompensas financeiras maiores.

Então, qual é a conclusão proverbial? Dada nossa distinta adaptação humana — a Terceira Adaptação — qual é o melhor curso de ação para tirar o melhor da vida?

Bom, se fôssemos como os solitários peregrinos que penam em longas trilhas até chegar ao alto das montanhas, os peregrinos que aparecem em charges da *New Yorker*, e se pudéssemos perguntar ao guru que lá está sentado qual é a chave da saúde, da riqueza e da felicidade, sua resposta, de acordo com nossos dados, teria que ser algo assim: "Você é fundamentalmente um ser social. A chave para tudo está em formar fortes laços sociais que sejam significativos e satisfatórios, tanto para você quanto para os que o cercam, de perto ou de longe."

13

Acertando as coisas

A Universidade de Chicago fica no lado sul da cidade, e a minha mulher e eu vivemos no lado norte. Para minha sorte, o caminho entre minha casa e o campus segue a margem do lago Michigan, de modo que, quando o tempo está bom, às vezes prefiro ir de bicicleta.

Não sou nem de longe o único habitante de Chicago que se aproveita do sol e das altas temperaturas. Muitas vezes, quando estou lá, a via ampla e pavimentada que acompanha a margem está apinhada de casais passeando, jovens patinando ou andando de skate, mães e pais com carrinhos de bebê e centenas de outras pessoas correndo ou andando de bicicleta.

Costuma ser bem prazeroso deslizar por esse mar de humanidade, onde todos parecem estar de bom humor, iluminados não apenas pelo tempo mas pela vista espetacular. Porém, a massa também tem seus perigos. Cada uma dessas pessoas ou cada um desses agrupamentos de pessoas se move de maneira randômica, e em velocidades diversas. Às vezes um se detém sem razão aparente, e outro se lança para a esquerda ou para a direita de modo tão imprevisível quanto. Quando estou tentando fazer o trajeto em um tempo determinado — por exemplo, quando tenho que dar aula — tenho que prestar muita atenção ao modo como meu trajeto previsto pode competir com as trajetórias de outras pessoas.

Alguns ciclistas simplesmente andam em disparada, como se esperassem que todos saíssem de sua frente. Outros parecem intimidados pela confusão toda, movendo-se tão devagar e tão incertos que também se tornam um perigo. Mas, em um bom dia, só de observar as ondas do padrão geral, qualquer um de nós que esteja ali de bicicleta pode se sintonizar com as trajetórias dos outros para prever, se ajustar, reagir e progredir em um ritmo confortável. Quando outro ciclista nos acompanha no mesmo ritmo, espontaneamente caímos em uma ressonância, valendo-nos do mesmo percurso através do vento e dividindo o tempo que cada um passa na frente, sem nunca dizer uma palavra. Um rápido aceno indica que um de nós chegou ao destino, e a aliança se rompe tão rápida e silenciosamente quanto havia se criado.

Para mim, é desse tipo de sinergia sem esforços que se trata uma vida de bem-estar social. Quando nos sentimos protegidos e seguros em nossos vínculos sociais, podemos andar por aí livres de preconceitos e de expectativas injustificadas. Relaxados e atentos, podemos entrar em sincronia com os movimentos dos outros. Sem a expectativa de sermos excluídos, nossos mecanismos defensivos não estão em estado de alerta. Livres de toda essa distração, somos capazes de detectar com mais segurança se o surgimento de um novo vínculo é promissor ou está fadado ao fracasso. Vivendo cada momento com mais calma, podemos fazer escolhas melhores, o que traz o benefício adicional de nos ajudar, com o tempo, a aprimorar nosso ambiente social mais amplo.

Causa e efeito

Um colega meu — vamos chamá-lo de Paul — estava viajando de trem de Washington a Boston quando parou em Nova York, e então resolveu esticar o passeio para Nova Jersey. Quando era hora de partir, como o amigo que Paul estava visitando não podia levá-lo de volta à estação, tiveram que chamar um táxi, mas o motorista acabou se perdendo e Paul não conseguiu pegar o trem de volta à cidade. O problema é que Paul tinha que chegar a Nova York para poder seguir para Boston. "Então meu dia inteiro estava perdido", Paul me disse. Mas aí ele contou o que aconteceu em seguida:

> Quando percebi que estávamos andando em círculos não fiquei muito abalado, mesmo sabendo que não haveria outro trem em uma hora e meia, e Deus sabe quando eu conseguiria partir para Boston. Contei até dez uma vez ou

duas, e então comecei a pensar nas minhas opções. Não haveria uma estação de ônibus ali perto? Os ônibus não saem com mais frequência que os trens? Então voltamos para a rodovia e fomos em direção à próxima cidade em que eu pudesse pegar um ônibus. O motorista devia estar se sentindo bastante constrangido, porque depois de um tempo disse: "Sabe, eu posso te levar até Newark. De lá você pode pegar um trem direto para Boston, sem precisar passar por Nova York." Aí chegamos a um acordo. Por dez dólares a mais ele me conduziria através do estado, diretamente para o meu objetivo imediato — a ferrovia que vai em direção ao norte — de um jeito mais rápido e mais confortável do que no plano original.

Isso definido, me recostei e relaxei, e em seguida, quase por acaso, começamos a falar de beisebol. Descobri que ele já havia morado em Boston e, como eu, era desde sempre um torcedor do Red Sox. Tinha umas boas histórias que eu nunca havia ouvido sobre Cy Young e a World Series de 1903, de modo que acabamos nos divertindo muito com a conversa. Se eu tivesse gritado com ele por ter se perdido, acho que o melhor que conseguiria seria encontrar a estação que eu estava procurando no começo e ficar esperando por uma hora e meia até que passasse o próximo trem.

Quando ancestrais humanos chegavam a um comportamento cooperativo, experimentavam as sensações que nós agora chamamos de afeto e confiança. Quando se confrontavam com logros e traições, vivenciavam o que chamamos de hostilidade, desconfiança, raiva. Como sugeri com uma dezena de exemplos, quando nos sentimos isolados, estamos o tempo todo prontos para o combate, o que leva, por diversas razões, a uma saúde menos robusta, a um menor prazer com a vida e a uma menor capacidade de colaborar para encontrar soluções vencedoras. Quando estamos satisfeitos com nossos vínculos sociais, nos sentimos seguros. Quando nos sentimos seguros, pensamos de maneira mais criativa. Também antecipamos e com mais frequência experimentamos emoções positivas, que, para além de seus benefícios fisiológicos de longo prazo, proporcionam uma elevação psicológica imediata e persistente. Essa melhora de humor afeta nosso comportamento subsequente em relação aos outros, o que, em contrapartida, afeta o modo como os outros se comportam conosco — o que, mais uma vez, encoraja a colaboração criativa. O ciclo de causa e efeito gira para frente e para trás, e as coisas positivas reverberam em ondas que se expandem em círculos cada vez mais amplos.

Paul também contou que havia começado a viagem de trem em Washington no dia anterior. Esperando na estação, ele havia pedido um sanduíche que se mostrara duas vezes maior do que ele precisava. Não queria levar o sanduíche consigo, e não se permitia jogá-lo fora. Não se atrevia a oferecê-lo a nenhum dos consumidores, presumindo que pensariam que ele era louco. Então lhe ocorreu que estava em uma estação de uma grande cidade dos EUA:

> Comecei a vasculhar o grande espaço aberto e, em pouco mais de um minuto, vi um sujeito meio maltrapilho que passava, o rosto todo sujo, as roupas rasgadas, e literalmente corri até ele. Quando ele se virou, estendi o sanduíche e perguntei: "Quer?" Ele me olhou de cara fechada, um pouco desconfiado, mas depois pegou o sanduíche e fez algo como um aceno de cabeça. E, nesse sutil gesto de reconhecimento dele, foi como se nos ligássemos apenas por aquele breve instante. Eu soube muito bem que era ele quem estava *me* fazendo um favor. Mas, se eu fosse religioso, diria que essa pequena interação fez com que me sentisse abençoado. E juro que foi essa sensação de bênção que se transportou para a minha reação do dia seguinte ao taxista que se perdeu.

Quem pode dizer se a avaliação de Paul foi correta? Mas eu sei uma coisa: algumas das pessoas mais serenas e alegres do mundo tomam conta dos outros o dia todo, todos os dias. Entre elas se encontram enfermeiras que trabalham para dar a pacientes de Aids uma morte digna e sem dor. São mulheres e homens cercados de tristeza e dor, e ainda assim o vínculo que criam com os pacientes é o mais real possível. A boa sensação de propósito, proximidade e cuidado que essas enfermeiras transpiram — uma sensação de "bênção" — também é chamada de "prazer do ajudante". Mas isso não se restringe àqueles que ajudam por profissão. As mesmas emoções positivas podem resultar em "atos aleatórios de bondade" a qualquer hora do dia.

Recompensas

Por meio da cognição social, da autorregulação e da corregulação, cada um de nós contribui para a realidade social que produz as sensações que os outros refletem para nós. Com o tempo, essas sensações ou melhoram nossa saúde ou a desgastam, mas também ajudam a criar um ambiente social imediato. Ao aumentar a frequência de certos memes ou valores culturais, elas ajudam a criar também nossa realidade social maior.

Minimizar emoções negativas pode aumentar a tendência positiva nesses ciclos autoalimentados, mas mesmo os menores esforços para introduzir aspectos positivos podem ajudar a que consigamos ir mais longe mais rápido. Algumas pessoas, quando chegam a um pedágio em uma rodovia, pagam cinquenta centavos ou um dólar para o motorista que vem logo atrás — um ato aleatório de bondade. Conheço uma mulher que, quando está tendo um mau dia, deixa moedas na máquina de refrigerantes para a próxima pessoa que vá utilizá-la. Pode parecer algo trivial, mas estudos mostram que os beneficiários desses pequenos gestos de fato se tornam mais predispostos a ajudar alguém pouco tempo depois.[1] Saber disso — a mulher que estou descrevendo, verdade seja dita, é psicóloga e pesquisadora — melhora o humor da minha própria amiga. Para ecoar mais uma vez Henry Melvill: "Nossas ações correm como causas e retornam a nós como efeitos."

No campo dos sistemas adaptativos complexos, cientistas se referem ao Efeito Borboleta, em que o vento deslocado pela batida de asa de uma borboleta na África pode dar início a uma imensa cadeia de consequências que altera o clima na Europa dias ou semanas depois. Esse exemplo particular pode ser um tanto exagerado, mas não é apenas uma metáfora. Usando supercomputadores, pesquisadores podem de fato minuciar os detalhes que fazem causas simples interagirem, comporem-se e amplificarem-se para render resultados complexos e profundos. Em termos mais técnicos, o Efeito Borboleta é chamado de "dependência sensível a condições iniciais", e reflete o modo como acontecimentos de escala menor interagem com outros de escala maior. Quanto mais dramática a causa menor, mais imediatos e mais facilmente medidos são os resultados maiores.

Muitas famílias lidam com o luto através do ato muito altruístico de doar os órgãos da pessoa querida que faleceu. Pais de crianças assassinadas, com mais frequência do que se poderia pensar, pedem indulgência ao assassino. Em 1993, Amy Biehl tinha uma bolsa de estudos Fulbright para ajudar a registrar eleitores negros na África do Sul do apartheid. Atravessando uma cidade para deixar três dos seus colegas negros em casa, ela foi cercada por um grupo de pessoas do Congresso Pan-Africanista que a arrastou para fora do carro, bateu nela com um tijolo e em seguida a esfaqueou até a morte. Quatro homens foram condenados pelo assassinato de Amy e sentenciados a dezoito anos de prisão. Quando apelaram à anistia na Comissão de Reconciliação e Verdade da África do Sul, os pais dela falaram em defesa deles. Os Biehl também criaram uma fundação no nome de Amy para continuar seu trabalho em prol da maioria oprimida da África do Sul. Um dos projetos apoiados pela Fundação Amy Biehl é uma padaria que empregou dois dos homens condenados pelo assassinato.

Como pais enlutados podem driblar o ódio e se comportar de maneira tão altruística? Um velho adágio diz que a vingança é doce. Outro diz que, apesar da necessidade de sanções, perdoar é divino. Em termos de saúde pessoal e de consequências sociais, evidências mostram que ganhamos quando fazemos do perdão um atributo não apenas divino, mas também humano.

Em circunstâncias extraordinárias, seres humanos estão dispostos a fazer grandes sacrifícios a serviço da interdependência que dá significado a nossas vidas. O marechal William Slim, comandante das forças britânicas em Burma durante a Segunda Guerra Mundial, descreveu a sensação predominante no campo de batalha como um sentimento de solidão. Também disse que o único caminho para a vitória é através da moral, e que a base da moral é a recusa individual do soldado de trair seus camaradas.[2] Como os soldados que ele descreve, cada um de nós combate nossa solidão comprometendo-se com outros.

Siegfried Sassoon, uma das muitas figuras literárias que serviram às forças do Reino Unido na Primeira Guerra Mundial, expressou a solidão da batalha e o sentimento de conexão em termos mais paternais:

> Eu olhava para meus companheiros, enrolados em cobertores, os rostos voltados para o chão ou escondidos pelo tecido. Pensava no fim que sempre os espreitava agora, e em como eu poderia vê-los mortos, toda sua vivacidade silenciada, todas as conversas que me impacientavam terminadas para sempre (...) e meu próprio desânimo e meu descontentamento me liberavam. Eu não podia salvá-los, mas ao menos podia compartilhar os perigos e desconfortos pelos quais eles estavam passando.[3]

Se você leu o livro ou viu o filme *Falcão negro em perigo*, provavelmente vai lembrar das ações do primeiro-sargento Gary Gordon e do sargento de primeira classe Randall Shughart, da infantaria americana, que insistiam em ser deixados nas ruas de Mogadishu para proteger a tripulação de um helicóptero derrubado, homens que haviam ido até lá para tentar salvar forças terrestres que haviam sido alvejadas antes. Gordon e Shughart sabiam muito bem que centenas, senão milhares, de rebeldes armados estavam descendo em direção àquele lugar. Na verdade, sabiam que estavam se voluntariando para o que era, em essência, uma missão suicida, mas ainda assim foram em frente. Ambos morreram — e foram seus corpos sendo arrastados pelas ruas de Mogadishu o que chocou o mundo. Mas com suas ações eles conseguiram salvar a vida do piloto do helicóptero, o sargento-chefe Michael Durant.

Algo mais do que um desejo de morte levou Gordon e Shughart a tal ato de "vínculo social" de autossacrifício, e esse tipo de heroísmo é realmente excepcional. Foi por isso que os dois militares receberam postumamente uma medalha de honra. E, mais ainda, quando Londres foi bombardeada no verão de 2005, e quando Nova York e Washington foram atacadas por terroristas em 2001, centenas de cidadãos comuns mostraram coragem exemplar e preocupação com os outros, trabalhando lado a lado com policiais e bombeiros. Houve numerosas histórias de equipes de resgate no World Trade Center que desligaram o rádio para não receberem a ordem de deixar o local enquanto alguns sobreviventes ainda podiam ser encontrados, muitos morreram tentando salvar outras pessoas. Mas também houve funcionários comuns de escritórios que, em vez de correrem por suas vidas, ficaram para trás para carregar colegas feridos por dezenas de andares de escadas. Algumas das imagens mais comoventes do dia são as dos colegas de trabalho — ou talvez até estranhos — que, ao verem que não havia mais esperança de escapar do incêndio, deram-se as mãos para se confortarem e saltaram para uma morte menos dolorosa.

É claro que crises podem tirar das pessoas tanto o melhor quanto o pior. Em 2005 acompanhamos o deslindamento do comportamento social autoimposto do olho por olho no colapso da ordem em Nova Orleans depois do Furacão Katrina. Mas, no mundo do "se torcer sai sangue" do jornalismo, as histórias negativas ganham a maior parte do tempo de exposição.

Atos de caridade durante a crise eram tão comuns que podiam ser ignorados — à exceção de um ou outro acontecimento ímpar e extraordinariamente alegre que encerrasse a transmissão. De qualquer modo, a vinculação social não costuma exigir o heroísmo de um combatente ou a abnegação de um voluntário da cruz-vermelha durante uma enchente. Na vida cotidiana, a experiência costuma ser muito menos dramática, e não necessariamente leva a jantares solenes, placas ou títulos conferidos pela rainha.

Uma cura para a solidão?

Quando as pessoas ficam sabendo de nossa pesquisa que atesta a base fisiológica da solidão, às vezes perguntam se companhias farmacêuticas algum dia conseguirão produzir um remédio para o problema. Quando ficam sabendo mais, percebem que, para a maioria de nós, não há necessidade para um ajuste químico. Alguns indivíduos presos no ciclo autoalimentado da solidão e do afeto negativo, quando estão começando a se concentrar em uma alteração das percepções e dos comportamentos sociais, podem se beneficiar de medicamentos para manter a depressão ou a ansiedade sob controle. Entretanto, a solidão em si não é uma doença; sentir-se só de tempos em tempos é como sentir fome ou sede de tempos em tempos. É parte do ser humano. O truque é prestar atenção nesses sinais para procurar a satisfação em longo prazo.

Além disso, no que diz respeito a esses remédios para a solidão, as modificações cognitivas e comportamentais já estão disponíveis. Mesmo no nível da química corporal, o fluxo natural de hormônios e neurotransmissores que produz o conforto tranquilizador do vínculo — incluindo o "prazer do ajudante" — está à disposição de qualquer um, sem necessidade de prescrição. Amostras dessas elevações químicas se apresentam a cada vez que estendemos a mão a outros em atos de generosidade, mesmo que seja ao deixar umas poucas moedas em uma máquina de refrigerantes ou ao dar metade de um sanduíche para um mendigo. Assim como a sede é um lembrete para que mantenhamos o corpo hidratado, a solidão é o lembrete do quanto dependemos uns dos outros. Os ajustes psicológicos positivos são as recompensas e os reforços imediatos.

O grau de vinculação social que pode melhorar nossa saúde e nossa felicidade, assim como a experiência diária de todos os que entram em contato conosco, é a um só tempo tão simples e tão difícil quanto estar aberto e disponível aos outros. Às vezes nos referimos às pessoas com baixa solidão como "socialmente dotadas", porque o que elas têm é realmente um dom. Mas esse é um dom que você e eu podemos estender a nós mesmos mesmo enquanto o dividimos com os outros. Mencionei antes que pessoas com alto nível de bem-estar social costumam ser felizes em seus casamentos e ter uma alta inteligência emocional, mas nem sempre são lideranças ou estrelas. No início da vida não são mais atraentes, inteligentes ou extrovertidas do que seus pares solitários, e não passam todos os momentos como voluntários em cantinas públicas ou lendo histórias para os cegos. A característica mais comum entre essas pessoas que têm baixo nível de solidão é uma completa disponibilidade a qualquer interação social genuína apropriada ao momento. Elas são capazes de fazer uso total do que eu chamei de Terceira Adaptação, porque são livres para procurar e contribuir para as situações sociais e as relações. Estão consideravelmente menos propensas do que outras a deixar que suas bagagens ou seus comportamentos prejudiquem qualquer reunião ou encontro. Estão, em oposição, mais propensas a elevar o humor geral, mas não necessariamente falando muito ou comandando o espetáculo. Com mais frequência contribuem com um encorajamento silencioso a quem quer que esteja motivado a falar ou liderar. Em uma situação ambígua, elas têm mais chance de dar a outra pessoa o benefício da dúvida. Sem se colocarem como capachos para a exploração e o abuso — mais uma vez, um discernimento cauteloso também é parte da Terceira Adaptação — estão mais propensas a perdoar. Mas essas pessoas não são uma raça à parte. O ponto essencial aqui é que qualquer um de "nós" tem a capacidade de se tornar um "deles".

Como muitos daqueles que ficam presos na solidão, alguns dos bem-dotados socialmente são bastante tímidos. Alguns têm uma necessidade de vinculação que os predispõe a sentir de maneira muito aguda a dor da desvinculação e, para esses, partir para gerenciar uma filial da empresa em Singapura pode não ser o melhor salto da carreira. Por outro lado, uma predisposição particular não significa que essa pessoa esteja destinada a ficar para sempre na vizinhança onde nasceu, perto da vovó e do tio

Fritz. Com acesso pleno ao cérebro executivo, qualquer pessoa pode acessar seu próprio nível de conforto, e em seguida tomar as decisões à luz de sua predisposição genética, com ajustes apropriados ao longo do tempo. Um conhecimento da função da solidão ajuda.

Aceitando o dom

Assim como alguns indivíduos perturbados pela solidão podem se beneficiar de medicações para lidar com a depressão e a ansiedade, alguns podem se beneficiar ao frequentarem um psicólogo clínico ou um psiquiatra para tratar das questões de acompanhamento psicológico que reforçam a sensação de isolamento. A especificidade desse tipo de intervenção está além do escopo de nossa pesquisa e, para ser franco, além do escopo de minha especialidade profissional. Mas, vale reiterar, mesmo a solidão *crônica* não é um "distúrbio mental", embora possa trazer o risco de depressão.[4] Milhões de pessoas que sofrem da dolorosa sensação de isolamento social assim sofrem porque têm uma necessidade normal de vínculo social, ou uma reação de aversão muito normal à desvinculação, real ou percebida. A vida apenas lhes deu uma volta, privando-os dos vínculos de que precisam, criando uma sensação de ameaça que gera o afeto negativo — medo, ansiedade, hostilidade — que muitas vezes faz dessa sensação de isolamento uma realidade persistente. Porém, mesmo que nossas emoções possam se enervar, nossos pensamentos são algo que podemos aprender a controlar. Ao recompor nossas percepções cognitivas, podemos começar a mudar nossas vidas.

Mudar os hábitos cognitivos e comportamentais não exige arrancar pela raiz cada uma das mágoas psicológicas que podem ter nos moldado ao longo dos anos, mas requer prática e paciência. O obstáculo conceitual mais difícil para as pessoas que sofrem a dor da solidão é que, embora estejam vivenciando algo que parece um buraco no centro de seu ser, uma fome que precisa ser suprida, essa "fome" nunca pode ser satisfeita se o foco recai sobre o "comer". O que se exige é sair da dor de nossa própria situação por tempo suficiente para "alimentar" os outros. Algo que, é claro, nem sempre envolve distribuir sanduíches em estações de trem.

Estender-se para além da própria dor parece uma exigência absurda. É por isso que a rota para o sucesso começa com pequenos passos e expectativas modestas.

Uma mulher chamada Susan morou em Roma por alguns anos, trabalhando para uma organização internacional que era bastante hierárquica e pouco acolhedora. Embora seja naturalmente gregária e faça amigos com facilidade, ela se viu na incomum situação de se sentir muito isolada. Seus colegas deixaram claro que não tinham intenção de deixá-la fazer parte do círculo, de modo que ela teve que improvisar:

> No mercado havia um sapateiro. Ele era tão simpático e eu estava tão sozinha... Lembro de uma vez levar sapatos para ele que na verdade nem precisavam de qualquer conserto. Não nos comunicávamos muito bem, porque meu italiano era muito precário, mas havia boa intenção de ambas as partes. Talvez ele se sentisse sozinho, também. Tinha uma foto de cinco homens jovens, talvez de uns 18 anos, e estavam em Nápoles — devia ser da época do fim da guerra na Europa. Todos trajavam camisetas, do tipo sem manga. Eu adorava essa foto e, quando perguntei sobre ela, ele disse: "É, sou eu aí no meio." E, depois, quando entrei, ele me mostrou uma foto equivalente que havia encontrado, dos mesmos cinco jovens, usando o mesmo tipo de camisetas, só que agora tinham setenta anos. Quando fui embora da Itália, ele me deu uma cópia. Fiquei muito comovida. Porque, no fim, a gente provavelmente tinha passado no máximo uns vinte minutos conversando um com o outro.

Susan fez uma coisa muito simples: mostrou um interesse genuíno por outro ser humano, sem esperar nada em troca. Bastou isso para que se criasse um vínculo significativo, o que, ao menos por um momento, melhorou a vida dos dois. Se ela estava intencionalmente "alimentando" o sapateiro quando aparecia e tentava se comunicar em seu italiano vacilante? Não, mas tampouco estava invadindo sua privacidade para exigir qualquer coisa dele. Fez um gesto de abertura ao perguntar sobre a fotografia — o que deu a ele a oportunidade de responder com generosidade e continuar o intercâmbio, ou, se preferisse, de se retrair e se ater aos negócios. Ela respeitou as necessidades e as barreiras dele. A cordialidade e a disponibilidade dela, junto com o respeito que mostrava, incitaram-no a compartilhar algo dele, o que tornou possível um vínculo simples e transitório que pareceu dar conforto a ambos. Se o contexto permitisse que estabelecessem uma amizade mais profunda e duradoura, talvez o tivessem feito. Mas, no que diz respeito a um vínculo humano básico, essa é a síntese exata do processo.

Para alguém em quem a solidão se tornou um problema crônico, a coisa "simples" que Susan fez pode não parecer tão simples. E essa questão da necessidade de alimentar os outros quando nós é que estamos famintos é anti-intuitiva. "Saia para ver de que as outras pessoas precisam" é algo que pode fazer um solitário gritar em protesto: "Mas eu preciso de atenção! É a minha vez agora... Eu preciso ser recompensado por minha infância miserável", ou "Preciso ser recompensado por meu horrível primeiro casamento!". Alguém tomado pela solidão pode dizer: "Eu cuido de todo mundo lá no escritório! Estou cansado disso. Preciso de alguém na minha vida que tome conta de mim."

"Alimentem-me primeiro! Cuidem de mim!" faz muito mais sentido na perspectiva estreita induzida pela dor da solidão. Infelizmente, não é uma fórmula que funciona. Pode ser uma reação desregulada e contraprodutiva, como Sheba apontando para a pilha maior de doces. Deixar de lado a esperança de que o apelo "Alimente-me primeiro" vai funcionar leva tempo e esforço. É aí que pequenas doses de reforço positivo, pequenas infusões do "prazer do ajudante", podem tanto superar a resistência quanto mostrar a promessa do que pode decorrer se estamos dispostos a mudar de perspectiva.

Linda Fried, da Universidade Columbia, estabeleceu um programa em que os habitantes mais velhos de Baltimore recebem um pequeno pagamento para ajudar estudantes de escola pública. Um voluntário idoso, por exemplo, pode dar ao aluno uma ajuda extra com leituras — uma ajuda que o professor gostaria de dar, mas não dispõe de tempo para isso. Fried descobriu que os estudantes se beneficiavam tanto da tutoria quanto da preocupação e da atenção recebidas. Mas sua pesquisa também mostra que os voluntários claramente se beneficiavam em termos de saúde e bem-estar. Prestar esse tipo de serviço acrescenta propósito, sentido e satisfação a suas vidas, e lhes dá intensas sensações fisiológicas no momento. A recompensa fisiológica — também conhecida como prazer do

Acertando as coisas

ajudante — pode ser um incentivo para continuar e até expandir o comportamento auxiliador. Com o tempo, esse prazer pode até compensar e nos manter a distância das fontes persistentes de dor emocional.[5]

Reforçando mudanças

Pedem-nos, na infância, que compartilhemos e "façamos pelos outros". Parece simplista, como uma lição de casa rasteira; não soa como um comportamento adequado ao mundo adulto e profissional. Decerto não soa como um conselho balizado na ciência e, assim, sua sabedoria, que deveria ser um princípio a nos guiar, é dispensada como um clichê. Em consequência, ficamos presos em nossos problemas e na confusão de nossas percepções torturadas, e não praticamos o que sabemos que é sábio e verdadeiro. A necessidade de pôr em ação verdades simples é a razão pela qual várias tradições inventaram lembretes como rezar o rosário, meditar, repetir mantras e afirmações, assim como admonições tais como a ordem de Jesus de "alimentar o rebanho". A mudança real começa com o *fazer*, e o que parece não passar de lembretes bobos pode ser exatamente o que precisa ser feito, a cada momento, todos os dias.

O estudo em que manipulamos os sentimentos de solidão por meio da hipnose mostra que as percepções de isolamento social não são imutáveis. Percepções subjetivas podem ser recompostas, o que nos leva de volta aos três elementos estruturais da solidão que descrevemos no primeiro capítulo: uma vulnerabilidade induzida por genética, a necessidade de autorregulação e a cognição social. Não podemos alterar nossa disposição genética. Mas, mesmo quando a solidão comprometeu nossa habilidade de autorregulação, podemos mudar certos aspectos de nosso ambiente social, a começar pelas ondas que emanam de nossas cognições sociais.

Ainda assim, a solidão muitas vezes impõe o obstáculo adicional do desamparo aprendido, o que leva a um comportamento passivo, e às vezes é preciso um solavanco para superar essa inércia.

Um pai jovem chamado Dave sofrera várias formas de negligência quando criança e fora afastado de sua família. Aos vinte anos sofria de depressão clínica e de uma severa solidão, agravada também por um casamento precoce e infeliz em que se engajara por razões que até hoje não entende plenamente. Ter seu próprio filho não fez com que esses problemas sumissem de repente, mas, como Dave afirma, "mostrou que eu não era emocionalmente inútil, ou impotente".

Dave conta como foi conhecer o filho no dia em que ele nasceu, sentado em uma cadeira de balanço, segurando o bebê e sentindo um novo começo, uma nova vida em que estava muito claro quem devia tomar conta de quem. As sensações fisiológicas desse vínculo próximo eram um incentivo novo e poderoso para que ele se abrisse, se comprometesse e doasse. "Mas o verdadeiro momento", Dave disse, "foi a primeira festa de aniversário do meu filho".

> Nós tínhamos convidado pais de outras crianças pequenas e alguns outros amigos, de modo que era sobretudo uma sala cheia de adultos. Meu filho parecia estar se divertindo de seu jeito próprio, como alguém de um ano de idade pode se divertir, cambaleando de um lado para o outro, se segurando na mobília. Minha mulher foi para a cozinha para ver alguma coisa e eu fiquei de olho nele, mas pude perceber que, por cerca de um minuto, ele me perdera de vista. Uma expressão de preocupação real tomou o rosto dele enquanto ele vasculhava a sala cheia de pessoas grandes. Estava definitivamente ficando preocupado, e eu podia ver que, se essa ansiedade se prolongasse, ele começaria a chorar. Então ele me viu e abriu um grande sorriso, que mostrava talvez um ou dois dentes. Levantou os braços e deu um passo à frente em minha direção, e eu me abaixei e o apanhei, também eu quase prestes a chorar. É a coisa mais estranha, mas eu juro que essa foi a primeira vez em toda a minha existência que eu me senti plenamente amado e aceito por alguém. Quero dizer, lá está aquele pequeno e perfeito ser humano, aquela criança linda, e está em uma sala ampla apinhada de pessoas. Mas ele não quer qualquer um. De todas as pessoas em volta, ele escolhe estabelecer contato comigo. Ele me vê e se reconforta. Ele me vê e quer que *eu* o pegue no colo.

Compartilhar esse momento de vinculação com seu filho não significou que a situação de Dave estivesse resolvida, mas a experiência lhe deu uma sensação visceral do que estava faltando em sua vida. E também o motivou a procurar ajuda.

Ele não tinha muito dinheiro para uma psicoterapia de longo prazo, mas tinha um seguro de saúde que cobria dez sessões com um conselheiro ao longo de dez semanas. Não é muito tempo para sondar os segredos obscuros da infância de cada um na clássica tradição freudiana. Foi também por isso que os terapeutas pagos por seu seguro seguiram uma abordagem mais pragmática chamada Terapia Cognitivo-Comportamental.

É uma terapia fundamentada em evidências, um método de redirecionamento de emoções por meio da modificação de pensamentos e comportamentos cotidianos. Começa questionando e testando presunções ou hábitos de pensamento que podem ser pouco realistas ou mesmo perniciosos. Em seguida, encoraja os indivíduos a tentar novas formas de comportamento, ajudando-os a assumir atitudes que em outras circunstâncias eles evitariam. Esse tipo de terapia muitas vezes emprega técnicas de relaxamento e abstração, e costuma pedir aos pacientes que anotem seus pensamentos e sensações. Essas anotações são uma oportunidade de analisar quando e como crenças irracionais — incluindo, no caso de solidão, a crença de que somos e sempre seremos socialmente indesejados ou rejeitados — insinuam-se em nossa mente e interferem em nossas percepções. O diário muitas vezes conta com três colunas, em que as pessoas que querem alterar pensamentos negativos anotam os acontecimentos que os ativaram, a crença negativa e a consequência dessa crença. Por exemplo, ter uma gravação na cabeça que repete infinitamente "Todo mundo me odeia" ou "Eu sou um total fracasso, um lixo humano" não vai ajudá-lo a atravessar o dia. O primeiro passo é reconhecer que afundar em pensamentos negativos é algo sério e prejudicial. Esse tipo de pensamento habitual realmente importa porque pode criar profecias que se autoconcretizam.

O próximo passo é examinar esse pensamento ou essa crença procurando evidências reais que o balizem. A ideia é levar essas afirmações negativas internas a sério o bastante para examiná-las em vez de simplesmente repeti-las. "Será que sou mesmo um lixo humano?" Quando percebemos que a afirmação repetida não é verdadeira — quando percebemos que costuma ser uma profunda distorção da realidade — a única escolha lógica é reformulá-la. O que disso decorre é aprender a identificar essa negatividade sempre que ela se instala, e em seguida aprender a desligá-la no momento em que aparece. "Será literalmente verdade que todo mundo me odeia? Não? Então por que fico repetindo isso para mim mesmo?" Melhor reconhecer o hábito e o dano que ele provoca, para então detê-lo.

Duvido que qualquer pessoa escolha pensar de um modo tão autopunitivo; mas, de tempos em tempos, qualquer um de nós pode cair nisso. O que precisamos lembrar é da vantagem evolutiva fornecida por nossa inteligência humana avançada, que é a capacidade de redirecionar conscientemente nossos pensamentos. "Sim, eu não sou tão sociável quanto gostaria de ser, mas estou longe dessa história de que todo mundo me odeia. Algumas pessoas gostam sim de mim. Minha mãe até me ama! Eu devo ser capaz de mudar o modo como me relaciono com os outros."

Mas mudanças efetivas requerem mais do que alterar nossos padrões de pensamento. Requerem formas diferentes de comportamento, o que, para os solitários, que já podem estar retraídos pelos sentimentos de ameaça, pode ser uma possibilidade especialmente assustadora. É por isso que devemos tatear nosso caminho a passos curtos que ofereçam o máximo de reforços positivos em cada estágio.

Nas próximas páginas, vou oferecer algumas sugestões especulativas baseadas em descobertas de nossa pesquisa e também inspiradas por ideias do filósofo do século XX Reinhold Niebuhr. Ele nos diz que os "seres humanos são dotados pela natureza de impulsos egoístas e altruístas", mas que "a razão do homem o dota de uma capacidade de autotranscendência".[6] Autotranscendência pode ser em última instância o que cada um de nós procura quando tenta criar vínculos com os outros. Mas os passos simples nesse trajeto não precisam soar tão grandiloquentes.

A chave é avançar com calma — *ease* em inglês, uma palavra que gerou uma sigla que pode ajudar a lembrar dos quatro passos simples que se seguem.

EASE — Avançando com calma rumo à vinculação social

E DE ESTENDER-SE

O recuo e a passividade associados à solidão são motivados pela percepção de estar ameaçado. Para ser capaz de testar outras formas de comportamento sem se sentir em perigo, você precisa de um lugar seguro para experimentar, e precisa começar aos poucos. Não foque em tentar encontrar o amor da sua vida ou em reinventar-se de uma só vez. Ponha um dedo dentro d'água. Brinque com a ideia de tentar conseguir pequenas doses de sensações positivas que venham de interações sociais positivas. Os momentos mais simples de vínculo, em especial quando envolvem "alimentar os outros", trazem uma elevação emocional que não exige tomar um comprimido, suar ou comer montanhas de vegetais crucíferos. Não espere demais de uma única vez.

Você pode querer começar seu experimento possibilitando intercâmbios simples em mercearias e livrarias. Lembre-se, se for fazer isso, de não colocar grande expectativa nas ações da outra pessoa. Apenas dizer "Como está um dia bonito" ou "Adorei esse livro" pode provocar uma reação positiva que já faça você se sentir melhor. Você enviou um pequeno sinal social, e alguém sinalizou em resposta. Mas e se a reação não é tão amistosa, ou se não há reação alguma? Talvez a pessoa a quem você disse algo agradável esteja passando por um mau dia. Talvez esteja preocupado ou preocupada com o filho doente, ou com uma conta atrasada. Mil e um fatores que não têm absolutamente nada a ver com você podem influenciar os humores e as reações das pessoas. É por isso que é importante, quando você começa a praticar seu novo comportamento, não fazer grandes suposições e limitar os objetivos. Você pode não alcançar aquele momento simples de contato humano compartilhado toda vez que faz uma abordagem. E, quando alcançar, não terá necessariamente encontrado um novo amigo do peito. É preciso agir mais como o observador de pássaros que vê um junco amarelo. Tem um bom sentimento, o assinala em sua lista e segue em frente.

Para melhorar a chance de obter uma reação positiva — e para reduzir a chance de se decepcionar — você pode restringir o alcance do seu experimento aos limites um tanto mais seguros das atividades caritativas. Ser voluntário em um asilo ou em um hospital psiquiátrico, ensinar os idosos a usar computadores, ensinar crianças, ler para os cegos ou ajudar em uma equipe esportiva de crianças. Você não vai receber necessariamente gratidão e louvor por suas boas ações — não é disso que estamos atrás — mas também é improvável que receba uma punição social danosa.

Não haverá uma grande cena de realização em que finalmente você será escolhido capitão do time de futebol ou rainha da festa de formatura, e você também não vai começar imediatamente uma relação com uma estrela de cinema. Mas vai começar a vivenciar as sensações positivas que reforçam seu desejo de mudança, solidificam sua confiança e melhoram sua capacidade de se autorregular. Mesmo diálogos rápidos sobre esportes ou sobre o clima, quando são bem-vindos e compartilhados, podem ser um mecanismo de corregulação e tranquilização, e a mudança positiva que podem trazer a nossa química corporal pode nos ajudar a ultrapassar o panorama temeroso que nos retém.

A DE AÇÃO PLANEJADA

Algumas pessoas se veem à deriva em um rio genético e ambiental cujo curso elas não conseguem controlar. As simples percepções de que não somos vítimas passivas, de que temos sim algum controle e de que podemos transformar nossa situação mudando pensamentos, expectativas e comportamentos em relação aos outros podem ter um efeito surpreendentemente fortalecedor, em especial em nosso esforço consciente de autorregulação. Uma segunda insinuação de controle vem do reconhecimento de que temos liberdade de ação para escolher onde investir nossa energia social. E, como vimos em nossa discussão sobre o Efeito Borboleta, não é preciso uma enorme mudança para alterar, de maneira dramática, o curso e o destino de alguém.

Ações de caridade ajudam a nos situarmos no quadro social com menos medo de rejeição ou abuso, mas mesmo aqui algum cuidado é necessário. Ser treinador de futebol do time das crianças requer ao menos um pouco de conhecimento sobre o jogo, mas ser supervisor ou assistente de treinador muitas vezes não exige nada mais que aparecer e distribuir garrafas de Gatorade e pedaços de laranja. Alistar-se para o teatro comunitário pode ser muito estranho se você não tem talento como ator ou cantor, mas é provável que o grupo de teatro o recebesse de braços abertos se você se dispusesse a ajudar no camarim ou na bilheteria. Se você é tímido com as pessoas mas adora animais, pode se voluntariar em um abrigo — os animais vão recebê-lo bem imediatamente. Quando você se sentir mais pronto a interagir com os humanos a sua volta, você pode presumir com segurança que os outros voluntários compartilham o seu interesse por animais, o que lhe dá uma base natural para conversas e talvez até para vínculos.

Quando as pessoas se sentem socialmente conectadas, ladeiras não são montanhas imensas (gelatina de uva é apenas gelatina de uva, não necessariamente um sinal de que alguém não liga) e, na maior parte do tempo, um erro é só um erro, não um ataque à dignidade, à importância ou à personalidade de alguém. Um modo menos belicoso de ver o mundo pode ajudar a gerar uma índole mais relaxada e aberta que ajude a fazer com que os conflitos se dissipem, em vez de persistirem ou crescerem. As pessoas que devemos tomar como modelos não são necessariamente as mais bonitas, as mais fabulosas ou as que mais sobressaem socialmente. Vínculos sociais não são provas de popularidade, e o objetivo da mudança não é ganhar o *American Idol*. O objetivo é estar seguro o bastante consigo próprio a ponto de ser livre para se concentrar genuinamente nos outros, e assim se vincular com eles de forma significativa.

Se você é alguém que deseja se sentir acolhido e vinculado a um círculo muito pequeno de pessoas, tudo bem. Similarmente, mesmo quando queremos mais vínculos sociais do que temos, ainda podemos precisar de um pouco de espaço e tempo para nós próprios. Isso também é muito normal. Apenas temos que ter consciência de nosso nível de necessidade de vínculos e agir com sinceridade em função disso — tanto para nós mesmos, quanto ao tentar conhecer outros indivíduos. Especialmente quando se está em busca de um relacionamento amoroso, o desafio é encontrar alguém que esteja igualmente confortável com o nível de proximidade adequado para você.

Outro aspecto para desenvolver um plano de ação é lembrar que fazer para os outros não significa deixar explorarem você. É aí que se torna mais vital a habilidade de detectar distinções sutis proporcionadas pela função executiva do cérebro.[7] Seu plano de ação precisa incluir precauções e ajudar a evitar aqueles que querem manipular seus medos e sentimentos. Relações saudáveis e sustentáveis se baseiam em reciprocidade, não em exploração. Então, se seu ávido amigo novo de repente quer dinheiro emprestado ou usar seu carro ou dormir no seu sofá por algumas semanas, é provável que isso seja uma informação negativa que justifica a precaução, talvez até uma procura por companhia em outros lugares.

Sentir-se sozinho também faz com que nos tornemos vítimas de nosso desejo de agradar. Um vínculo social não envolve uma força sobre-humana. Comprometer-se a fazer muitas coisas para pessoas demais em um esforço para abrir-se à conexão pode exauri-lo e estressá-lo. O ponto é ser *meramente* humano: disponível ao laço comum da humanidade. Ninguém diz que você deva se tornar um santo penitente. O modelo mais adaptativo é uma abertura ao entrosamento combinada com expectativas realistas, percepções acuradas de sinais sociais — incluindo os sinais que sugerem precaução — e realismo quanto ao tipo e número de compromissos que se pode assumir. Isso pode soar como muita coisa para administrar, mas, quando o controle executivo não está perturbado por sensações de isolamento e ameaça, você está apto para a tarefa.

S DE SELEÇÃO

A solução para a solidão não é a quantidade, mas a qualidade das relações. Os vínculos humanos têm que ser significativos e satisfatórios para cada uma das pessoas envolvidas, e não de acordo com uma medida externa. Além disso, as relações são necessariamente mútuas e requerem níveis bastante similares de intimidade e intensidade para ambas as partes. Mesmo bate-papos casuais — como a conversa de Susan com o sapateiro — têm que transcorrer em um ritmo satisfatório para todos. Chegar forte demais, ignorar a resposta da outra pessoa, é a maneira mais rápida de afastar alguém. Assim, parte da *seleção* está em sentir quais relações são mais promissoras e quais parecem só levar por rumos indesejados. A solidão nos torna muito atentos a sinais sociais. O truque é estar calmo o bastante e "presente no momento" para interpretar com precisão esses sinais.

Sou hipoglicêmico, o que significa que de tempos em tempos sofro baixas de açúcar no sangue que me deixam muito mais voraz. Quando isso acontece, eu quero e preciso de comida, sem me importar se é uma barra de chocolate, um Big Mac ou uma colher de manteiga. Quando era mais jovem, cedia aos desejos súbitos comendo qualquer coisa em que pudesse pôr as minhas mãos — o que costumava ser barra de chocolates ou Fast Food. Sentia-me melhor, principalmente depois do chocolate, o açúcar do meu sangue subia bruscamente, mas então caía de novo. Foi só depois que aprendi a exercitar o autocontrole. Comecei a planejar com antecedência para que a falta de comida não me deixasse aturdido. Parte do meu planejamento também consistia em me munir de comidas mais nutritivas que não precipitem outra queda de açúcar pouco tempo depois que eu coma. Uma seleção parcimoniosa, guiada pela autorregulação, é a lição chave.

Da mesma maneira, todos precisamos aprender que a aparência física ou o status de alguém não são boas bases para vínculos profundos. Compatibilidade e sustentabilidade dependem muito mais de coisas como ter crenças comuns e estar em um mesmo estágio da vida. Quando se trata de namorar ou de ter sucesso conjugal, os dados mostram que similaridade ("pássaros da mesma espécie voam juntos") bate complementaridade ("os opostos se atraem").

Decidir como procurar por pássaros da sua espécie também requer seleção. Para aqueles que tendem a ser mais silenciosos do que falantes, encontrar alguém que também fique confortável com uma companhia silenciosa talvez seja uma boa ideia. Leitores vorazes, em especial leitores tímidos, têm mais chances de conhecer pessoas interessantes na palestra de um escritor em uma livraria, ou trabalhando em um programa de alfabetização, do que frequentando baladas noturnas. Como sair por aí para conhecer pessoas depende do tipo de pessoas que você quer conhecer.

Nos EUA, você já pode ter visto propagandas em que aparecia Neil Clark Warren, o fundador da eHarmony, um dos serviços mais bem-sucedidos de formação de casais através da internet. Seu sistema — do qual, grande revelação, sou um dos consultores científicos — não se baseia em primeiras impressões ou em *sex appeal*. Em vez disso está construído por meio de um questionário de 436 itens separados que determinam valores e interesses. Ele desenvolveu esse instrumento ao entrevistar intensivamente mais de quinhentos casais casados. Depois de descobrir que laço os unia, criou um modelo de previsão baseado em 29 dimensões diferentes de compatibilidade. Incluídos aí valores, personalidade, intelecto, senso de humor, crenças espirituais, paixão e espontaneidade.

O que realmente funciona, de acordo com Warren, não é o foco nas características objetivas de cada parte, ou no que cada parte aparentemente deseja, mas na combinação entre os dois parceiros potenciais — o modo como funcionam como conjunto. Algumas pessoas criticaram o sistema por não prestar muita atenção à química corporal, mas, em uma perspectiva mais ampla, sentir proximidade sexual requer sentir proximidade psicológica. Assim, com o passar do tempo, os atributos físicos passam a importar muito menos do que a intimidade psicológica. A excitação de que você precisa pode ser induzida com mais facilidade por uma risada compartilhada em um filme dos Irmãos Marx do que no corpo bem torneado do seu parceiro.

E DE ESPERAR PELO MELHOR

O contentamento social pode ajudar para que sejamos mais consistentes, generosos e resilientes. Pode nos tornar mais otimistas, e essa atitude de "esperar pelo melhor" nos ajuda a projetar esse "melhor". De acordo com a lógica da corregulação, então, o contentamento social aumenta a chance de extrair dos outros simpatia e boa vontade — esse é o poder da reciprocidade. Com a prática, qualquer um de nós pode "aquecer" o que apresentamos ao mundo. Temos mais controle sobre nossos pensamentos e padrões de comportamento do que imaginaríamos, mas, vale ressalvar, ninguém pode exercer um controle total sobre as relações interpessoais, assim como não se pode forçar uma reviravolta imediata e completa no modo como os outros nos veem. Enquanto esperamos que nossa mudança seja registrada pelo mundo que nos cerca, o medo e a frustração podem nos empurrar de volta ao comportamento crítico e exigente ligado à solidão. É aí que a concentração paciente nas recompensas fisioquímicas de se estender para os outros pode nos colocar de volta nos eixos.

Há riscos em se desligar dos comportamentos de isolamento e autoproteção. As pessoas se apegam a seus mecanismos de defesa porque, ao menos em curto prazo, as defesas parecem cumprir a função. Mas as evidências mostram que a "proteção" temporária proporcionada pelo comportamento defensivo cobra um alto preço com o passar do tempo.

A necessidade de paciência não cessa uma vez que começamos a encontrar mais felicidade em nossas relações. Mesmo que algum de nós fosse perfeito, inevitavelmente a outra pessoa que esse alguém conheceria teria uma perspectiva diferente. Os votos matrimoniais típicos, "na saúde e na doença, na alegria e na tristeza", são uma proclamação pública da possibilidade sempre presente de fricção interpessoal. Mesmo os melhores amigos e os cônjuges nos melhores casamentos discordam e ferem um ao outro de tempos em tempos. O segredo para o sucesso em face dessa realidade reside em não magnificar os momentos de fricção com uma interpretação excessiva.

Ocasionalmente, pessoas que estão tentando ser positivas e generosas com os outros acabam se sentindo abatidas e fatigadas. Interagir com um amigo ou com a esposa que está passando por um mau momento, que talvez tenha caído em depressão, pode fazer com que também você se sinta deprimido. A queda de seu próprio nível de energia pode ser um sinal importante de que você e seu amigo ou esposa podem estar precisando de uma assistência especial, profissional. Também é possível ir longe demais alimentando os outros sem se alimentar. Quando isso acontece, você tem que encontrar uma maneira de recuperar a reciprocidade e de se equilibrar antes de ficar completamente exaurido.

Relações sociais são sempre complexas, mas negociar essa complexidade é uma grande parte do que conduziu o desenvolvimento evolutivo de nosso grande cérebro. Simplesmente temos que levar em conta a sabedoria do adesivo de carro que diz para "viver um dia de cada vez". Os Alcoólicos Anônimos também têm seu ditado apropriado: "A estrada para a recuperação está sempre em construção". O mesmo vale para a estrada para os vínculos sociais saudáveis.

Quando você está tentando segurar uma relação valiosa, três pontos discutidos em capítulos anteriores são especialmente importantes:

- *A solidão pode nos tornar exigentes.* É típico que os dois integrantes de uma relação acreditem que estão fazendo ao menos sua parte. Afinal, veem tudo o que fazem e tudo o que dispensam em nome da relação, e não veem tudo o que o outro faz e dispensa. Nos casais mais bem-sucedidos, ambos os parceiros entendem que suas percepções de quanto estão contribuindo é parcial, então, para garantir que estejam contribuindo o bastante, tentam *fazer* mais do que a sua parte. Depois de uma briga, os membros de casais felizes também dão um ao outro o benefício da dúvida. Depois do desentendimento, fazem coisas boas um para o outro para restabelecer o amor e a confiança.[8] Não compensam coisas negativas com outras negativas no sistema depressivo do olho por olho. Em vez disso, cada um injeta um comentário ou um gesto positivo no ciclo para recuperar o movimento ascendente. Ao oferecer um comportamento abertamente cooperativo, obtêm de seus parceiros uma cooperação semelhante.

- *A solidão pode nos tornar críticos.* Membros de casais que têm alto bem-estar social encontram maneiras de idealizar seus parceiros, sustentando o que é chamado de ilusões positivas.[9] (Esse elemento fictício é a razão por que romances são chamados de *romances*, o mesmo termo utilizado para narrativas.) Um estudo de casamentos ao longo de 13 anos mostrou que a idealização do parceiro não só ajuda a sustentar o amor, mas também diminui a ocorrência de divórcios.[10] Idealizar o parceiro não significa fazer vista grossa a traições, abusos ou comportamentos semelhantes, mas focar no sorriso ainda bonito em vez de observar a celulite ou os cabelos rarefeitos — ou reconhecer o modo como ele mostra seu amor tirando o gelo de cima do seu carro, mesmo que pudesse se sair melhor usando palavras para expressar seus sentimentos. O cérebro executivo possibilita um grande controle sobre o que escolhemos enfatizar, mas só se mantivermos fora do caminho os distúrbios da solidão, induzidos pelo medo.

- *A solidão pode fazer com que recuemos e nos comportemos passivamente.* Pessoas em relações felizes dão passos ativos para capitalizar os acontecimentos positivos que ocorrem em suas vidas cotidianas.[11] Quando as pessoas contam a amigos e amados sobre um momento prazeroso do dia, a experiência compartilhada proporciona afeto positivo e uma sensação maior de bem-estar, para além dos benefícios já trazidos pelo acontecimento em si. A descoberta surpreendente é que ter um parceiro romântico que reage ativa e construtivamente para a sua felicidade é mais importante para um casamento feliz do que ter um parceiro que pode tranquilizar você em momentos ruins. Então, quando seu parceiro lhe oferece uma lufada de ar fresco ou um olhar de esperança, não deixe passar em branco. Prontifique-se a compartilhar o prazer; ambos se beneficiarão.

Nem sempre precisamos de palavras para expressar as emoções positivas que sentimos em relação aos outros e que queremos receber deles em troca. Faça uso pleno dos efeitos poderosos da oxitocina. Disputas com frequência crescem e exasperam, semeando a frieza e o ressentimento que engendram mais disputas que por sua vez provocam mais frieza e ressentimento. Mesmo quando não conseguimos encontrar as palavras certas, muitas vezes podemos interromper esse círculo vicioso apenas ao pegar silenciosamente na mão de alguém, ou, por mais banal que pareça, abraçando essa pessoa.

Para os que se preocupam com alguém que parece estar sofrendo de sentimentos de isolamento social, seja na vida pessoal ou no mundo do trabalho, duas outras lembranças podem ser úteis:

- *Esteja atento à realidade subjacente.* Entenda que muito do comportamento desagradável de seu amigo ou amado pode ser resultado de reações de luta-ou-fuga em resposta a uma sensação de estar inseguro no mundo, e que você não pode ganhar discutindo. Tentar se afastar desse quadro e denunciar a cognição distorcida em si é algo mais promissor, mas ainda difícil, e às vezes também pode isso aumentar a resistência. A abordagem mais efetiva costuma ser apelar às emoções mais básicas da pessoa, o que inclui a tristeza e o medo. Lembre-se de que humanos muitas vezes usam as palavras e a lógica apenas para racionalizar as emoções primitivas e as expectativas prévias.

- *Faça o que puder para que a pessoa solitária se sinta segura.* Não faz diferença se a percepção decorre de um sentimento de ameaça que não pode ser logicamente justificado — um sentimento é o que é. Sentir-se inseguro muitas vezes deriva de um sentimento profundo e subjacente de rejeição, de modo que antes de tudo é preciso fazer o possível para transmitir a certeza de que o ambiente é seguro. Se você está lidando com um membro da família ou com um parceiro íntimo, tente demonstrar que seu amor é sólido. Você pode sentir que está se rendendo na batalha de hoje, mas isso pode lhe valer uma vitória no futuro.

Amizades perfeitas são impossíveis, mas ao nos estendermos para além de nós mesmos podemos atingir o melhor possível: um vínculo social rico e satisfatório, mesmo que isso exija de nós esforço e contenção. No final das contas, o segredo está em usar nossas capacidades humanas mais distintamente para encontrar soluções que beneficiem todos os envolvidos. São soluções para as quais cada parceiro contribui, que nenhum deles poderia ter antecipado e que excedem o que cada indivíduo podia alcançar por sua conta.

Muitos desses princípios derivados do estudo da solidão que podemos aplicar para uma melhoria de nossa vida privada também são aplicáveis ao ambiente social maior. No mundo mais amplo, como veremos, o poder do vínculo social pode ser uma força vital para a mudança.

14

O poder do vínculo social

EM 1985, QUANDO pesquisadores perguntaram a uma amostra representativa do povo americano "Quantos confidentes você tem?", a resposta mais comum à questão foi três. Em 2004, quando perguntaram de novo, a resposta mais comum — dada por vinte e cinco por cento dos entrevistados — foi nenhum. Um quarto desses americanos do século XXI disseram que não tinham ninguém com quem conversar com abertura e intimidade.[1]

Também publicado em 2004, um estudo conjunto da Organização Mundial de Saúde e da Universidade de Harvard descobriu que quase 10% dos americanos sofrem de depressão ou transtorno bipolar. Também descobriu que grandes comilanças e bebedeiras estão em alta, e que nossas crianças são medicadas por depressão e déficit de atenção em um grau alarmante.[2]

Quando a Unicef avaliou 21 nações ricas, os EUA ficaram em penúltimo em termos de bem-estar de suas crianças, na frente apenas do Reino Unido. Os EUA registraram a pior taxa de mortalidade infantil, e a segunda pior em termos de exposição a violência e abuso, de estruturas familiares caóticas e relações problemáticas com familiares e amigos. Participantes da pesquisa de toda parte dos EUA dizem que suas famílias já não fazem as refeições unidas. Crianças dizem que já não passam nenhum tempo conversando com seus pais, e que em geral não veem em seus pares pessoas gentis e prestativas.[3]

Para cidadãos do século XXI, "as coisas como elas eram" — estar ligado a uma pequena cidade, casar com alguém escolhido pela família e praticamente só fazer o que o padre, os pais ou os mais velhos dizem que você deve fazer — não são um plano de vida dos mais atraentes. Contudo, a lúgubre estatística recém-citada sugere que nossa sociedade pode ter extrapolado em sua ênfase à individualidade. Pagamos o preço não apenas em termos de saúde mental e física, mas também nos termos de tensão na coesão social e no progresso econômico sustentável. O corolário de sermos "obrigatoriamente gregários" é mantermos uma interdependência. "Independência", lembra o biólogo Lynn Margulis, "é um termo político, não científico".[4]

E, no entanto, a independência é consenso para a nossa cultura. Sempre prezamos a mobilidade vertical e aceitamos a "mobilidade horizontal" como o preço a pagar para fazer negócios — você vai aonde as oportunidades estão. Em meados do século XX, contudo, essa independência desimpedida passou a merecer a descrição desenraizamento. Transferências de executivos tornaram-se centrais mesmo nas vidas corporativas mais rotineiras e regimentadas, fazendo dos administradores uma nova espécie de trabalhadores migrantes. O triunfo do sistema rodoviário interestadual, do automóvel e dos condomínios encorajou a criação de paisagens intercambiáveis, com "comunidades" inteiras produzidas em massa como se fossem mercadorias básicas. Vendedores, consultores e mesmo acadêmicos como eu tornaram-se guerreiros das estradas, coletando milhagens para novas viagens.

Paisagens para a solidão

Nos anos 1950, o sociólogo Robert Weiss começou a explorar o efeito dos novos padrões de trabalho e de vida sobre a solidão. Notou que "uma baixa densidade populacional e a perda dos encontros naturais rotineiros na varanda, nas ruas ou na drogaria da esquina tornaram mais difíceis o intercâmbio de experiências e a circunscrição de problemas".[5] Residentes de comunidades provisórias careciam não apenas de relações duradouras com amigos e vizinhos, mas dos benefícios de morar perto de gerações mais antigas de suas próprias famílias.

Um colega de Weiss, Mark Fried, fez referência à solidão da classe trabalhadora que mora no distrito oeste de Boston, "enlutada pela perda de sua casa" depois que o bairro foi demolido no que então se chamou de renovação urbana.[6] Era uma comunidade rica em ligações, tanto com o lugar quanto uns com os outros. Poucos anos atrás ainda era possível ter uma ideia do que havia sido esse distrito andando pelo norte de Boston: um aglomerado caótico que parecia operar como uma família estendida. Mas agora a valorização da região põe em risco também os vínculos estabelecidos nessa comunidade.

Na maioria das nações industrializadas, expoentes do modernismo, como o "mestre-de-obras" de Nova York Robert Moses, continuavam, até muito recentemente, amedrontando zonas mais antigas para construir rodovias expressas entre cidades, e planejadores urbanos engenhavam grandes projetos habitacionais — "favelas verticais" — para acolher os pobres. O governo do apartheid na África do Sul chegou ao extremo de destruir uma ampla faixa da Cidade do Cabo — uma área racialmente miscigenada conhecida como Sexto Distrito — precisamente *devido a* seu grande senso de comunidade. A harmonia que florescera naquele bairro, entre brancos, negros e imigrantes asiáticos, fazia mal à agenda partidária de separatismo racial.

Nos anos 1960, urbanistas como Jane Jacobs lançaram uma contraofensiva. O livro de Jacobs *Morte e vida de grandes cidades* é seu canto de louvor a sua própria "vila", a Greenwich Village de Nova York. Nas páginas do livro ela enaltece a vitalidade da vida em escala menor e mais compacta, em que as pessoas moram e trabalham no mesmo quarteirão. Escreve sobre a confiança maior e sobre a sensação de pertencimento, assim como sobre os encontros casuais e enriquecedores que disso decorrem. Posso atestar sobre essa realidade, porque minha mulher e eu moramos em uma vila urbana semelhante, um agrupamento de casas geminadas do século XIX em que os vizinhos conhecem os filhos e os animais de estimação uns dos outros e acompanham o progresso das plantas na entrada das casas. Meu coautor mora em uma pequena cidade de New England onde membros das mesmas famílias caminham ombro a ombro desde 1630, e onde advogados e pescadores de lagostas frequentam as mesmas festas. Na infância, ambos perambulamos de um lado a outro pelo sudoeste, de modo que, quando adultos, ambos escolhemos com bastante deliberação onde criar raízes. Mas, ainda que tenhamos tido a sorte de encontrar bolsões em que o espírito comunitário impera, em outros lugares a guerra dos laços humanos continua.

Sozinho no boliche

Em um livro intitulado *Bowling alone: The Collapse and Revival of American Community* ("Sozinho no boliche: o colapso e o renascimento da comunidade americana"), o cientista político Robert Putnam explora as implicações de nossa cultura atomizada em termos de perda de "capital social", uma expressão utilizada para designar a reciprocidade, a cooperação e a boa vontade coletiva derivadas do vínculo com uma comunidade maior. Em tempos recentes, nota Putnam, a participação em todas as formas de engajamento cívico declinou vertiginosamente, do voto em eleições aos clubes de bridge, do voluntariado no corpo de bombeiros e às bandas marciais, das organizações de ex-alunos às ligas de boliche.

"A virtude cívica é mais poderosa quando arraigada em uma densa rede de relações sociais recíprocas", escreve. "Uma sociedade de muitos indivíduos virtuosos porém isolados não é necessariamente rica em capital social." Mas muitas cidades abastadas já não têm casas adequadas ao orçamento de enfermeiras, professores e policiais — o tipo de trabalhador que ajuda a costurar e unir uma comunidade. Quando serviços vitais dependem inteiramente do espírito cívico, como no caso do voluntariado para corpos de bombeiros, o problema é ainda mais grave. Investidores e banqueiros podem contribuir muito para a arrecadação de impostos, mas pessoas que têm grandes lucros e trabalhos absurdamente exigentes tendem a ser menos ávidos em se comprometerem a comparecer se a casa do vizinho começar a pegar fogo.[7]

Seja no nível do engajamento cívico ou do vínculo mais íntimo, o caso é que a marcha da atomização prossegue. Sensações de isolamento provocam depressão e hostilidade e prejudicam a autorregulação. Ainda assim, muitos líderes políticos cortam investimentos em centros comunitários pelos gastos com prisões maiores para aqueles que se tornam hostis e fora de controle com a falta de regulação. Os dados nos dizem que a solidão acelera seriamente o declínio da saúde e bem-estar relacionados à idade, e no entanto a ideia de promover vínculos raramente é discutida no mesmo compasso que as questões de custo de remédios e outras intervenções médicas necessárias para lidar com a população cada vez mais idosa, solitária e isolada.

Finalmente, nossa consciência nacional parece estar despertando para o fato de que proteger o meio ambiente, incluindo o clima global, não é uma ideia alarmista dos anos 1960. Dado o impacto estatístico da solidão, se seus efeitos fossem causados por uma impureza do ar ou da água, talvez agora houvesse sessões no congresso sobre como reduzi-la. Talvez possamos ter esperança de um despertar semelhante da ideia, fundada em uma ciência rigorosa, de que restaurar os laços entre as pessoas pode ser um modo prático e eficiente de alavancar a resolução de alguns dos mais prementes problemas sociais, sendo um dos mais importantes a crescente crise dos serviços de saúde e de atenção aos idosos.

Mas, sendo o mundo como é hoje, o que podemos fazer para enfrentá-lo?

Solidão nunca mais

Nas vizinhanças mais barra pesada das áreas urbanas, a juventude desafeiçoada de hoje reage aos perigos de ficar sozinho alistando-se a gangues de rua. Nos enclaves litorâneos modernos, os jovens mais abastados tentam criar os tipos de famílias substitutas que veem nas reprises de *Seinfeld* ou *Friends*. Casais com filhos buscam conscientemente a união, tentando combater a força centrífuga exercida pela mídia que divide a atenção de cada membro da família em um quarto separado, ou ao menos em um pedaço diferente do ciberespaço. Embora falte uma comunidade integrada que dê suporte, ou algum laço natural como o do trabalho compartilhado, essas tentativas às vezes parecem forçadas. A preocupação "a família vem primeiro" sustenta a vida em subúrbios focados na formação das crianças, mas priva os adultos de um gama mais ampla de apoios sociais. Como Weiss notou anos atrás, núcleos familiares itinerantes, transportando-se de um subúrbio anônimo a outro, necessariamente focados em si mesmos, compõem uma situação que instala intensas exigências emocionais sobre os membros da família para que "tudo" gire em torno deles próprios. Stephanie Coontz, socióloga autora de *Marriage: A History* ("A história do casamento"), denuncia o número crescente de pessoas que agora dependem de seus maridos ou mulheres como única fonte de companhia.[8] Talvez não seja surpreendente que os americanos de hoje tenham tantos confidentes a menos do que vinte anos atrás. Com quem podemos trocar confidências quando as questões pessoais mais agonizantes podem ter a ver com o marido ou a mulher?

Em 1976, o romancista Kurt Vonnegut contou a história de Wilbur Swain, um pediatra que concorre à presidência dos EUA com o slogan "Solidão nunca mais". A plataforma vencedora de Swain consiste no plano de criar famílias artificiais — designadas por novos e totêmicos nomes intermediários — para que cada cidadão tenha dez mil irmãos e irmãs.[9]

Vinte anos antes dessa proposta ficcional de resolução do problema do isolamento, o reverendo Robert H. Schuller deu início a uma missão em Orange County, na Califórnia, que teria deixado Wilbur Swain muito orgulhoso. A princípio pregando do alto de uma lanchonete de um *drive-in* nas manhãs de domingo, Schuller ajustou sua mensagem para corresponder à necessidade de vinculação social de pessoas oriundas do meio-oeste do país. Cinco décadas depois, seu púlpito (agora ocupado por seu filho Robert A. Schuller) é *A hora do poder*, um programa de televisão transmitido no mundo inteiro a partir da multimilionária Crystal Cathedral, construída em um grande campus que atrai visitantes de todos os continentes. A mensagem simples que levou o pároco de um empoeirado *drive-in* até um império midiático global se resume ao slogan repetido em cada transmissão: "Deus ama você, e eu também amo."[10]

Em tempos recentes a tentativa de formar laços sociais mais intensos colaborou para o crescimento explosivo de novas megaigrejas, réplicas do modelo de Schuller, do Kansas à Coreia. Em áreas suburbanas espelhadas no Orange County, grandes quantidades de pessoas parecem mais desesperadas do que nunca por um senso de comunidade e sentido — e tanto melhor se Deus pode fazer parte disso, adicionando ainda mais sentido e estrutura. Mas um foco na necessidade humana de vinculação e apoio

O poder do vínculo social 273

social foi uma parte central do cristianismo muito antes de seus adeptos passarem a ser chamados de cristãos. A mesma preocupação é um elemento chave do confucionismo, do budismo, do islamismo e do judaísmo — todas as fés que têm grandes quantidades de adeptos.

No início do movimento jesuíta, seitas como a dos gnósticos, místicas e voltadas para o interior, rapidamente se esvaíram e desapareceram. O tipo de cristianismo que seguiu para se tornar um elemento estrutural primário do mundo ocidental transmitia uma mensagem simples de autoestima — "o reino de Deus está em você" — combinada com refeições comunais e mesmo moradias comunais. Sua teologia bem delimitada deixava de lado os complexos rituais de limpeza do judaísmo, e apresentava o mal menos em termos místicos e mais como uma questão de comportamento de uma pessoa em relação a outra. A igreja, que sobreviveu e prosperou, estendeu a ética básica da tradição hebraica — já uma forte fonte de apoio social — explicitamente na vida interior do indivíduo, criando proibições contra pensamentos danosos ao vínculo social: ira, ódio, luxúria mal direcionada. Dispensou o templo de Jerusalém como centro da vida religiosa, mas manteve rituais para santificar os elementos básicos da existência humana ordinária: reprodução (casamento), nascimento (batismo), doença (unção) e morte (unção dos enfermos). Por meio dessas cerimônias, definia linhas de conduta para o vínculo social no ciclo da vida, fazendo dessa igreja universal uma convenção social prática: estimulava o valor próprio, enterrava os mortos e dava aos pobres. Como o judaísmo, o islamismo, o confucionismo e o budismo, o cristianismo regulava todas as transações sociais dentro da comunidade, de relações matrimoniais e familiares a padrões de negócios e convívio com os vizinhos.

Dois mil anos depois, encontramos líderes cristãos como Joel Osteen, um membro da segunda geração de megapastores, adquirindo e remodulando o Compaq Center de Houston, um ginásio de basquete profissional, para acomodar sua crescente congregação. Encontramos Rick Warren, pastor de sua própria megaigreja, alcançando milhões com o explícito acorde de vínculo social divulgado em seu livro *Uma vida com propósitos*. Um dos maiores best-sellers dos últimos tempos, esse livro delineia as supostas cinco diretivas de Deus para cada um de nós. Eis a número dois da lista: "Somos formados para a família de Deus, de modo que o segundo propósito deve ser viver em verdadeira irmandade."

Os megapastores cristãos e suas megaigrejas fazem tanto sucesso que mesmo os líderes judeus, em especial um grupo chamado Sinagoga 3000, resolveram estudar rigorosamente seus métodos, mandando representantes para que acompanhassem seminários e a construção da congregação na Igreja de Rick Warren.[11] Mas o elemento chave de seu sucesso parece ser que essas novas igrejas, situadas nos cada vez mais vastos parques industriais, próximas a shoppings e a "comunidades planejadas" dos subúrbios, refletem a necessidade humana básica de reunião, conexão e pertencimento. Ao fazê-lo, elas atingem de forma imprevista a solidão em suas três dimensões: íntima, relacional e coletiva. Da educação aos serviços de formação de casais, às creches, ao aconselhamento psicológico e matrimonial, a torneios de basquete, elas vendem em uma única loja a vinculação humana em muitas de suas diferentes formas.[12]

O crescimento das megaigrejas sugere que elas servem a uma necessidade, mas fazem isso de maneiras que aqueles que têm outros credos ou que não são religiosos podem considerar perturbadoras. É uma comunidade com uma específica visão de mundo e uma agenda específica, não uma comunidade que possa dar vinculação a todo mundo e a qualquer um com base em uma humanidade simples e compartilhada. E, no entanto, em muitas partes da América do Norte, não existe nenhuma outra instituição que combata o sentimento opressivo de estar isolado física e espiritualmente.

De maneira similar, uma geração mais jovem está encontrando vinculação nos "mundos virtuais": lúdicas comunidades online massivas como *Second Life*, *There* e *Active Worlds*. Esses sites permitem que os usuários criem avatares — representações físicas deles próprios projetadas na tela — que então se juntam e se mesclam, compram imóveis, decoram casas e outros pontos de encontro e simplesmente vão se deparando com as questões corriqueiras da vida, só que no ciberespaço. Esses metauniversos, ou "metaversos", não são exatamente jogos, porque seus participantes não têm um objetivo específico, nenhum jeito de "ganhar". O objetivo dessa atividade online, como no caso da "teologia leve" das megaigrejas dos subúrbios, é vivenciar um senso de comunidade.

Desvinculação global

Em muitas partes do mundo, sociedades mais velhas se apressam para abraçar a cultura consumista americana e sua casual indiferença aos laços sociais que deram vazão à anomia suburbana.

Na China, uma sociedade construída em um respeito confuciano pelo coletivo foi de repente jogada no individualismo agressivo do capitalismo. O *New York Times* conta sobre o crescimento de cidades "instantâneas" no coração da China que fariam a transformação de Phoenix ou Las Vegas parecer letárgica. Em Yinchuan, a capital da região Ningxia, as autoridades estão gastando mais de um bilhão de dólares por ano para criar um imenso complexo governamental, um hotel cinco estrelas e um condomínio residencial para empreendedores, na esperança de que a infraestrutura atraia o desenvolvimento imobiliário privado. Dezenas de outras cidades provincianas têm a mesma aspiração, torcendo para transformar da noite para o dia os camponeses locais em cidadãos da economia globalizada. Lu Dadao, um especialista de Pequim em planejamento urbano, disse ao repórter do *Times* Jim Yardley: "Eles querem que seja rápido, e querem que seja grande. Todos adotaram a urbanização sem levar em conta a velocidade natural que deve ter." Em termos de saúde e bem-estar, a ciência nos diz que há consequências negativas imprevistas quando, como afirmou Walter Lippmann um século atrás, "mudamos nosso ambiente mais rápido do que podemos mudar a nós mesmos".[13]

Nos Estados Unidos, empreendedores e arquitetos progressistas tiveram que ouvir o chamado de Jane Jacobs para levar mais a sério os imperativos dos vínculos sociais. Tentaram replicar, em comunidades novas como Celebration, na Flórida, os aspectos físicos de uma vida em cidade pequena — casas próximas umas das outras, calçadas, varandas frontais para sentar — que facilitam o vínculo social. Outras comunidades, como Treetops em Easthampton, Massachusetts, tentam reintegrar pessoas mais velhas e mais jovens em um único arranjo habitacional. No Reino Unido, o Príncipe de Gales promoveu tentativas de espelhar as vilas tradicionais inglesas em habitações contemporâneas. Infelizmente, esses esforços continuam sendo nobres ilhas de experimentação em um oceano dominado por outro modelo. No mundo inteiro, a globalização agora ameaça fazer do anonimato e da permutabilidade do esquema americano, se não a norma, ao menos algo perturbador de tão comum.

Mas a batalha não está terminada. Uma paisagem construída para a desvinculação apenas torna ainda mais urgente a necessidade de trabalhar com consciência e deliberação para construir laços humanos mais fortes em cada oportunidade, em cada intercâmbio diário. Isso faz com que seja ainda maior a recompensa do distender-se, dos atos aleatórios de bondade que discutimos antes. Também significa que, em nossas relações íntimas, devemos ter consciência do que estamos enfrentando. Uma cultura para o consumo pode abrigar uma "mentalidade consumista", encorajando-nos a aplicar conceitos como "melhorar o padrão do produto" e otimizar o valor em nossas relações românticas. Como a psicóloga Elaine Hatfield disse a um repórter: "As pessoas estão exigindo muito mais. Não acho que isso seja ruim; é só um problema diferente. Nos velhos tempos, não existia a noção de que você tinha direito à felicidade. Agora, as pessoas querem tudo: ser bonito, ter dinheiro, inteligência, status."[14] Talvez a apoteose desse tipo de pensamento tenha sido um anúncio de Chicago (rapidamente removido depois de uma eclosão de protestos) que mostrava dois lindos torsos, um masculino, outro feminino. A frase sobreposta, promovendo os serviços de um advogado, dizia: "A vida é curta. Peça o divórcio."

A maioria das pessoas não chega a esses extremos de grosseria, mas expectativas irreais (e superficiais) levam de verdade à decepção. Como Hatfield comentou: "Acho que é por isso que as mulheres acabam com animais de estimações e os homens, com computadores."[15]

Trabalhando com o que temos

Os vínculos — como animais ou computadores — com que substituímos o contato humano são chamados de "relações parassociais". Você pode formar uma relação parassocial com personagens de televisão, com pessoas que "conhece" pela internet, ou com um *terrier*. Será esse um modo efetivo de preencher o vácuo quando os vínculos com outros humanos, face a face, foram frustrados?

O poder do vínculo social

Os gregos, em especial o poeta e filósofo pré-socrático Xenófanes, usavam o termo "antropomorfismo" (combinando *antropos*, humano, e *morfe*, forma) para descrever a projeção de atributos especificamente humanos em entidades não humanas. Aumentar a força das crenças antropomórficas parece ser uma tática útil para lidar com a solidão, com o divórcio, com a viuvez ou mesmo com ser solteiro.[16] Pessoas que têm animais de estimação projetam todo tipo de atributos humanos em seus companheiros animais, e os mais velhos que assim o fazem parecem proteger-se melhor do impacto negativo das ocorrências estressantes da vida. Eles visitam um médico com menos frequência do que seus pares que não têm animais. Indivíduos diagnosticados com Aids têm menos chance de se deprimir se têm um cachorro ou um gato. Em circunstâncias em que alguém será avaliado, a presença de seu animal de estimação pode realmente ajudar a reduzir a ansiedade e as reações psicofisiológicas ao estresse mais do que a presença de seu cônjuge.[17]

Uma das lições do Furacão Katrina foi que donos de animais de estimação estavam tão comprometidos com eles que muitos se mostraram dispostos a arriscar suas vidas ficando na cidade e cuidando dos animais. Será que foi a sensação de serem deixados sozinhos — em certo sentido, de serem rejeitados por aqueles que fugiram da tormenta — o que fez desse vínculo algo tão forte? Estudos mostram que a rejeição por outros humanos pode aumentar a tendência a antropomorfizar o animal de estimação.[18] Talvez muitas dessas pessoas que passavam por privações econômicas vinham se sentindo rejeitadas havia muito tempo. Tudo o que sabemos ao certo é que a quantidade de pessoas que foram removidas à força de suas casas (e forçadas a deixar seus animais para trás) foi o que levou ao Ato de Evacuação de Animais e Padrões de Transporte, que se transformou em lei em outubro de 2006. Essa lei exige que autoridades locais e estaduais incluam em seus planos emergenciais de evacuação formas de acomodar animais domésticos ou outros serviços para animais no caso de um desastre. Também autoriza que fundos federais ajudem os estados a estabelecer abrigos de emergência que comportem animais.

No filme *Náufrago*, quando o personagem interpretado por Tom Hanks fica preso em uma ilha deserta, cria uma relação intensa com uma bola de vôlei chamada Wilson. Similarmente, a acadêmica aposentada, que me contou de seu novo cenário social ao retornar aos EUA, também descreveu como teve que lidar com a solidão durante um semestre passado em Paris, a um oceano de distância do marido e dos gatos. Ela podia ver a Torre Eiffel da janela do quarto. Em cartas e telefonemas para o marido, falava da Torre como seu "animal de estimação". A cada noite, ao apagar a luz, dava boa-noite à Torre.

A rejeição social, mesmo em episódios passageiros, também pode aumentar a crença das pessoas em agentes sobrenaturais antropomorfizados.[19] A necessidade de compensar a ausência física de seus parceiros falecidos muitas vezes faz com que viúvos e viúvas travem conversas "bilaterais" com eles. A perda de um marido ou de uma mulher pode aumentar a crença do sobrevivente em diabos e espíritos do mal assim como em fantasmas do bem e anjos, indicando que o vínculo parassocial não é simplesmente uma tentativa de aliviar a mente com imagens positivas e reparar os sentimentos negativos.[20] Mas, seja ele um deus, um demônio, um animal, uma máquina, um marco ou uma peça usada de equipamento esportivo, o ser antropomorfizado torna-se um substituto social, e os mesmos sistemas neurais que se ativam quando fazemos julgamentos sobre outros humanos são ativados quando avaliamos essas relações parassociais.[21]

Para um experimento, meus colegas Adam Waytz, Nick Epley e eu coletamos fotografias tiradas pelo telescópio Hubble de corpos celestiais dramáticos como os glóbulos de "Bok" e mostramos a pessoas sentadas à margem do lago ou em parques de Chicago. Depois de os participantes olharem cada fotografia, fazíamos uma série de perguntas. Algumas eram questões simples sobre função e aparência, mas algumas se aprofundavam nos domínios dos atributos humanos. Seriam aquelas estruturas apenas nuvens de gases flutuando no espaço, ou teriam certas características humanas? Estaria o objeto celestial, por exemplo, se movendo de um lado para o outro com um propósito? Ao fim do questionário medíamos o nível de solidão dos participantes. As respostas dos que tinham nível alto e baixo de solidão eram muito semelhantes, exceto em um aspecto. Quanto mais solitária se mostrava a pessoa, mais forte era sua tendência a considerar que os objetos celestiais tinham características humanas, ou mesmo que agiam com base em lições aprendidas em experiências passadas. Como nossos ancestrais que nomearam as primeiras constelações e deram a elas histórias de vida, nossos habitantes solitários de Chicago antropomorfizaram os objetos que vemos no remoto céu.

Parceiros que não vemos

Nossas relações parassociais seguem certos padrões baseados em aspectos de nossas relações humanas. Pessoas mais inseguras e ansiosas tendem mais do que pessoas seguras a formar laços sociais perceptíveis com personagens televisivos. Elas também tendem mais a intensificar suas crenças religiosas com o passar de um tempo determinado, incluindo súbitas conversões religiosas no fim da vida.[22]

Em uma pesquisa da *Newsweek* sobre as crenças religiosas nos EUA, 40% dos participantes indicaram que se sentem mais próximos de Deus quando rezam sozinhos, enquanto apenas 2% alegaram que se sentem mais próximos de Deus quando rezam junto com outros.[23] Freiras, monges e místicos consideram indiscutível esse efeito intensificador do isolamento quando se afastam do convívio com outros humanos para sentir mais forte "a presença de Deus". Mais uma vez, a sensação de isolamento promove não apenas o impulso do vínculo, mas a intensidade do antropomorfismo.

Muitos entusiastas da tecnologia afirmam que os contatos sociais mediados por computadores preencherão o vazio deixado pelo declínio da comunidade no mundo real. Os clubes de caridade, a maçonaria, as bandas e as ligas de boliche podem estar desaparecendo, mas tudo bem, dizem esses entusiastas, porque todo mundo está ocupado dialogando por escrito e se "conectando" em salas de bate-papo. Os e-mails, contudo, são o que teóricos da comunicação chamam de interação filamentosa — palavras em uma tela carentes de qualquer textura física. Estudos mostraram que quanto mais rico o meio — quanto mais permeado por aspectos físicos — mais ele estimula a coesão social. Pode ser por isso que, para aqueles que escolhem vincular-se por meios eletrônicos, sites coletivos com o *Second Life* estão se tornando pontos de encontro muito populares. Essas comunidades virtuais são ao menos enriquecidas pelos avatares de cada participante, representações físicas animadas que aparecem de fato na tela. Os participantes também constroem (ou pagam *web designers* para construir) pontos de encontro bem equipados. Assim, a pessoa real sentada em casa em frente ao computador pode se reunir "avatar com avatar" em bares e boates virtuais e reagir aos outros com expressões faciais e gestos animados.

E, no entanto, a maior parte dos encontros frente a frente na vida real nos permite uma comunicação por meio de sinais ainda mais subliminares — química corporal, linguagem corporal, semântica das ações, mimetismo —, para além das palavras e dos gestos. Mais uma vez, a mente que procura conectar-se está profundamente ligada ao corpo, e esquecer o corpo pode fazer com que os contatos humanos sejam menos satisfatórios.

Quando estar fisicamente junto não é possível, tentamos aplacar nossas saudades falando por telefone, mandando mensagens instantâneas ou olhando a foto da pessoa amada, práticas que já foram chamadas de "aperitivo social" — mas um aperitivo não é uma refeição.[24] Um amigo militar descreveu o problema criado pela introdução de telefones por satélite na zona de guerra moderna. Durante o tempo de serviço no Afeganistão e no Iraque, no começo, ele e seus camaradas estavam ávidos por qualquer oportunidade para ligar. Logo aprenderam, todavia, que a súbita justaposição de dois mundos tão diferentes — o campo de batalha e a casa da família — não era apenas insatisfatória, mas muito angustiante, tanto para os homens na guerra quanto para as mulheres e as crianças em casa. Ele disse que sempre era possível identificar quem havia acabado de ligar para casa pelo olhar vazio, a "mil quilômetros de distância". A natureza abstrata da comunicação eletrônica — a ausência de contexto físico e de outras formas de contato — pode ajudar a explicar a descoberta de que o aumento do uso da internet pode aumentar o isolamento social e a depressão quando substitui formas mais tangíveis de contato humano.[25]

Formar vínculos com animais de estimações, com amigos virtuais ou mesmo com Deus é uma tentativa nobre, de uma criatura gregária por obrigação, de satisfazer uma necessidade forte. Mas substitutos nunca são capazes de compensar por completo a ausência da coisa real. Em uma cultura construída em torno da desvinculação, a melhor jogada é se esforçar muito mais para alcançar aqueles com quem podemos compartilhar um contato no mundo cotidiano, mesmo que seja dos mais superficiais.

Reuniões

Como uma espécie obrigatoriamente gregária, o ser humano tem a necessidade não apenas de pertencer em um sentido abstrato, mas de se congregar no sentido literal. Reunir-se fisicamente pode de fato ter um papel importante em uma associação que se encontre entre a observância religiosa e um declínio da morbidez e da mortalidade. Os sociólogos Lynda H. Powell, Leila Shahabi e Carl E. Thoresen conduziram uma meta-análise da extensa literatura sobre religião e saúde, explorando nove hipóteses diferentes que podiam dar conta dos supostos efeitos positivos. Será que as pessoas religiosas são mais saudáveis e vivem por mais tempo devido ao estilo de vida mais conservador e saudável que a religião promove? Será esse o poder das preces? Ou há algo na espiritualidade em si que nos afeta em um nível celular?[26]

Depois de debulhar montanhas de dados, os três autores não encontraram nenhuma associação entre a profundidade do sentimento espiritual e a saúde. Em vez disso, o que descobriram foi uma forte, consistente, prospectiva e muitas vezes gradual redução da mortalidade ligada aos indivíduos que frequentam cerimônias religiosas. Em outras palavras, as pessoas que iam regularmente à igreja ou à sinagoga viviam mais tempo do que aquelas em situações similares que não o faziam. Em alguns estudos há até um "efeito de dosagem", ou seja, os que vão à igreja mais de uma vez por semana têm saúde ainda melhor do que os que vão apenas uma vez por semana. Em geral, a redução de mortalidade atribuída à religiosidade ativa fica em 25% — algo muito alto em estudos epidemiológicos — mesmo depois de descontar outros efeitos, como o fato de, sim, ser religioso em geral favorece um estilo de vida mais saudável.

Os autores citam a possibilidade de aqueles que são devotos o bastante para frequentar missas ao menos uma vez por semana também praticarem técnicas de tranquilização associadas à religião, práticas como meditação ou oração ou rezar o rosário. Mas, como mencionei antes, as pessoas sorriem mais quando estão assistindo a um filme na presença de um amigo, mesmo quando dizem não ter gostado muito do filme em si. Somos mamíferos sociais e, sendo todas as outras coisas iguais, dá uma boa sensação nos reunirmos com nossos companheiros, e essa boa sensação sem dúvida amplia os benefícios de outras experiências positivas.

Um comparecimento semanal ao Rotary Club também pode ser bom, mas as descobertas de Powell e seus colegas indicam que pode haver algo único no comparecimento regular a reuniões *religiosas*. Ir à igreja muitas vezes traz o benefício adicional de reforçar os vínculos familiares e proporcionar interações confiáveis com amigos. Religiões também tendem a focar na ajuda aos outros, em detrimento do ser ajudado. Esse enfoque altruístico estimula sentimentos de valor pessoal e controle, além de reduzir os sentimentos de depressão. Frequentar cerimônias religiosas também possibilita uma modelação social — ver outros comprometidos em um auxílio compassivo — que reforça várias vantagens, incluindo um estilo de vida mais saudável. O senso de comunidade, o tempo gasto na presença de bons amigos, o reforço aos vínculos íntimos do casamento e da família, tudo isso pode contribuir para um acréscimo de bem-estar. E, no entanto, pode haver algo ainda mais poderoso operando por trás.

Meu colega Nick Epley descobriu que as pessoas atribuem a outras pessoas atitudes muito similares às suas próprias, mas que os crentes atribuem a Deus atitudes que são *desigualmente* similares às suas. Uma música *country* chamada "Me and God", escrita por Josh Turner, capta essa ideia com um verso sobre serem o cantor e Deus "duas ervilhas em uma vagem". A variação de Anne Lemott do mesmo tema é: "Você pode presumir com segurança que criou Deus à sua semelhança quando se dá conta de que Deus odeia as mesmas pessoas que você."[27]

Da perspectiva da ciência cognitiva, Deus pode ser uma projeção psicológica distintiva em que as pessoas atribuem suas próprias crenças e seus próprios preconceitos ao criador do universo. A projeção proporciona intimidade, uma afirmação do eu — ao menos de um eu idealizado — que não é tão evidente ou tão poderosa em nenhuma outra relação parassocial. Deus é único em seu caráter autoafirmativo porque, aos olhos do crente, Deus é unicamente "eu".

Como seres sociais com interesse no futuro, interesse demarcado pelo DNA, somos levados a procurar além de nós mesmos não apenas por vinculação, mas por sentido. O "gene egoísta" levou ao cérebro social. Esse cérebro social reforçou a reação adversa à solidão, que reforçou a vinculação humana, que melhorou as chances de sobrevivência e, assim, garantiu a continuidade da espécie. Em algum momento, em uma progressão continuada, as mesmas forças delineadoras da seleção natural deram origem à Terceira Adaptação, que envolve enxergar os interesses de longo prazo dos nossos genes no contexto da reciprocidade e da interdependência com outros membros de nossa espécie. Essa busca de sentido parece ter-nos dotado de uma necessidade biológica de vínculo com algo maior do que nós mesmos. É apenas por meio de um senso último de pertencimento que podemos encarar sem desespero nossa própria mortalidade. Sabendo que nossa existência biológica é passageira, desejamos a experiência transcendental descrita pelo astronauta Edgar Mitchell quando avistou a Terra a partir da Lua e percebeu que o universo era "inteligente, amoroso, harmonioso".[28] Assim como vivenciar vínculos sociais é bom para nós, vivenciar esse algo transcendente parece ser muito bom para nós, seja através da crença em uma deidade ou através da crença na comunidade da ciência. É claro que o perigo dos sentimentos de transcendência surge quando o sentimento de pertencer ao universo se corrompe pelo senso de que universo pertence a mim. Muitas vezes ao longo da história humana, quando uma forte relação parassocial, com sua projeção do eu, substituiu um comedimento induzido pelo medo, o sentimento de que "Deus está do meu lado" levou à conclusão de que "todo mundo deve fazer o que eu digo". Essa é ainda uma fonte de miséria humana sempre que não há uma rígida separação entre fé privada e vida pública.

De novo, então, voltamos à urgência, não importando quais sejam as crenças religiosas e mesmo na ausência dessas crenças, de dar vazão às necessidades psicológicas e fisiológicas de vínculo, incluindo nossa necessidade de sentido transcendente, por meio do contato com outras pessoas e da preocupação em relação a elas, por meio de uma abertura e uma aceitação em relação aos outros e pela disposição a "alimentar os outros" na realidade do aqui e agora.

Escolhendo nosso futuro

Ao longo deste livro enfatizei que muito de nossa realidade social é algo sobre o qual podemos exercer um certo grau de controle. Mesmo no que tange as forças que estão fora de nosso controle, a maneira de interpretá-las, de lidar com elas e de agir em resposta a elas podem ter efeitos dramáticos em nosso futuro. Isso opera tanto em nível social quanto individual. Como indivíduos e como grupos podemos escolher fazer o melhor da terceira adaptação, procurando soluções através de ações comprometidas que privilegiem o bem maior para além de nós mesmos ou de nossas tribos — ou então ficamos para trás no interesse estreito e autocentrado dos chimpanzés.

Minha esperança é de que uma compreensão da biologia da solidão nos permita ver que um comportamento ético e humano é a receita para um bem-estar maior, inclusive em termos econômicos. Essa é uma mensagem a que vale prestar atenção porque, mesmo em termos estritamente financeiros, o custo do isolamento social é extraordinário.

As implicações da solidão sobre a saúde, que descrevi no capítulo 6, já de partida ocasionam altos gastos, e cobrariam um alto custo para serem mitigadas. Mas quando consideramos o grau em que o envelhecimento pode contribuir para a solidão, e a taxa em que a população está envelhecendo, fica claro que precisamos repensar nossas prioridades.

Os Estados Unidos têm passado por um enorme crescimento desde os anos 1970, mas esse aumento de renda beneficia cada vez mais os que já estão no topo. Os que estão no meio ou em baixo viram sua condição econômica continuar igual ou se deteriorar. E, nos últimos anos, o tamanho da disparidade explodiu. De 1990 a 2004, a renda dos 90% americanos mais pobres cresceu apenas 2%. No mesmo período, a renda do 1% mais rico cresceu 57%, e a renda do 0,1% mais rico — os muitíssimo ricos — cresceu 85%.[29]

O crescimento econômico está acelerando em muitas outras partes do mundo, particularmente na China e na Índia. Os últimos vinte anos viram uma rápida expansão econômica na Rússia e, no entanto, hoje os russos estão morrendo mais jovens do que durante a opressão soviética. Desde os anos 1980, a longevidade declinou 40%, deixando-os no mesmo nível de Bangladesh.[30] Uma maré crescente pode de fato erguer vários barcos, mas, em uma cultura de isolados sociais, atomizados por revoltas sociais e econômicas e separados por vastas iniquidades, pode acontecer também de milhões se afogarem.

A economia do isolamento

O dinheiro parece ter um impacto positivo na motivação das pessoas, mas um impacto negativo no modo como tratam os outros. Existem dados que sugerem que basta manter o dinheiro na periferia da consciência para que nos desviemos de um comportamento pró-social. A psicóloga Kathleen Vohs e seus colegas fizeram uma série de nove experimentos em que os participantes eram incitados a pensar em dinheiro. A alguns pediam que desembaralhassem frases como "alto um salário paga empresa" enquanto outros desembaralhavam frases neutras como "frio muito fora lá está". Outros grupos trabalharam em computadores que, depois de alguns minutos, mostravam um descanso de tela que mostrava peixes ou moedas cintilando debaixo d'água. Em todos os nove experimentos, aqueles que haviam recebido sugestões sutis para pensar em dinheiro não só demonstraram menos disposição para pedir ajuda, como também menos disposição para ajudar os outros. Quando um assistente simulou um acidente deixando cair uma caixa de canetas, os que haviam sido incitados a pensar em dinheiro colheram do chão muito menos canetas. Quando o experimentador pediu ajuda para codificar as folhas de dados, os participantes estimulados cederam muito menos tempo à tarefa do que os outros. Quando pediram que escolhessem atividades de uma lista, os estimulados se mostraram muito mais inclinados a escolher atividades individuais. E, quando tiveram a chance de organizar as cadeiras para uma entrevista, escolheram estabelecer uma distância muito maior entre eles próprios e as outras pessoas.[31]

Em uma linha similar, vários estudos tentaram correlacionar a desigualdade de renda com estatísticas de saúde em cada um dos cinquenta estados dos EUA.[32] Bruce Kennedy e sua equipe desenvolveram algo denominado Índice Robin Hood, em referência à quantidade de riqueza que deveria ser redistribuída para chegar a uma distribuição igualitária. Descobriram que um aumento de 1% na medida de iniquidade estava relacionado a um acréscimo de 21,7 mortos a cada 100 mil pessoas. A análise isolava três explicações possíveis para esse achado: (1) privação relativa (se cada pessoa rica possui três casas, isso aumenta o preço de todas as casas); (2) subinvestimento em capital humano (gastar menos em educação e saúde para a população como um todo); e (3) erosão da coesão social, isto é, uma falta de confiança e um aumento da sensação de isolamento social.

Apoiando a importância dessa terceira explicação, outros pesquisadores descobriram que sociedades socialmente integradas têm taxas mais baixas de criminalidade e mortalidade e uma melhor qualidade de vida de modo geral.[33] Em 39 estados, pediu-se aos cidadãos que listassem os membros de seu grupo. Um aumento de uma pessoa na média *per capita* das listas estava correlacionado com uma queda na mortalidade de 66,8 a cada 100 mil. Níveis mais baixos de confiança na cultura local estavam associados com índices mais altos de mortalidade para cada causa de morte, incluindo doenças cardiovasculares, câncer e mortalidade infantil. Uma interpretação dessa informação: o isolamento social, incluindo a fragmentação social, pode matar.

Henry Melvill escreveu sobre as causas que retornam como efeitos; teóricos da complexidade têm seu Efeito Borboleta. Seja pensando a questão em termos de "correntes de compreensão" ou de agentes autônomos atuando em sistemas complexos, o fato é que comportamentos individuais criam tanto a paz e a beleza de Middlebury, em Vermont, quanto a guerra no Iraque. É claro que grandes forças econômicas, políticas e culturais também estão em jogo, mas, no final das contas, os seres humanos moldam seu ambiente por meio de comportamentos individuais, reiterativos. Como agente livre dentro de tal sistema, cada um de nós tem um certo grau de poder para ajustar continuamente, por meio de nossas ações individuais, o ambiente social em direção a algo um pouco melhor ou um pouco pior. Simplesmente ao dirigir para o trabalho, você tem a opção de ser cortês ou agir com raiva. E mais cedo ou mais tarde você, ou sua esposa, ou seus filhos, se defrontarão com os cocidadãos que foram ou aguilhoados por sua raiva, ou inspirados em seus atos de generosidade pelo exemplo de sua benevolência.

Na solução vitoriosa do torneio de Robert Axelrod do dilema do prisioneiro (descrito no capítulo 4), o programa de computador chamado Olho por Olho, vimos os benefícios da cooperação como modelo ideal — ainda que sanções devessem estar disponíveis para qualquer necessidade. Em seu livro *The Evolution of Cooperation* ("A evolução da cooperação"), Axelrod dá um exemplo de como pactos sociais igualmente benéficos podem se autogerir no mundo real. Na Primeira Guerra Mundial, em certas zonas em que foram mantidos por tempo suficiente, os soldados que se enfrentavam nas trincheiras das linhas de frente acabavam chegando a uma política de "viva e deixe viver". Por sua própria conta e em desacato direto às ordens dos superiores, os homens alistados para as linhas de frente perguntavam-se "Que sentido tem atirar em algum dos seus companheiros, se tudo o que isso implica é que você retalie e atire em mim ou em um dos meus companheiros?" Nenhum lado era capaz de lançar um ataque decisivo em que o abatimento do lado oposto lhe daria uma grande vantagem. Por isso os homens agiam com espontaneidade. O primeiro passo era um cessar-fogo informal na hora do jantar. Depois, isso se estendia por mais horas, o que significava que eles só atiravam um número mínimo de vezes necessária para apaziguar seus superiores. Mesmo assim, os homens de ambos os lados atiravam propositalmente fora do alvo. Atiradores de elite faziam exibições de tiro — seguindo um padrão de alvos na barreira de proteção dos oponentes — para demonstrar o grau em que estavam dispostos a se conterem, assim encorajando o outro lado a apreciar a contenção e segui-la. Oficiais do centro de comando tinham que compensar essa reciprocidade espontânea fazendo uma contínua rotação dos batalhões na linha de frente.[34]

Como no torneio do dilema do prisioneiro de Axelrod, em que cada rodada de competição consistia em centenas de movimentos, esse tipo de estratégia social benigna se mostrou o melhor modo de agir apenas se os mesmos oponentes forem confrontados ao longo do tempo. Mas os amigos, sócios, vizinhos e adversários que confrontamos hoje — a não ser que planejemos uma vida em eterna fuga — são mais ou menos os mesmos amigos, sócios, vizinhos e adversários que confrontaremos amanhã e depois de amanhã. Isso é verdade tanto no nível de nossa comunidade imediata quanto no nível de nossa comunidade de nações.

John Donne, o poeta do século XVII que também era padre anglicano, escreveu: "A morte de qualquer homem me diminui, porque estou envolvido na humanidade." Muitas pessoas consideram (erroneamente) que Charles Darwin é a antítese do pensamento religioso, mas, partindo de uma perspectiva muito diferente, ele chegou a uma formulação muito similar.

À medida que o homem avança na civilização e pequenas tribos se unem a comunidades maiores, a razão mais simples diria a cada indivíduo que ele deve estender seus instintos sociais e compreensões a todos os membros da mesma nação, ainda que lhe sejam pessoalmente desconhecidos. Uma vez tendo chegado a esse ponto, há apenas uma barreira artificial impedindo que sua compreensão se estenda a todos os homens de todas as nações e raças.[35]

Talvez essa similaridade de pensamento seja evidência de que há uma verdade mais profunda sobre a espécie humana ainda a ser descoberta por cada um de nós. Como convergem a psicologia evolutiva e a neurociência social, cada vez mais as descobertas científicas se alinham com os ensinamentos éticos mais básicos do mais duradouro sistema de crenças, o que chamamos de Regra de Ouro. Pode ser que variações no comando de "fazer aos outros o que espera que façam com você" apareçam em muitas tradições diferentes — do Tao da China antiga à lei de Moisés, do Sermão da Montanha à filosofia fria e racional de Emmanuel Kant — porque esse comando foi, em certo sentido, escrito pela mão da seleção natural.[36]

Os dados científicos mostram que a cooperação social é a opção mais adaptativa, mas, como todos sabemos muito bem a partir do que vemos a nossa volta, essa é apenas uma opção entre muitas. O que dá uma recompensa ainda maior a outra admonição comportamental. Quer estejamos tentando nos libertar de nossa solidão individual, quer estejamos tentando melhorar o mundo, nos sairemos bem se seguirmos o conselho de Gandhi de "sermos a mudança que queremos ver".

Mas, vale repetir, as sociedades não alcançam esses níveis benéficos — e sustentáveis — de vinculação e harmonia social apenas oferecendo abraços afetuosos e amor incondicional. De acordo com a ciência da complexidade, mesmo sistemas auto-organizados precisam de algumas regras simples. Todas as civilizações têm regras formais e informais para promover a adoção de comportamentos adaptativos, incluindo tabus, normas, códigos morais e leis. E esse processo às vezes requer o tipo de "punição altruística" discutido no capítulo 11, isto é, o reforço de sanções contra os outros por vezes em detrimento do eu. Mesmo infrações menores importam porque dão uma abertura negativa que vai se ampliando progressivamente até um comportamento mais negativo. Se parece pouco problemático despejar um pouco de lixo aqui, mais pessoas jogarão lixo. Se pensamos que todos sonegam um pouco seus impostos, aumentamos nossa tendência a sonegar também. Se pensamos que cada um paga o que deve, aumentamos nossa tendência a pagar o que devemos. Se não há estigma social associado ao consumo de bebida alcoólica por adolescentes, mais adolescentes beberão. Sem a função corregulatória da desaprovação social, as coisas se desintegram, como disse Yeats, e "o centro não consegue se manter".

Robert Putnam fala do "capital social" como um bem da sociedade. Nós falamos dele como uma necessidade pessoal e coletiva, e como uma questão de saúde individual, social e pública. O engajamento cívico é o monte de gelo que vemos flutuando por cima da superfície; por baixo, a linha da água oculta a questão mais profunda da sensação de isolamento dos indivíduos. Se o engajamento cívico pode contribuir substancialmente para aliviar o problema da solidão, então não pode servir apenas como peça de exibição. O que os indivíduos precisam é de vínculos significativos, e não de demonstrações superficiais de afinidade.

Como indivíduos, e como sociedade, temos tudo a ganhar, e tudo a perder, de acordo com o modo como administramos nossa necessidade de vínculo humano. Com novos padrões de imigração modificando culturas estabelecidas pelo mundo inteiro, a importância de transcender o tribalismo para encontrar uma base comum nunca foi tão grande. Temos que lembrar não apenas das formas em que a solidão aumenta nossa sensação de ameaça e danifica nossas capacidades cognitivas, mas também das formas em que a calidez dos vínculos genuínos liberta nossas mentes para se concentrarem nos desafios que se apresentam. Tanto como indivíduos quanto como sociedade, sensações de isolamento social nos privam de grandes reservatórios de criatividade e energia. Os vínculos acrescentam mais água ao poço que nutre nosso potencial humano.

Vindo da tradição religiosa de John Donne, C. S. Lewis escreveu: "Nascemos perdidos. Assim que ganhamos consciência plena, descobrimos a solidão. Precisamos dos outros fisicamente, emocionalmente, intelectualmente; precisamos deles se queremos conhecer qualquer coisa, mesmo a nós mesmos."

Vindo da tradição científica de Charles Darwin, E. O. Wilson escreveu: "Somos obrigados pelos mais profundos impulsos do espírito humano a fazer de nós algo mais do que poeira animada. Temos que ter uma história a contar sobre de onde viemos, e porque estamos aqui."[37]

Notas

Capítulo 1: Sozinho em um mundo social

1. E. Berscheid, "Interpersonal attraction", em G. Lindzey e E. Aronson (orgs.), *The Handbook of Social Psychology* (Nova York: Random House, 1985).

2. C. Rubenstein e P. Shaver, *In search of intimacy* (Nova York: Delacorte, 1982). D. E. Steffick, "Documentation on affective functioning measures in the Health and Retirement Study", Relatório de Documentação nº DR-005 (Ann Arbor: Universidade de Michigan, Survey Research Center, 2000), extraído em 7 de fevereiro de 2006 de *hrsonline.isr.umich.edu/docs/userg/dr-005.pdf*.

3. J. S. House, K. R. Landis e D. Umberson, "Social relationships and health", *Science* 241 (1988): 540-545.

4. Simplesmente anote um número de 1 a 4 ao lado de cada questão da figura 1 para indicar com que frequência você se sente assim. Contudo, note que metade das questões está formulada para estimar o que você pensa estar faltando em sua vida, e a outra metade está formulada para estimar o que você sente presente. Como ambos os tipos de questão abordam os mesmos tipos de sentimentos em sentidos opostos, metade das questões deve ser respondida com o número mais alto representando "com mais frequência", e metade das questões com o número mais alto representando "com menos frequência".

   Para as questões marcadas com asteriscos, anote o número que representa o que você sente de acordo com o seguinte critério:

   1 = Sempre 2 = Às vezes 3 = Raramente 4 = Nunca

   Para as questões que não têm asteriscos, anote o número que representa o que você sente de acordo com o seguinte critério:

1 = Nunca 2 = Raramente 3 = Às vezes 4 = Sempre

Em seguida some os números para obter o resultado. Um alto índice de solidão é definido por 44 pontos ou mais. Um baixo índice de solidão é definido por menos de 28 pontos. Uma pontuação entre 33 e 39 representa o meio do espectro.

5. J. Bowlby, "Affectional bonds: Their nature and origin", em R. S. Weiss (org.), *Loneliness: The experience of emotional and social isolation* (Cambridge, MA: MIT Press, 1973), 38-52.

6. P. L. Jackson, A. N. Meltzoff e J. Decety, "How do we perceive the pain of others? A window into the neural processes involved in empathy", *NeuroImage* 24 (2005): 771-779.

7. C. J. Norris, E. E. Chen., D. C. Zhu, S. L. Small e John T. Cacioppo, "The interaction of social and emotional processes in the brain", *Journal of Cognitive Neuroscience* 16 (2004): 1818-29.

8. M. Gazzaniga. *The cognitive neurosciences*, 3ª edição (Cambridge, MA: MIT Press, 2004).

9. Bruskin Associados, "What are Americans afraid of?", *Bruskin Report* 53 (1973): 27.

10. K. D. Williams, *Ostracism: The power of silence* (Nova York: Guilford, 2001).

11. R. I. M. Dunbar e Suzanne Shultz, "Evolution and the social brain", *Science* 317 (7 de setembro de 2007): 1344-47.

12. I. S. Bernstein, T. P. Gordon e R. M. Rose, "The interaction of hormones, behavior, and social context in nonhuman primates", em B. B. Svare (org.), *Hormones and aggressive behavior* (Nova York: Plenum, 1983), 535-561.

13. Alexis M. Stranahan, David Khalil e Elizabeth Gould, "Social isolation delays the positive effects of running on adult neurogenesis", *Nature Neuroscience* 9, nº 4 (abril de 2006).

14. R. S. Wilson, K. R. Krueger, S. E. Arnold, J. A. Schneider, J. F. Kelly, L. L. Barnes, Y. Tang e D. A. Bennett, "Loneliness and risk of Alzheimer's disease", *Archives of General Psychiatry* 64 (2007): 234-240.

15. S. W. Cole, L. C. Hawkley, J. M. Arevalo, C. Y. Sung, R. M. Rose e J. T. Cacioppo, "Social regulation of gene expression in human leukocytes", *Genome Biology* 8 (2007): R189.

16. J. T. Cacioppo, J. M. Ernst, M. H. Burleson, M. K. McClintock, W. B. Malarkey, L. C. Hawkley, R. B. Kowalewski, A. Paulsen, J. A. Hobson, K. Hugdahl, D. Spiegel e G. G. Berntson, "Lonely traits and concomitant physiological processes: The MacArthur social neuroscience studies", *International Journal of Psychophysiology* 35 (2000): 143-154.

17. G. R. Semin e J. T. Cacioppo, "Grounding social cognition: Synchronization, coordination, and co-regulation", em G. R. Semin e E. R. Smith (orgs.), *Embo-*

died grounding: Social, cognitive, affective, and neuroscientific approaches (Nova York: Cambridge University Press, 2008).

Capítulo 2: Variação, regulação e uma coleira elástica

1. D. Weston, *The political brain* (Nova York: Public Affairs, 2006).
2. D. I. Boomsma, G. Willemsen, C. V. Dolan, L. C. Hawkley e J. T. Cacioppo, "Genetic and environmental contributions to loneliness in adults: The Netherlands Twin Register Study", *Behavior genetics* 35 (2005): 745-752.
3. J. T. Cacioppo, J. M. Ernst, M. H. Burleson, M. K. McClintock, W. B. Malarkey, L. C. Hawkley, R. B. Kowalewski, A. Paulsen, J. A. Hobson, K. Hugdahl, D. Spiegel e G. G. Berntson, "Lonely traits and concomitant physiological processes: The MacArthur social neuroscience studies", *International Journal of Psychophysiology* 35 (2000): 143-154; J. T. Cacioppo e L. C. Hawkley, "Social isolation and health, with an emphasis on underlying mechanisms", *Perspectives in Biology and Medicine* 46 (2003): S39-S52. L. C. Hawkley, R. A. Thisted e J. T. Cacioppo, "Loneliness predicts reduced physical activity: Cross-sectional and longitudinal analyses", em um simpósio intitulado "Health behaviors: The relevance of social context and relationship features", Society for Personality and Social Psychology, Nova Orleans, LA, janeiro de 2005; I. Akerlind e J. O. Hornquist, "Loneliness and alcohol abuse: A review of evidence of an interplay", *Social Science and Medicine* 34 (1992): 405-414.
4. J. T. Cacioppo, L. C. Hawkley, G. G. Bernston, J. M. Ernst, A. C. Gibbs, R. Stickgold e J. A. Hobson, "Lonely days invade the nights: Social modulation of sleep efficiency", *Psychological Science* 13 (2002): 384-387.
5. Cacioppo et al. "Lonely traits and concomitant physiological processes". L. C. Hawkley, C. M. Masi, J. D. Berry e J. T. Cacioppo, "Loneliness is a unique predictor of age-related differences in systolic blood pressure", *Psychology and Aging* 21 (2006): 152-164. A. Steptoe, N. Owen, S. R. Kunz-Ebrecht e L. Brydon, "Loneliness and neuroendocrine, cardiovascular, and inflammatory stress responses in middle-aged men and women", *Psychoneuroendocrinology* 29 (2004): 593-611.
6. E. Pennisi. "Why do humans have so few genes?", *Science* 309 (2005): 80.
7. Internal Human Genome Sequencing Consortium, "Finishing the euchromatic sequence of the human genome", *Nature* 431 (2004): 931-945.
8. P. T. Schoenemann, M. J. Sheehan e D. Glotzer, "Prefrontal white matter volume is disproportionally larger in humans than in other primates", *Nature Neuroscience* 8 (2005): 242-252.
9. G. Roth e U. Dicke, "Evolution of the brain and intelligence", *Trends in Cognitive Science* 9 (2005): 250-257.

Capítulo 3: A perda do controle

1. J. T. Cacioppo, J. M. Ernst, M. H. Burleson, M. K. McClintock, W. B. Malarkey, L. C. Hawkley, R. B. Kowalewski, A. Paulsen, J. A. Hobson, K. Hugdahl, D. Spiegel e G. G. Berntson, "Lonely traits and concomitant physiological processes: The MacArthur social neuroscience studies", *International Journal of Psychophysiology* 35 (2000): 143-154.

2. I. Akerlind e J. O. Hornquist, "Loneliness and alcohol abuse: A review of evidence of an interplay", *Social Science and Medicine* 34 (1992): 405-414. A. W. Stacy, M. D. Newcomb e P. M. Bentler, "Expectancy in mediational models of cocaine abuse", *Personality and Individual Differences* 19 (1995): 655-677. D. Coric e B. I. Murstein, "Bulimia nervosa: Prevalence and psychological correlates in a college community", *Eating Disorders: The Journal of Treatment and Prevention* 1 (1993): 39-51. S. K. Goldsmith, T. C. Pellmar, A. M. Kleinman e W. E. Bunney, *Reducing suicide: A national imperative* (Washington, DC: National Academy Press, 2002).

3. J. M. Harlow, "Recovery from the passage of an iron bar through the head", *History of Psychiatry* 4 (1993): 271-281.

4. Antônio Damásio, *O erro de Descartes: emoção, razão e o cérebro humano*, trad. Dora Vicente e Georgina Segurado (São Paulo: Companhia das Letras, 1996).

5. R. F. Baumeister, J. M. Twenge e C. K. Nuss, "Effects of social exclusion on cognitive processes: Anticipated aloneness reduces intelligent thought", *Journal of Personality and Social Psychology* 83, nº 4 (2002): 817-827.

6. W. K. Campbell, E. A. Krusemark, K. A. Dyckman, A. B. Brunell, J. E. McDowell, J. M. Twenge e B. A. Clementz, "A magnetoencephalography investigation of neural correlates for social exclusion and self-control", *Social Neuroscience* 1 (2006): 124-134.

7. R. F. Baumeister, C. N. DeWall, N. J. Ciarocco e J. M. Twenge, "Social exclusion impairs self-regulation", *Journal of Personality and Social Psychology* 88 (2005): 589-604.

8. R. S. Weiss, *Loneliness: The experience of emotional and social isolation* (Cambridge, MA: MIT Press, 1973).

9. J. K. Maner, C. N. DeWall, R. F. Baumeister e M. Schaller, "Does social exclusion motivate interpersonal reconnection? Resolving the 'porcupine problem'", *Journal of Personality and Social Psychology* 92 (2007): 42-55.

10. J. M. Twenge, R. F. Baumeister, D. M. Tice e T. S. Stucke, "If you can't join them, beat them: Effects of social exclusion on aggressive behavior", *Journal of Personality and Social Psychology* 81 (2001): 1058-69. K. Rotenberg, "Loneliness and interpersonal trust", *Journal of Social and Clinical Psychology* 13 (1994): 152-173.

11. J. M. Twenge, R. F. Baumeister, C. N. DeWall, N. J. Ciarocco e J. M. Bartles, "Social exclusion decreases prosocial behavior", *Journal of Personality and Social*

Psychology 92 (2007): 56-66. J. M. Twenge, K. R. Catanese e R. F. Baumeister, "Social exclusion causes self-defeating behavior", *Journal of Personality and Social Psychology* 83 (2002): 606-615.

12. L. C. Hawkley e J. T. Cacioppo, "Aging and loneliness: Downhill quickly?", *Current Directions in Psychological Science* 16 (2007): 187-191.

13. Baumeister, DeWall, Ciarocco e Twenge, "Social exclusion impairs self-regulation".

14. Weiss, *Loneliness*.

15. Ibid.

16. S. T. Boysen, G. G. Bernston, M. B. Hanna e J. T. Cacioppo, "Quantity-based choices: Interference and symbolic representations in chimpanzees (Pan troglodytes)", *Journal of Experimental Psychology: Animal Behavior Processes* 22 (1996): 76-86.

17. J. Vitkus e L. M. Horowitz, "Poor social performance of lonely people: Lacking a skill or adopting a role", *Journal of Personality and Social Psychology* 52 (1987): 1266-73.

Capítulo 4: Genes egoístas, animais sociais

1. M. McPherson, L. Smith-Lovin e M. T. Brashears, "Social isolation in America: Changes in core discussion networks over two decades", *American Sociological Review* 71 (2006): 353-375.

2. F. Hobbs e N. Stoops, *Demographic trends in the 20th century*, U.S. Census Bureau, Census 2000 Especial Reports, Série CENSR-4 (Washington, DC: U.S. Government Printing Office, 2002).

3. Thomas Hobbes, *Leviatã*, trad. João Paulo Monteiro e Maria Beatriz Nizza da Silva (São Paulo: Martins Fontes, 2003).

4. Ibid.

5. Charles Darwin, *Autobiografia* (1887) em F. Darwin (org.), *A vida e as cartas de Charles Darwin*.

6. G. Williams, *Adaptation and Natural Selection* (Princeton: Princeton University Press, 1966).

7. R. F. Baumeister e C. N. DeWall, "The inner dimensions of social exclusion: Intelligent thought and self-regulation among rejected persons", em K. D. Williams, J. P. Forgas e W. von Hippel (orgs.), *The social outcast: Ostracism, social exclusion, rejection, and bullying* (Nova York: Psychology Press, 2005), 53-73.

8. As línguas no Kalahari se baseiam em sons secos e guturais produzidos bem no fundo da garganta. Assim "!Kung" pronuncia-se "Gung", como se estivesse imi-

tando o som da água fluindo por um cano de esgoto, mas com uma forte acentuação do "g" inicial.

9. Bruce Bowere, "Murder in good company", *Science News*, 6 de fevereiro de 1988.

10. M. A. Nowak, "Five rules for the evolution of cooperation", *Science* 314 (2006): 1560-63.

11. R. I. M. Dunbar e Suzanne Shultz, "Evolution and the social brain", *Science* 317 (7 de setembro de 2007): 1344-47.

12. D. L. Cheney e R. M. Seyfarth, *Baboon metaphysics* (Chicago: Chicago University Press, 2007).

13. Williams, *Adaptation and Natural Selection*.

14. R. L. Trivers, "Parental investment and sexual selection", em B. Campbell (org.), *Sexual selection and the descent of man, 1871-1971* (Chicago: Aldine, 1972), 136-179.

15. J. T. Cacioppo e L. C. Hawkley, "Loneliness", em M. R. Leary e R. H. Hoyle (orgs.), *Handbook of individual differences in social behavior* (Nova York: Guilford, in press 2009); Dunbar e Shultz, "Evolution and the social brain".

Capítulo 5: O universal e o particular

1. C. Tucker-Ladd, *Psychological self-help* (1996), extraído em 19 de junho de 2007 de *www.psychologicalselfhelp.org*.

2. Marja Jylha, "Old age and loneliness: Cross-sectional and longitudinal analyses in the Tampere Longitudinal Study on Aging", *Canadian Journal on Aging* 23, nº 2 (2004): 157-158.

3. M. B. Brewer e W. Gardner, "Who is this 'we'? Levels of collective identity and self representations", *Journal of Personality and Social Psychology* 71 (1996): 83-93.

4. Ibid.

5. L. C. Hawkley, M. W. Browne e J. T. Cacioppo, "How can I connect with thee? Let me count the ways", *Psychological Science* 16 (2005): 798-804.

6. W. Mischel, Y. Shoda e R. E. Smith, *Introduction to personality: Toward an integration*, 7ª edição (Nova York: Wiley, 2004).

7. Depressão clínica é um diagnóstico complexo em que o indivíduo deve exibir uma variedade de sintomas específicos como dificuldade de tomar decisões, dificuldade de dormir ou falta de apetite. Melancolia é uma designação mais comum e intuitiva que inclui sentir-se triste, mesmo brevemente.

8. C. Segrin, "Interpersonal communication problems associated with depression and loneliness", em P. A. Andersen e L. K. Guerrero (orgs.), *Handbook of communication and emotion: Research, theory, applications, and contexts* (San Diego: Academic Press, 1998), 215-242.

9. L. S. Radloff, "The CES-D Scale: A self-report depression scale for research in the general population", *Applied Psychological Measurement* 1 (1977): 385-401.

10. R. S. Weiss (org.), *Loneliness: The experience of emotional and social isolation* (Cambridge, MA: MIT Press, 1973); J. T. Cacioppo, L. C. Hawkley, J. M. Ernst, M. Burleson, G. G. Bernston, B. Nouriani e D. Spiegel, "Loneliness within a nomological net: An evolutionary perspective", *Journal of Research in Personality* 40 (2006): 1054-85.

11. P. Watson e P. Andrews. "Toward a revised evolutionary adaptationist analysis of depression: The social navigation hypothesis", *Journal of Affective Disorders* 72 (2002): 1-14.

12. G. L. Engel, "The clinical application of the biopsychosocial model", *American Journal of Psychiatry* 137 (1980): 535, 544.

13. J. S. Price, L. Sloman, R. Gardner, P. Gilbert e P. Rhode, "The social competition hypothesis of depression", *British Journal of Psychiatry* 164 (1994): 309-315.

14. E. H. Hagan, "The function of postpartum depression", *Evolution and Human Behavior* 20 (1999): 325-359.

15. N. B. Allen e P. B. T. Badcock, "The social risk hypothesis of depressed mood: Evolutionary, psychosocial, and neurobiological perspectives, *Psychological Bulletin* 129 (2003): 887-913.

16. J. T. Cacioppo, J. M. Ernst, M. H. Burleson, M. K. McClintock, W. B. Malarkey, L. C. Hawkley, R. B. Kowalewski, A. Paulsen, J. A. Hobson, K. Hugdahl, D. Spiegel e G. G. Berntson, "Lonely traits and concomitant physiological processes: The MacArthur social neuroscience studies", *International Journal of Psychophysiology* 35 (2000): 143-154.

17. J. M. Ernst e J. T. Cacioppo, "Lonely hearts: Psychological perspectives on loneliness", *Applied and Preventive Psychology* 8 (1998): 1-22; M. R. Leary e R. F. Baumeister, "The nature and function of self-esteem: Sociometer theory", em M. P. Zanna (org.), *Advances in experimental social psychology*, vol. 32 (San Diego: Academic Press, 2000), 1-62; M. R. Leary, E. S. Tambor, S. K. Terdal e D. L. Downs, "Self-esteem as an interpersonal monitor", *Journal of Personality and Social Psychology* 68 (1995): 518-530.

18. Cacioppo et al., "Loneliness within a nomological net".

19. S. M. Kosslyn, W. L. Thompson, M. F. Constantini-Ferrando, N. M. Alpert e D. Spiegel, "Hypnotic visual illusion alters color processing in the brain", *American Journal of Psychiatry* 157 (2000): 1279-84.

20. J. T. Cacioppo, M. E. Hughes, L. J. Waite, L. C. Hawkley e R. A. Thisted, "Loneliness as a specific risk factor for depressive symptoms: Cross sectional and longitudinal analyses, *Psychology and Aging* 21 (2006): 140-151.

21. Ibid.

Capítulo 6: O desgaste da solidão

1. R. Lewontin, *A tripla hélice — gene, organismo e ambiente*, trad. José Viegas Filho (São Paulo: Companhia das Letras, 2002). J. Irving, *O mundo segundo Garp*, trad. Luiz Corção (Rio de Janeiro: Record, 2000.

2. T. C. Pellmar, E. N. Brandt e M. A. Baird, "Health and behavior: The interplay of biological, behavioral, and social influences: Summary of an Institute of Medicine report", *American Journal of Health Promotion* 16, n° 4 (2001): 206-219.

3. L. F. Berkman e S. L. Syme, "Social networks, host resistance and mortality: A nine-year follow-up study of Alameda County residents", *American Journal of Epidemiology* 109, n° 2 (1979): 186-204.

4. J. S. House, K. R. Landis e D. Umbertson, "Social relationships and health", *Science* 241 (1988): 540-545.

5. D. Russel, E. Cutrona, A. De La Mora e R. B. Wallace, "Loneliness and nursing home admission among rural older adults", *Psychology and Aging* 12 (1997): 574-589.

6. L. Wheeler, H. Reis e J. B. Nezlek, "Loneliness, social interaction, and sex roles", *Journal of Personality and Social Psychology* 45 (1983): 943-953. L. C. Hawkley, M. H. Burleson, G. G. Berntson e J. T. Cacioppo, "Loneliness in everyday life: Cardiovascular activity, psychosocial context, and health behaviors, *Journal of Personality and Social Psychology* 85 (2003): 105-120.

7. J. T. Cacioppo, L. C. Hawkley, G. G. Berntson, J. M. Ernst, A. C. Gibbs, R. Stickgold e J. A. Hobson, "Lonely days invade the nights: Social modulation of sleep efficiency", *Psychological Science* 13 (2002): 384-387. J. T. Cacioppo, L. C. Hawkley, L. E. Crawford, J. M. Ernst, M. H. Burleson, R. B. Kowalewski, W. B. Malarkey, E. Van Cauter e G. G. Berntson, "Loneliness and health: Potential mechanisms", *Psychosomatic Medicine* 64 (2002): 407-417.

8. P. A. Nakonezny, R. B. Kowalewski, J. M. Ernst, L. C. Hawkley, D. L. Lozano, D. A. Litvack, G. G. Berntson, J. J. Sollers III, P. Kizakevich, J. T. Cacioppo e W. R. Lovallo, "New ambulatory impedance cardiograph validated against the Minnesota impedance cardiograph", *Psychophysiology* 38 (2001): 465-474. O monitor foi desenvolvido para nós por uma equipe da Rede MacArthur coordenada por Bill Lovallo.

9. R. W. Frenck Jr., E. H. Blackburn e K. M. Shannon, "The rate of telomere sequence loss in human leukocytes varies with age", *Proceedings of the National Academy of Sciences* 95 (1988): 5607-10.

10. M. Marmot, *The Status Syndrome* (Nova York: Times Books, 2004).

11. M. H. Hecker, M. A. Chesney, G. W. Black e N. Frautschi, "Coronary-prone behaviors in the Western Collaborative Group Study", *Psychosomatic Medicine* 50 (1988): 153-164.

12. J. M. Ernst e J. T. Cacioppo, "Lonely hearts: Psychological perspectives on loneliness", *Applied and Preventive Psychology* 8 (1998): 1-22.
13. M. D. Boltwood, C. B. Taylor, M. B. Burke, H. Grogin e J. Giacomini, "Anger report predicts coronary artery vasomotor response to mental stress in atherosclerotic segments", *American Journal of Cardiology* 72 (1993): 1361-65.
14. G. Ironson, C. B. Taylor, M. Boltwood, T. Bartzokis, C. Dennis, M. Chesney, S. Spitzer e G. M. Segall, "Effects of anger on left ventricular ejection fraction in coronary artery disease, *American Journal of Cardiology* 70 (1992): 281-285.
15. N. A. Christakis e J. H. Fowler, "The spread of obesity in a large social network over 32 years", *New England Journal of Medicine* 357, n° 4 (26 de julho de 2007): 370-379.
16. N. E. Adler, M. A. Chesney, C. S. Folkman, R. L. Kahn e S. L. Syme, "Socioeconomic status and health", *American Psychologist* 49, n° 1 (1994): 15-24. G. A. Kaplan and J. E. Keil, "Socioeconomic factors and cardiovascular disease: A review of the literature", *Circulation* 88 (1993): 141-142.
17. W. B. Cannon, "The role of emotions in disease", *Annals of Internal Medicine* 11 (1936): 1453-65.
18. G. G. Berntson e J. T. Cacioppo, "From homeostasis to allodynamic regulation", em J. T. Cacioppo, L. G. Tassinary e G. G. Berntson (orgs.), *Handbook of psychophysiology*, 2ª edição (Cambridge: Cambridge University Press, 2000), 459-481. P. Sterling e J. Eyer, "Allostasis: A new paradigm to explain arousal pathology", em S. Fisher e J. Reason (orgs.), *Handbook of life stress, cognition and health* (Nova York: Wiley, 1988), 629-649.
19. T. E. Seeman, B. S. McEwen, J. W. Rowe e B. H. Singer, "Allostatic load as a marker of cumulative biological risk: MacArthur studies of successful aging", *Proceedings of the National Academy of Sciences* 98 (1997), 4770-75. B. S. McEwen, "Protective and damaging effects of stress mediators", *New England Journal of Medicine* 338 (1998): 171-179.
20. J. T. Cacioppo, M. E. Hughes, L. J. Waite, L. C. Hawkley e R. A. Thisted, "Loneliness as a specific risk factor for depressive symptoms: Cross-sectional and longitudinal analyses, *Psychology and Aging* 21 (2006): 140-151. A solidão permite antecipar hipertensão e doenças cardiovasculares em estudo longitudinal de envelhecimento na Inglaterra; J. Smith, diálogo pessoal, outubro de 2007. L. C. Hawkley, C. M. Masi, J. D. Berry e J. T. Cacioppo, "Loneliness is a unique predictor of age-related differences in systolic blood pressure", *Psychology and Aging* 21 (2006): 152-164.
21. L. C. Hawkley e J. T. Cacioppo, "Aging and loneliness: Downhill quickly?", *Current Directions in Psychological Science* 16 (2007): 187-191.
22. Ibid.
23. Hawkley, Burleson, Berntson e Cacioppo, "Loneliness in everyday life". J. T. Cacioppo, J. M. Ernst, M. H. Burleson, M. K. McClintock, W. B. Malarkey, L. C.

Hawkley, R. B. Kowalewski, A. Paulsen, J. A. Hobson, K. Hugdahl, D. Spiegel e G. G. Berntson, "Lonely traits and concomitant physiological processes: The MacArthur social neuroscience studies", *International Journal of Psychophysiology* 35 (2000): 143-154.

24. Hawkley e Cacioppo, "Aging and loneliness: Downhill quickly?"

25. P. L. Schnall, P. A. Landsbergis e D. Baker, "Job strain and cardiovascular disease", *Annual Review of Public Health* 15 (1994): 381-411.

26. Cacioppo et al., "Lonely traits and concomitant physiological processes". Hawkley et al., "Loneliness in everyday life".

27. Cacioppo et al., "Lonely traits and concomitant physiological processes".

28. Ibid.

29. J. T. Cacioppo e G. G. Berntson, "A bridge linking social psychology and the neurosciences", em Paul A. M. Van Lange (org.), *Bridging social psychology: The benefits of transdisciplinary approaches* (Hillsdale, NJ: Erlbaum, 2006).

30. Hawkley et al., "Loneliness is a unique predictor of age-related differences in systolic blood pressure".

31. R. Glaser, J. K. Kiecolt-Glaser, C. E. Speicher e J. E. Holliday, "Stress, loneliness, and changes in herpes virus latency", *Journal of Behavioral Medicine* 8, nº 3 (setembro de 1985): 249-260. S. D. Pressman, S. Cohen, G. E. Miller, A. Barkin, B. S. Rabin e J. J. Treanor, "Loneliness, social network size, and immune response to influenza vaccination in college freshmen", *Health Psychology* 24 (2005), 297-306.

32. L. C. Hawkley, J. A. Bosch, C. G. Engeland, P. T. Marucha e J. T. Cacioppo, "Loneliness, dysphoria, stress and immunity: A role for cytokines", em N. P. Plotnikoff, R. E. Faith e A. J. Murgo (orgs.), *Cytokines: Stress and immunity*, 2ª edição (Boca Raton, FL: CRC Press, 2007), 67-86.

33. E. K. Adam, L. C. Hawkley, B. M. Kudielka e J. T. Cacioppo, "Day-to-day dynamics of experience: Cortisol associations in a population-based sample of older adults", *Proceedings of the National Academy of Sciences* 103 (2006): 17058-63. S. W. Cole, L. C. Hawkley, J. M. Arevalo, C. Y. Sung, R. M. Rose e J. T. Cacioppo, "Social regulation of gene expression in human leukocytes", *Genome Biology* 8, nº 9 (2007): R189. Hawkley et al., "Loneliness, dysphoria, stress, and immunity".

34. A. Sherwood, C. A. Dolan e K. C. Light, "Hemodynamics of blood pressure responses during active and passive coping", *Psychophysiology* 27 (1990), 656-668.

35. Cacioppo et al., "Loneliness and health: Potential mechanisms". Hawkley et al., "Loneliness in everyday life".

36. Hawkley et al., "Loneliness is a unique predictor of age-related differences in systolic blood pressure". Cacioppo et al., "Loneliness and health". Jim Smith, conversa informal, 2007.

37. Lewontin, *A tripla hélice*.

38. K. Spiegel, R. Leprout e E. Van Cauter, "Impact of sleep debt on metabolic function", *Lancet* 354 (1999): 1435-39.

Notas 301

39. Cacioppo et al., "Lonely days invade the nights".
40. Hawkley and Cacioppo, "Aging and loneliness: Downhill quickly?".

Capítulo 7: Correntes de compreensão

1. Henry Melvill, *Best thoughts of best thinkers*, Penny Pulpit Sermons n° 2365 (Cleveland, 1904).
2. Nicholas A. Christakis e James H. Fosler, "The spread of obesity in a large social network over 32 years", *New England Journal of Medicine* 357 (26 de julho de 2007): 370-379.
3. D. P. Phillips, T. E. Ruth e L. M. Wagner, "Psychology and survival", *Lancet* 342 (1993): 1142-45.
4. Antônio Damásio, *O erro de Descartes: emoção, razão e o cérebro humano*, trad. Dora Vicente e Georgina Segurado (São Paulo: Companhia das Letras, 1996); L. W. Barasalou, "Cognitive and neural contributions to understanding the conceptual system", *Current Directions in Psychological Science*, 2009.
5. W. James. *The principles of psychology* (Nova York: Henry Holt, 1890).
6. C. E. Cornell, J. Rodin e H. P. Weingarten, "Stimulus-induced eating when satiated", *Physiology and Behavior* 45 (1989): 695-704.
7. S. N. Haber e P. R. Barchas, "The regulatory effect of social rank on behavior after amphetamine administration", em P. R. Barchas (org.), *Social hierarchies: Essays toward a sociophysiological perspective* (Westport, CT: Greenwood, 1983), 119-132.
8. Robin Marantz Henig, "The real transformers", *New York Times Magazine*, 29 de julho de 2007.
9. A. N. Meltzoff e M. K. Moore, "Imitation of facial and manual gestures by human neonates", *Science* 198 (1977): 75-78. M. Myowa-Yamakoski, M. Tomonaga, M. Tanaka e T. Matsuzawa, "Imitation in neonatal chimpanzees", *Development Science* 7 (2004): 437- 442.
10. Pier F. Ferrari, Elisabetta Visalberghi, Annika Paukner, Leonardo Fogassi, Angela Ruggiero e Stephen J. Suomi, "Neonatal imitation in rhesus macaques", *PLOS Biology* 4, n° 9 (setembro de 2006): e302.
11. L. B. Adamson e J. E. Frick, "The still face: A history of a shared experimental paradigm", *Applied Psychology and Management* 4, n° 4 (2003): 451-473.
12. E. Hatfield, J. T. Cacioppo e R. L. Rapson, *Emotional contagion* (Nova York: Cambridge University Press, 1994), 240.
13. M. La France e M. Broadbent, "Group rapport: Posture sharing as a nonverbal indicator", *Group and Organization Studies* 1 (1976): 328-333.
14. F. J. Bernieri, "Coordinated movement and rapport in teacher-student interactions", *Journal of Nonverbal Behavior* 12 (1988): 120-138.
15. D. Byrne, *The attraction paradigm* (Nova York: Academic Press, 1971).

302 Solidão

16. R. E. Maurer e J. H. Tindall, "Effect of postural congruence on client's perception of counselor empathy", *Journal of Counseling Psychology* 30 (1983): 158-163. J. L. Lakin e T. L. Chartrand, "Using nonconscious behavioral mimicry to create affiliation and rapport", *Psychological Science* 14 (2003): 334-339.

17. Lakin e Chartrand, "Using nonconscious behavioral mimicry to create affiliation and rapport".

18. M. R. Leary, C. A. Cottrell e M. Phillips, "Deconfounding the effects of dominance and social acceptance on self-esteem", *Journal of Personality and Social Psychology* 81 (2001): 898-909. W. L. Gardner, "Social exclusion and selective memory: How the need to belong influences memory for social events", *Personality and Social Psychology Bulletin* 26 (2000): 486-496.

19. K. D. Williams, C. K. T. Cheung e W. Choi, "Cyberostracism: Effects of being ignored over the Internet", *Journal of Personality and Social Psychology* 79 (2000): 748-762.

20. K. D. Williams e K. L. Sommer, "Social ostracism by coworkers: Does rejection lead to loafing or compensation?", *Personality and Social Psychology Bulletin* 23 (1997): 693-706.

21. S. E. Taylor, *Laços Vitais*, trad. Claudia Lage (Rio de Janeiro: Objetiva, 2004).

22. N. S. Wingreen e S. A. Levin, "Cooperation among microorganisms", *PLOS Biology*, 4, n° 9 (2006): 299.

23. C. E. Taylor e M. T. McGuire, "Reciprocal altruism: Fifteen years later", *Ethology and Sociobiology* 9 (1988): 67-72.

24. F. de Waal, *Our inner ape* (Nova York: Riverhead, 2006).

25. C. Darwin, *A Origem do Homem e a Seleção Sexual*, trad. Eugênio Amado (Belo Horizonte: Itatiaia, 2004). Antônio Damásio, *O erro de Descartes: emoção, razão e o cérebro humano*, trad. Dora Vicente e Georgina Segurado (São Paulo: Companhia das Letras, 1996).

Capítulo 8: Um organismo indissociável

1. J. E. Swain, J. P. Lorberbaum, S. Kose e L. Strathhearn, "Brain basis of early parent-infant interactions: Psychology, physiology, and in vivo functional neuroimaging studies", *Journal of Child Psychology and Psychiatry* 48, números 3/4 (2007): 262-287.

2. H. F. Harlow e R. Zimmerman, "Affectional responses in the infant monkey", *Science* 130 (1959): 421-432.

3. Universidade de Wisconsin, *TheWhyFiles.org087*/mother/4.html.

4. K. Z. Lorenz, "Der Kumpan in der Umwelt des Vogels" (1935), traduzido para o inglês em *Instinctive behavior: The development of a modern concept*, trad. e org. Claire H. Schiller (Nova York: International University Press, 1957).

Notas

5. M. D. S. Ainsworth, M. C. Blehar, E. Waters e S. Waal, *Patterns of attachment: A psychological study of the strange situation* (Hillsdale, NJ: Erlbaum, 1978).
6. J. Kagan e N. Snidman, *The long shadow of temperament* (Cambridge, MA: Harvard University Press, 2004).
7. P. Ekman e R. J. Davidson, *The nature of emotion: Fundamental questions* (Nova York: Oxford University Press, 1994), xiv, 496.
8. R. J. Davidson, P. Ekman, C. Saron, J. Senulis e W. V. Friesen, "Emotional expression and brain physiology I: Approach/withdrawal and cerebral asymmetry", *Journal of Personality and Social Psychology* 58 (1990): 330-341.
9. N. A. Fox, K. H. Rubin, S. D. Calkins, T. R. Marshall, R. J. Coplan, S. W. Porges, J. M. Long e S. Stewart, "Frontal activation asymmetry and social competence at four years of age", *Child Development* 66 (1995): 1770-84.
10. A. J. Tomarken, R. J. Davidson, R. E. Wheeler e L. Kinney, "Psychometric properties of resting anterior EEG asymmetry: Temporal stability and internal consistency", *Psychophysiology* 29 (1992): 576-592. Ver também S. K. Sutton e R. J. Davidson, "Prefrontal brain asymmetry: A biological substrate of the behavioral approach and inhibition systems", *Psychological Science* 8, n° 3 (1997): 204-210.
11. A. Damasio, *O erro de Descartes: emoção, razão e o cérebro humano*, trad. Dora Vicente e Georgina Segurado (São Paulo: Companhia das Letras, 1996).
12. T. R. Insel e L. E. Shapiro, "Oxytocin receptor distribution reflects social organization in monogamous and polygamous voles", *Proceedings of the National Academy of Sciences* 89 (1992): 5981-85. T. R. Insel, Z. Wang e C. F. Ferris, "Patterns of brain vasopressin receptor distribution associated with social organization in microtine rodents", *Journal of Neuroscience* 14 (1994): 5381-92. M. M. Lin, Z. Wang, D. E. Olazábal, X. Ren, E. F. Terwilliger e L. J. Young, "Enhanced partner preference in promiscuous species by manipulating the expression of a single gene", *Nature* 429 (2004): 754-757.
13. K. Uvnas-Moberg, *The oxytocin factor*" (Cambridge, MA: Da Capo, 2003).
14. K. Uvnas-Moberg, "Oxytocin may mediate the benefits of positive social interaction and emotions", *Psychoneuroendocrinology* 23, n° 8 (1998): 819-835.
15. Uvnas-Moberg, *The oxytocin factor*.
16. Ibid.
17. Sam Roberts, "The shelf life of bliss", *New York Times*, 1 de julho de 2007.
18. P. V. Bradford, *Ota Benga: The Pigmy in the zoo* (Nova York: St. Martin's, 1992).

Capítulo 9: Conhece-te a ti mesmo entre outros

1. C. Darwin. *A expressão das emoções nos homens e nos animais*, trad. Leon de Souza Lobo Garcia (São Paulo: Companhia das Letras, 2009).
2. F. de Waal, *Our inner ape* (Nova York: Riverhead, 2006).

3. N. K. Humphrey, *A history of the mind: Evolution and the birth of consciousness* (Nova York: Simon and Schuster, 1992).
4. Adam Smith, *Teoria dos sentimentos morais*, trad. Lya Luft (São Paulo: Martins Fontes, 1999).
5. L. Carr, M. Iacoboni, M. C. Dubeau, J. C. Mazziotta e G. L. Lenzi, "Neural mechanisms of empathy in humans: A relay from neural systems for imitation to limbic areas", *Proceedings of the National Academy of Sciences* 100 (2003): 5497-5502.
6. G. Di Pellegrino, L. Fadiga, L. Fogassi, V. Gallese e G. Rizzolatti, "Understanding motor events: A neurophysiological study", *Experimental Brain Research* 91, n° 1 (1992): 176-180. S. Blakeslee, "Cells that read minds", *New York Times*, 10 de janeiro de 2006.
7. V. Gallese, L. Fadiga, L. Fogassi e G. Rizzolatti, "Action recognition in the premotor cortex", *Brain* 119, n° 2, 593-609, citado em L. Winerman, "The mind's mirror", *APA Online* 36, n° 9 (2005). M. A. Umilita, E. Kohler, V. Gallese, L. Fogassi, L. Fadiga, C. Keysers e G. Rizzolatti, "I know what you are doing: A neurophysiological study", *Neuron* 31, n° 1 (2001): 155-165. G. R. Semin e J. T. Cacioppo, "Grounding social cognition: Synchronization, coordination, and co-regulation", em G. R. Semin e E. R. Smith (orgs.), *Embodied grounding: Social, cognitive, affective, and neuroscientific approaches* (Nova York: Cambridge University Press, no prelo).
8. G. Rizzolatti e L. Craighero, "The mirror-neuron system", *Annual Review of Neuroscience* 27 (2004): 169-192.
9. G. Buccino, F. Lui, N. Canessa, I. Patteri, G. Lagravinese, F. Benuzzi, C. A. Porro e G. Rizzolatti, "Neural circuits involved in the recognition of actions performed by nonconspecifics: An fMRI study", *Journal of Cognitive Neuroscience* 16 (2004): 114-126.
10. B. Wicker, C. Keysers, J. Plailly, J. P. Royet, V. Gallese e G. Rizzolatti, "The common neural basis of seeing and feeling disgust", *Neuron* 40, n° 3 (2003): 655-664, relatado em L. Winerman, "The mind's mirror", *APA Online* 36, n° 9 (2005).
11. G. Buccino, F. Binkofski, G. R. Fink, L. Fadiga, L. Fogassi, V. Gallese, R. J. Seitz, K. Zilles, G. Rizzolatti e H. J. Freund, "Action observation activates premotor and parietal areas in a somatotopic manner: An fMRI study", *European Journal of Neuroscience* 13 (2001): 400-404.
12. E. Hatfield, J. T. Cacioppo e R. L. Rapson, *Emotional Contagion* (Nova York: Cambridge University Press, 1994).
13. J. T. Cacioppo e G. G. Berntson, *Social neuroscience* (Nova York: Psychology Press, 2005). H. Fukui, T. Murai, J. Shinozaki, T. Aso, H. Fukuyama, T. Hayashi e T. Hanakawa, "The neural basis of social tactics: An fMRI study", *NeuroImage* 32 (2006): 913-920.

14. D. Tankersley, C. J. Stowe e S. A. Huettel, "Altruism is associated with an increased neural response to agency", *Nature Neuroscience* 10 (2007): 150-151.

15. G. G. Berntson, A. Bechara, H. Damasio, D. Tranel e J. T. Cacioppo, "Amygdala contribution to selective dimensions of emotion", *Social, Cognitive, and Affective Neuroscience* 2 (2007): 123-129.

16. K. Grill-Spector, N. Knouf e N. Kanwisher, "The fusiform face area subserves face perception, not generic within-category identification", *Nature Neuroscience* 7, n° 5 (2004): 555-562. N. Kanwisher, J. McDermott e M. M. Chun, "The fusiform face area: A module in human extrastriate cortex specialized for face perception", *Journal of Neuroscience* 17, n° 11 (1997): 4302-11.

17. M. L. Phillips et al., "A specific neural substrate for perceiving facial expressions of disgust", *Nature* 389, n° 6650 (1997): 495-498. J. Decety e C. Lamm, "The biological bases of empathy", em G. G. Berntson e J. T. Cacioppo (orgs.), *Handbook of neuroscience for the behavioral sciences* (Nova York: Wiley, 2009). R. Adolphs, "Social cognition and the human brain", *Trends in Cognitive Sciences* 3, n° 12 (1999): 469-479. H. C. Breiter et al., "Response and habituation of the human amygdala during visual processing of facial expression", *Neuron* 17 (1996): 875-887.

18. J. S. Morris, A. Ohman e R. J. Dolan, "Conscious and unconscious emotional learning in the human amygdala", *Nature* 393 (1998): 467-470. P. J. Whalen et al., "Masked presentations of emotional facial expressions modulate amygdala activity without explicit knowledge", *Journal of Neuroscience* 18 (1998): 411-418.

19. C. J. Norris e J. T. Cacioppo, "I know how you feel: Social and emotional information processing in the brain", em E. Harmon-Jones e P. Winkielman (orgs.), *Social neuroscience* (Nova York: Guilford, 2007), 84-105.

20. C. J. Norris, E. E. Chen., D. C. Zhu, S. L. Small e John T. Cacioppo, "The interaction of social and emotional processes in the brain", *Journal of Cognitive Neuroscience* 16 (2004): 1818-29. J. C. Britton, K. L. Pahn, S. F. Taylor, R. C. Welsh, K. C. Berridge e I. Liberzon, "Neural correlates of social and nonsocial emotions: An fMRI study", *NeuroImage* 31 (2006): 397-409.

21. Norris e Cacioppo, "I know how you feel".

22. R. I. M. Dunbar e Suzanne Shultz, "Evolution in the social brain", *Science* 317 (7 de setembro de 2007): 1344-47.

23. D. M. Buss, *Handbook of evolutionary psychology* (Nova York: Wiley, 2005).

24. R. Adolphs e M. Spezio, "The neuroscience of social cognition", em G. G. Berntson e J. T. Cacioppo (orgs.), *Handbook of neuroscience for the behavioral sciences*.

25. Berntson et al., "Amygdala contribution to selective dimensions of emotion".

26. T. A. Ito e J. T. Cacioppo, "Electrophysiological evidence of implicit and explicit categorization processes", *Journal of Experimental Social Psychology* 36 (2000): 660-676.

306 Solidão

27. H. L. Gallagher e C. D. Frith, "Functional imaging of theory of mind", *Trends in Cognitive Sciences* 7, n° 2 (2003): 77-83.

28. W. L. Gardner, C. L. Pickett, V. Jefferis e M. Knowles, "On the outside looking in: Loneliness and social monitoring", *Personality and Social Psychology Bulletin* 31, n° 11 (2005): 1549-60.

29. C. L. Pickett e W. L. Gardner, "The social monitoring system: Enhanced sensitivity to social cues as an adaptive response to social exclusion", em K. D. Williams, J. P. Forgas e W. von Hippel (orgs.), *The social outcast: Ostracism, social exclusion, rejection, and bullying* (Nova York: Psychology Press, 2005), 214-226.

30. Ibid.

31. J. T. Cacioppo, C. J. Norris, J. Decety, G. Monteleone e H. C. Nusbaum, "In the eye of the beholder: Individual differences in loneliness predict neural responses to social stimuli", *Journal of Cognitive Neuroscience* (no prelo).

32. J. T. Cacioppo, J. M. Ernst, M H. Burleson, M. K. McClintock, W. B. Malarkey, L. C. Hawkley, R. B. Kowalewski, A. Paulsen, J. A. Hobson, K. Hugdahl, D. Spiegel e G. G. Berntson, "Lonely traits and concomitant physiological processes: The MacArthur social neuroscience studies", *International Journal of Psychophysiology* 35 (2000): 143-154.

33. S. L. Gable, G. Gonzaga e A. Strachman, "Will you be there for me when things go right? Social support for positive events", *Journal of Personality and Social Psychology* 91 (2006): 904-917. M. D. Johnson et al., "Problem-solving skills and affective expressions as predictors of change in marital satisfaction", *Journal of Consulting and Clinical Psychology* 73, n° 1 (2005): 15-27.

34. P. L. Jackson, A. N. Meltzoff e J. Decety, "How do we perceive the pain of others? A window into the neural processes involved in empathy", *NeuroImage* 24 (2005): 771-779.

35. P. L. Jackson e J. Decety, "Motor cognition: A new paradigm to study self-other interactions", *Current Opinion in Neurobiology* 14, n° 2 (2004): 259-263.

36. J. Decety e C. Lamm, "The biological bases of empathy", em G. G. Berntson e J. T. Cacioppo (orgs.), *Handbook of neuroscience for the behavioral sciences* (Nova York: Wiley, 2008).

37. D. Schiller (org.), *Pequeno guia do Zen*, trad. Pedro Elói Duarte (Lisboa: Edições 70, 2005).

Capítulo 10: Em conflito por natureza

1. C. N. Macrae, J. Moran, T. Heatherton, J. Banfield e W. Kelley, "Medial prefrontal activity predicts memory for self", *Cerebral Cortex* 14 (2004): 647-654. K. N. Ochsner, K. Knierim, D. Ludlow, J. Hanelin, T. Ramachandran e S. Mackey, "Reflecting upon feelings: An fMRI study of neural systems supporting the

attribution of emotion to self and other", *Journal of Cognitive Neuroscience* 16, n° 10 (2004): 1746-72.

2. H. Shintel, J. T. Cacioppo e H. Nusbaum, "Accentuate the negative, eliminate the positive? Individual differences in attentional bias to positive and negative information", apresentado no 47° Annual Meeting of the Psychonomic Society, Houston, TX, novembro de 2006.

3. J. Kruger e T. Gilovich, "Naïve cynicism' in everyday theories of responsibility assessment: On biased assumption of bias", *Journal of Personality and Social Psychology* 76 (1999): 743-753. L. Ross, D. Greene e P. House, "The false consensus effect: An egocentric bias in social perception and attributional processes", *Journal of Experimental Social Psychology* 13 (1977): 279-301. W. J. McGuire, "The probabilogical model of cognitive structure and attitude change", em R. E. Petty, T. M. Ostrom e T. C. Brock (orgs.), *Cognitive responses in persuasion* (Hillsdale, NJ: Erlbaum, 1981), 291-307.

4. M. Ross e F. Sicoly, "Egocentric biases in availability and attribution", *Journal of Personality and Social Psychology* 37 (1979): 322-336. E. Vaughan, "Chronic exposure to an environmental hazard: Risk perceptions and self-protective behavior", *Health Psychology* 3 (1992): 431-457. E. F. Loftus, *Eyewitness testimony* (Cambridge, MA: Harvard University Press, 1996).

5. C. A. Anderson, R. S. Miller, A. L. Riger, J. C. Dill e C. Sedikides, "Behavioral and characterological attributional styles as predictors of depression and loneliness: Review, refinement, and test", *Journal of Personality and Social Psychology* 66 (1994): 549-558.

6. S. E. Taylor, J. S. Lerner, D. K. Sherman, R. M. Sage e N. K. McDowell, "Portrait of the self-enhancer: Well-adjusted and well-liked or maladjusted and friendless?", *Journal of Personality and Social Psychology* 84 (2003): 165-176.

7. L. C. Hawkley, C. M. Masi, J. D. Berry e J. T. Cacioppo, "Loneliness is a unique predictor of age-related differences in systolic blood pressure", *Psychology and Aging* 21 (2006): 152-164.

8. J. E. Nurmi e K. Salmela-Aro, "Social strategies and loneliness: A prospective study", *Personality and Individual Differences* 23, n° 2 (1997): 205-211. D. Damsteegt, "Loneliness, social provisions and attitude", *College Student Journal* 26, n° 1 (1992): 135-139. C. S. Crandall e C. Cohen, "The personality of the stigmatizer: Cultural world view, conventionalism, and self-esteem", *Journal of Research in Personality* 28 (1994): 461-480.

9. K. Rotenberg, "Loneliness and interpersonal trust", *Journal of Social and Clinical Psychology* 13 (1994): 152-173.

10. H. S. Sullivan, *The interpersonal theory of psychiatry* (Nova York: Norton, 1953), 261, citado em R. S. Weiss (org.), *Loneliness: The experience of emotional and social isolation* (Cambridge, MA: MIT Press, 1973), 147.

11. John Milton, *Paraíso perdido*, trad. Antônio José Lima Leitão (São Paulo: Martin Claret, 2003); William Shakespeare, *Hamlet*, trad. Millôr Fernandes (São Paulo: Peixoto Neto, 2004), ato 2, cena 2.

12. N. Epley, A. Waytz e J. T. Cacioppo, "On seeing human: A three-factor theory of anthropomorphism", *Psychological Review* 114 (2007): 864-886.

13. S. L. Murray e J. G. Holmes, "The (mental) ties that bind: Cognitive structures that predict relationship resilience", *Journal of Personality and Social Psychology* 77 (1999): 1228-44.

14. C. H. Solano, "Loneliness and perceptions of control: General traits versus specific attributions", *Journal of Social Behavior and Personality* 2, n° 2 (1987): 201-214.

15. S. Lau e G. E. Gruen, "The social stigma of loneliness: Effect of target person's and perceiver's sex", *Personality and Social Psychology Bulletin* 18 (1992): 182-189. K. J. Rotenberg e J. Kmill, "Perception of lonely and non-lonely persons as a function of individual differences in loneliness", *Journal of Social and Personal Relationships* 9 (1992): 325-330. K. J. Rotenberg, J. A. Gruman e M. Ariganello, "Behavioral confirmation of the loneliness stereotype", *Basic and Applied Social Psychology* 24 (2002): 81-89.

16. S. L. Murray, G. M. Bellavia, P. Rose e D. W. Griffin, "Once hurt, twice hurtful: How perceived regard regulates daily marital interactions", *Journal of Personality and Social Psychology* 84 (2003): 126-147.

17. Rotenberg e Kmill, "Perception of lonely and non-lonely persons as a function of individual differences in loneliness".

18. M. T. Wittenberg e H. T. Reis, "Loneliness, social skills, and social perception", *Personality and Social Psychology Bulletin* 12, n° 1 (1986): 121-130. J. T. Cacioppo e L. C. Hawkley, "People thinking about people: The vicious cycle of being a social outcast in one's own mind", em K. D. Williams, J. P. Forgas e W. von Hippel (orgs.), *The social outcast: Ostracism, social exclusion, rejection, and bullying* (Nova York: Psychology Press, 2005), 91-108.

19. S. Duck, K. Pond e G. Leatham, "Loneliness and the evaluation of relational events", *Journal of Social and Personal Relationships* 11 (1994): 253-276.

20. C. M. Anderson e M. M. Martin, "The effects of communication motives, interaction involvement, and loneliness on satisfaction", *Small Group Research* 26, n° 1 (1995): 118-137.

21. A. Burt e R. Trivers, *Genes in conflict* (Cambridge, MA: Harvard University Press, 2006).

Capítulo 11: Conflitos na natureza

1. R. L. Trivers, "Parent-offspring conflict", *American Zoologist* 14 (1974): 249-264, 261.

2. F. de Waal, *Our inner ape* (Nova York: Riverhead, 2006).
3. M. Doebeli, C. Hauert e T. Killingback, "The evolutionary origin of cooperators and defectors", *Science* 306 (2004): 859-862.
4. O. Gurerk, B. Irlenbursch, e B. Rockenbach, "The competitive advantage of sanctioning institutions", *Science* 312 (7 de abril de 2006): 108-111.
5. Richard Dawkins, *O gene egoísta*, trad. Rejane Rubino (São Paulo: Companhia das Letras, 2007).
6. B. Sinervo, A. Chaine, J. Clobert, R. Calsbeek, L. Hazard, L. Lancaster, A. G. McAdam, S. Alonzo, G. Corrigan e M. E. Hochberg, "Self-recognition, color signals, and cycles of greenbeard mutualism and altruism", *Proceedings of the National Academy of Sciences* 103, n° 19 (2006): 7372-77.
7. W. Grossman, "New tack wins prisoner's dilemma", extraído em 20 de junho de 2007 de www.wired.com/culture/lifestyle/news/2004/10/65317.
8. L. Cosimides e J. Tooby, "Evolutionary psychology and the generation of culture (part two)", *Ecology and Sociobiology* 10 (1989): 51-97.
9. M. A. Nowak, "Five rules for the evolution of cooperation", *Science* 314 (2006): 1560-63.
10. B. Carey, "Study links punishment to an ability to profit", *New York Times*, 7 de abril de 2006.
11. E. Fehr e S. Gächter, "Altruistic punishment in humans", *Nature* 415 (2002): 137-140.
12. D. De Quervain, U. Fischbacher, V. Treyer, M. Schellhammer, U. Schnyder, A. Buck e E. Fehr, "The neural bases of altruistic punishment", *Science* 305 (2004): 1254-58.
13. R. Trivers, "The evolution of reciprocal altruism", *Quarterly Review of Biology* 46, n° 1 (1971): 35-57, 49.
14. M. Wilson e M. Daly, "The age-crime relationship and the false dichotomy of biological versus sociological explanations", artigo apresentado em um encontro da Human Behavior and Evolution Society, Los Angeles, 1990.

Capítulo 12: Três adaptações

1. K. E. Reed, "Early hominid evolution and ecological change through the African Plio-Pleistocene", *Journal of Human Evolution* 32 (1997): 289-322. S. Begley, "Beyond stones and bones", *Newsweek*, 19 de março de 2007, 52-58.
2. B. Heinrich, *Racing the antelope: What animals can teach us about running and life* (Nova York: Ecco, 2001).
3. I. Parker, "Swingers", *New Yorker*, 30 de julho de 2007, 48-61.
4. M. A. Nowak, "Five rules for the evolution of cooperation", *Science* 314 (2006): 1560-63.

310 Solidão

5. J. Silk, "Who are the most helpful, humans or chimpanzees?", *Science* 311 (2006): 1248-49.

6. Ibid.

7. E. Pennisi, "Social animals prove their smarts", *Science* 312, n° 5781 (2006): 1734-38.

8. Richard Dawkins, *O gene egoísta*, trad. Rejane Rubino (São Paulo: Companhia das Letras, 2007); E. O. Wilson e C. Lumsden, *Genes, mind, and culture: The coevolutionary process* (Cambridge, MA: Harvard University Press, 1981).

9. F. de Waal, *Our inner ape* (Nova York: Riverhead, 2006).

10. Ibid., 54.

11. J. Goodall, *The chimpanzees of Gombe: Patterns of Behavior* (Cambridge, MA: Belknap, 1986), citado em de Waal, *Our inner ape.*

12. de Waal, *Our inner ape*, 158.

13. A. Stravynski e R. Boyer, "Loneliness in relation to suicide ideation and parasuicide: A population-wide study", *Suicide and Life-Threatening Behavior* 31 (2001): 32-40; A. R. Rich e R. L. Bonner, "Concurrent validity of a stress-vulnerability model of suicidal ideation and behavior: A follow-up study", *Suicide and Life-Threatening Behavior* 17 (1987): 265-270.

14. J. M. Twenge, R. F. Baumeister, D. M. Tice e T. S. Stucke, "Social exclusion causes self-defeating behavior", *Journal of Personality and Social Psychology* 83 (2001): 606-615. J. M. Twenge, K. R. Catanese, R. F. Baumeister, "If you can't join them, beat them: Effects of social exclusion on aggressive behavior", *Journal of Personality and Social Psychology* 81 (2002): 1058-69. J. M. Twenge, K. R. Catanese e R. F. Baumeister, "Social exclusion and the deconstructed state: Time perception, meaninglessness, lethargy, lack of emotion, and self-awareness", *Journal of Personality and Social Psychology* 85 (2003): 409-423.

15. J. T. Cacioppo, W. L. Gardner e G. G. Berntson, "The affect system has parallel and integrative processing components: Form follows function", *Journal of Personality and Social Psychology* 76 (1999): 839-855.

16. E. Suh, E. Diener e F. Fujita, "Events and subjective well-being: Only recent events matter", *Journal of Personality and Social Psychology* 70 (1996): 1091-1102.

17. P. Brickman, D. Coates e R. Janoff-Bulman, "Lottery winners and accident victims: Is happiness relative?", *Journal of Personality and Social Psychology* 36 (1978): 917-927.

18. J. T. Cacioppo, L. C. Hawkley, A. Kalil, M. E. Hughes, L. Waite e R. A. Thisted, "Happiness and the invisible threads of social connection: The Chicago Health, Aging and Social Relations Study", em M. Eid e R. Larsen (orgs.), *The science of well-being* (Nova York: Guilford, 2008), 195-219.

19. Ibid.

20. J. T. Cacioppo, G. G. Berntson, A. Bechara, D. Tranel e L. C. Hawkley, "Could an aging brain contribute to subjective well-being? The value added by a social neuroscience perspective", em A. Tadorov, S. T. Fiske e D. Prentice (orgs.), *Social neuroscience: Toward understanding the underpinnings of the social mind* (Nova York: Oxford University Press, no prelo).

21. L. L. Carstensen, D. M. Isaacowitz e S. T. Charles, "Taking time seriously: A theory of socioemotional selectivity", *American Psychologist* 54 (1999): 165-181.

22. A. M. Isen, "Positive affect and decision making", em M. Lewis e J. M. Haviland-Jones (orgs.), *Handbook of emotions*, 2ª edição (Nova York: Guilford, 2000), 417-435.

Capítulo 13: Acertando as coisas

1. A. M. Isen, "Positive affect, cognitive processes, and social behavior", *Advances in Experimental Social Psychology* 20 (1987): 203-253.

2. J. Masters, *The road past Mandalay: A personal narrative* (Nova York: Harper, 1961).

3. S. Sassoon, *Memoirs of an infantry officer* (Londres: Faber and Faber, 1930).

4. M. Wei, D. W. Russell e R. A. Aakalik, "Adult attachment, social self-efficacy, self-disclosure, loneliness, and subsequent depression for freshman college students: A longitudinal study", *Journal of Counseling Psychology* 52 (2005): 602-614. J. T. Cacioppo, M. E. Hughes, L. J. Waite, L. C. Hawkley e R. A. Thisted, "Loneliness as a specific risk factor for depressive symptoms: Cross sectional and longitudinal analyses, *Psychology and Aging* 21 (2006): 140-151.

5. I. L. Martinez, K. Frick, T. A. Glass, M. Carlson, E. Tanner, M. Ricks e L. Fried, "Engaging older adults in high-impact volunteering that enhances health: Recruitment and retention in the Experience Corps Baltimore", *Journal of Urban Health* 83, n° 5 (2006): 941-953.

6. R. Niebuhr, *Moral man and immoral society* (Nova York: Scribner,1932).

7. W. B. Swann Jr., K. L. McClarty e P. J. Rentfrow, "Shelter from the storm? Flawed reactions to stress in precarious couples", *Journal of Social and Personal Relationships* (2007): 793-808.

8. S. L. Murray, G. M. Bellavia, P. Rose e D. W. Griffin, "Once hurt, twice hurtful: How perceived regard regulates daily marital interactions", *Journal of Personality and Social Psychology* 84 (2003): 126-147.

9. J. M. Martz, J. Verette, X. B. Arriaga, L. F. Slovik, C. L. Cox e C. E. Rusbult, "Positive illusion in close relationships", *Personal Relationships* 5 (1998): 159-181.

10. P. J. E. Miller, S. Niehuis e T. L. Huston, "Positive illusions in marital relationships: A 13-year study", *Personality and Social Psychology Bulletin* 32, n° 12 (2006): 1579-94.

11. S. L. Gable, H. T. Reis, E. Impett e E. R. Asher, "What do you do when things go right? The intrapersonal and interpersonal benefits of sharing positive events", *Journal of Personality and Social Psychology* 87 (2004): 228-245.

Capítulo 14: O poder do vínculo social

1. M. McPherson, L. Smith-Lovin e M. T. Brashears, "Social isolation in America: Changes in core discussion networks over two decades", *American Sociological Review* 71 (2006): 353-375.
2. WHO World Mental Health Survey Consortium, "Prevalence, severity, and unmet need for treatment of mental disorders in the World Health Organization World Mental Health Surveys", *Journal of the American Medical Association* 291 (2004): 2581-90.
3. Centro Innocenti de Pesquisa da Unicef, Florença, *An overview of child well being in rich countries*, Fundo das Nações Unidas para as Crianças, 13 de fevereiro de 2007.
4. L. Margulis e D. Sagan, *O que é vida?*, trad. Vera Ribeiro (Rio de Janeiro: Jorge Zahar, 2002).
5. R. S. Weiss (org.), *Loneliness: The experience of emotional and social isolation* (Cambridge, MA: MIT Press, 1973).
6. Ibid.
7. R. Putnam, *Bowling alone: The collapse and revival of American community* (Nova York: Simon and Schuster, 2000). J. Berger, "Homes too rich for firefighters who save them", *New York Times*, 9 de abril de 2006.
8. S. Coontz, "Too close for comfort", *New York Times*, 7 de novembro de 2006.
9. K. Vonnegut, *Pastelão ou solitário, nunca mais* (Rio de Janeiro: Artenova, 1977).
10. R. Schuller, *My journey: From an Iowa farm to a cathedral of dreams* (São Francisco: Harper, 2002).
11. Samuel G. Freedman, "An unlikely megachurch lesson", *New York Times*, 3 de novembro de 2007.
12. J. Mahler, "The soul of the new exurb", *New York Times Magazine*, 27 de março de 2005.
13. J. Yardley, "China's path to modernity, mirrored in a troubled river", *New York Times*, 19 de novembro de 2006. Lippmann citado em Putnam, *Bowling alone*, 379.
14. Nadime Kam, "Rosie", *Honolulu Star Bulletin*, 13 de outubro de 2000.
15. Ibid.
16. A. Rokack e H. Brock, "Coping with loneliness", *Journal of Psychology: Interdisciplinary and Applied* 192 (1998): 107-127. B. S. Cain, "Divorce among elderly women: A growing social phenomenon", *Social Casework — Journal of Contempo-*

rary Social Work 69 (1988): 563-568. S. T. Michael, M. R. Crowther, B. Schmid e R. S. Allen, "Widowhood and spirituality: Coping responses to bereavement", *Journal of Women and Aging* 15 (2003): 145-165. P. Granqvist e B. Hagekkull, "Religiosity, adult attachment, and why 'singles' are more religious", *International Journal for the Psychology of Religion* 10 (2000): 111-123.

17. J. M. Siegel, "Stressful life events and use of physician services among the elderly: The moderating role of pet ownership", *Journal of Personality and Social Psychology* 58 (1990): 1081-86. J. M. Siegel, F. J. Angulo, R. Detels, J. Wesch e A. Mullen, "AIDS diagnosis and depression in the multicenter AIDS cohort study: The ameliorating impact of pet ownership", *AIDS Care* 11 (1999): 157-170. K. Allen, J. Blascovich e W. B. Mendes, "Cardiovascular reactivity and the presence of pets, friends and spouses: The truth about cats and dogs", *Psychosomatic Medicine* 64 (2002): 727-739.

18. K. Allen, J. Blascovich e W. B. Mendes, "Cardiovascular reactivity and the presence of pets, friends and spouses: The truth about cats and dogs", *Psychosomatic Medicine* 64 (2002): 727-739.

19. N. Epley, S. Akalis, A. Waytz e J. T. Cacioppo, "Creating social connection through inferential reproduction: Loneliness and perceived agency in gadgets, gods, and greyhounds", *Psychological Science* 19 (2008): 114-120. N. Epley, A. Waytz, S. Akalis e J. T. Cacioppo, "When we need a human: Motivational determinants of anthropomorphism", *Social Cognition* 26 (2008): 143-155. N. Epley e S. Akalis, "Detecting versus enhancing anthropomorphic agents: The divergent effects of fear and loneliness", artigo apresentado em um encontro da Society for Personality and Social Psychology, Nova Orleans, fevereiro de 2005.

20. S. L. Brown, R. M. Neese, J. S. House e R. L. Utz, "Religion and emotional compensation: Results from a prospective study of widowhood", *Personality and Social Psychology* 30 (2004): 1165-74.

21. F. Castelli, F. Happé, U. Frith e C. D. Frith, "Movement and mind: A functional imaging study of perception and interpretation of complex intentional movement patterns", *NeuroImage* 12 (2000): 314-325.

22. A. Birgegard e P. Granqvist, "The correspondence between attachment to parents and God: Three experiments using subliminal separation cues", *Personality and Social Psychology Bulletin* 30 (2004): 1122-35. T. Cole e L. Leets, "Attachment styles and intimate television viewing: Insecurely forming relationships in a parasocial way", *Journal of Social and Personal Relationships* 16 (1999): 495-511. L. A. Kirkpatrick e P. R. Shaver, "Attachment theory and religion: Childhood attachments, religious beliefs, and conversion", *Journal for the Scientific Study of Religion* 29 (1990): 315-334.

23. J. Adler, "In search of the spiritual", *Newsweek*, 29 de agosto de 2005, 46-64.

24. W. L. Gardner, C. L. Pickett, V. Jefferis e M. Knowles, "On the outside looking in: Loneliness and social monitoring", *Personality and Social Psychology Bulletin* 31, n° 11 (2005): 1549-60.
25. R. Kraut, M. Patterson, V. Lundmark e S. Kiesler, "Internet paradox: A social technology that reduces social involvement and psychological well-being?", *American Psychologist* 53 (1997): 1017-31.
26. L. H. Powell, L. Shahabi e C. E. Thoresen, "Religion and spirituality: Linkages to physical health", *American Psychologist* 58 (2003): 36-52.
27. A. Lamott, *Bird by bird: Some instructions on writing and life* (Nova York: Anchor, 1994).
28. Mitchell citado em K. Kelley, *The home planet* (Reading, MA: Addison-Wesley, 1988), 138.
29. Centro de Orçamento e Prioridades Políticas, citado em E. Konigsberg, "A new class war: The haves vs. the have mores", *New York Times*, 19 de novembro de 2006.
30. D. Brooks, "Mourning Mother Rússia", *New York Times*, 28 de abril de 2005.
31. K. Vhos, N. Mead e M. Goode, "The psychological consequences of money", *Science* 314, n° 5802 (2006): 1154.
32. G. A. Kaplan et al., "Inequality in income and mortality in the United States: Analysis of mortality and potential pathways", *British Medical Journal* 312, n° 7037 (1996): 999-1003. Ver também B. P. Kennedy, I. Kawachi e D. Prothrow-Stith, "Income distribution and mortality: Cross-sectional ecological study of the Robin Hood index in the United States", *British Medical Journal* 312, n° 7037 (1996): 1004-07.
33. L. F. Berkman e I. Kawachi, *Social epidemiology* (Oxford: Oxford University Press, 2000), 164.
34. R. Axelrod, *The evolution of cooperation* (Nova York: Perseus, 2006).
35. J. Donne, *Devotions upon emergent occasions* (1624), em *John Donne: The Major Works* (Nova York: Oxford University Press, 2000), 333-351, 344. C. Darwin, *A Origem do Homem e a Seleção Sexual*, trad. Eugênio Amado (Belo Horizonte: Itatiaia, 2004).
36. M. A. Nowak, "Five rules for the evolution of cooperation", *Science* 314 (2006): 1560-63.
37. C. S. Lewis, *Os quatro amores*, trad. Paulo Salles (São Paulo: Martins Fontes, 2005). E. O. Wilson, *A unidade do conhecimento — Consiliência*, trad. Ivo Korytowski (Rio de Janeiro: Campus, 1999).

Índice

Números de página em *itálico* se referem a ilustrações. Números de página a partir de 291 se referem a notas finais.

11 de setembro de 2001, ataques terroristas de, 99-100, 247

abelhas, 75
aborto, 150
ácido butírico, 175
ácido ribonucleico (RNA), 139
Active Worlds, 274
adaptação ambiental estável, *84*
Adaptation and Natural Selection (Williams), 76
afabilidade, solidão e, 105
Afeganistão, 280
afeto, 162, 243
África do Sul, 269
África, 102, 137, 198, 221, 223
agressividade, 115, 148
   causada por rejeição, 237
   dos chimpanzés, 224
   hormônios e, 157
Aids, 244, 277

Ainsworth, Mary, 151
álcool
   aumento no consumo de, 267
   consumo por adolescentes de, 289
   felicidade e, 238
   oxitocina aumentada por, 162-163
   solidão e, 48, 51, 55, 119, 120
Alcoólicos Anônimos, 263
Alemanha, 92, 207
alerta, 159
alma racional, 133
alostase, 117, 124
altruísmo recíproco, 57, 216, 224
altruísmo, 218
   cérebro e, 178
   efeito da barba verde sobre, 210-211
   em bonobos, 223
   em cães-da-pradaria, 75
   em chimpanzés, 223
   em formigas, 217
   em lagartos, 210-211, 213

evolução e, 75, 82, 207, 210-211

gratidão, 208

recíproca, 76, 216, 224

vínculos sociais e, 209

amamentação, 86, 157, 162-163, 203

ameba, 140

amish, 209

amizades, 266

cultura e, 92

solidão nas, 95

virtuais, 280

amor, 161

felicidade proporcionada por, 21

funções executivas e, 62

amostragem, 108

Amsterdam, Universidade Livre de, 40

análise estatística, 98, 101

anfetaminas, 133

animais de estimação, 26, 277, 280

ansiedade social, 26

ansiedade, 26, 86

animais de estimação e, 277

solidão e, 105, 107, 189, 250

antropomorfismo, 170, 277-279

apartheid, 269

aptidão abrangente, 76

área fusiforme da face (FFA), 178

arganazes, 157

Aristóteles, 73

Armada Espanhola, 73

arroz (*Oryza sativa*), 49

arteriosclerose, 115

assassinato, 218

atalhos cognitivos, 198

ataques cardíacos, 115

atenção, solidão e, 53-55

Ato de Evacuação de Animais e Padrões de Transporte (2006), 277

atos aleatórios de bondade, 244-246

australopitecos, 222

Australopithecus afarensis, 79-80

Áustria, 92

Autobiografia (Darwin), 74

autoconsciência, 171

autocontrole, 60-63, 68

autoestima

rejeição e, 137

solidão e, 107, 119

automóveis, 268

autorregulação, 45, 84, 152, 229, 244, 258

comportamento social e, 53

córtex pré-frontal e, 50, 223

dos alfas, 229

e desvinculação social, 60-64, 80, 82

e hipoglicemia do autor, 261

e modos sociais, 209

em bonobos, 224

em chimpanzés, 205, 224, 229

em macacos, 65-67

entre os !Kung San, 78

evolução como, 78

interferência da, 65-67

justiça na, 205

na empatia, 186

protocolos de dominação como, 231

saúde e, 119

solidão e, 30-33, 51, 55, 60-65, 69, 101, 119, 187, 205, 212, 253, 270

vínculo social e, 35, 237

autotranscendência, 256

avaliação, solidão e, 105, 107

Axelrod, Robert, 80-83, 211, 214, 286-287

Azalea (macaca), 169

babuínos, 87

Baltimore, 252

Bangladesh, 284

Barchas, Patricia, 133

Índice

batimento cardíaco, *177*
batismo, 273
batistas, 209
Baumeister, Roy, 76
   experimentos de exclusão social de, 57-64
Beagle, HMS, 165
Benga, Oto, 163-164
Berkman, Lisa, 112
Berlim, 91
Berners-Lee, Tim, 235
Berntson, Gary, 65, 190
Biehl, Amy, 245
Binti Jua, 168
Blakeslee, Sandra, 173
bom selvagem, 74, 77
bonobos, 168, 221-224, 226-227
   altruísmo em, 223
   autorregulação em, 224
   cooperação entre, 227
   corregulação em, 224,232
   cuidados entre, 231
   DNA dos, 222
   estresse social dos, 230
   hierarquia social dos, 232
   inteligência dos, 50
   sexo entre, 169, 227-228, 232
Boomsma, Dorret, 40
Boston, 269
Botsuana, 76
Bowlby, John, 23, 151-152
Bowling alone: The Collapse and Revival of American Community (Putnam), 270
Boysen, Sally, 65
Brando, Marlon, 29
Brewer, Marilynn, 96-98
Brooks, Rodney, 134
Brutus, 213
budismo, 273

búfalo, 137
bulimia nervosa, solidão e, 55
Burma, 246

Caçadores e coletores, 76-77, 79, 87, 103, 198
Cada um vive como quer (filme), 154
cães-da-pradaria, 75
Calcutá, Índia, 235
Califórna, Universidade da, Santa Cruz, 210-211
câncer, 112
capital social, 270, 289
capitalismo, 275
capitalização social, 185
Carlson, Mary, 149
carnívoros, 27
Carstensen, Laura, 239
Carta, Magna, 231
casamento, 38, 254
   cultura e, 92
   ilusões no, 198, 264
   no judaísmo, 273
   resolução de problemas, 185
   solidão e, 17, 28, 33, 95, 118, 121
   ver também divórcio
   vínculo íntimo e, 98, 162
Cássio, 213
caucasianos, 132
Ceausescu, Nicolae, 150
Celebration, Flórida, 275
células neurais, 143, 155
células quimiorreceptoras, 141
células, 138, 139
   divisão das, 114
   efeito da solidão sobre as, 125
   membrana das, 139-141
Centro de Pesquisa Linguística da Universidade do Estado da Geórgia, 169

cerebelo, *68*, *178*

cérebro, 84, 90, *160*, *177*, *179*, 203
  como triuno, *68*, *143*
  do macaco-aranha, 180
  dor social e, 23, *24*
  emoções no, 172, 176, 178, 180-184, 187, 217
  empatia no, 26, 186-187
  escaneamento do, 24-26, *24*
  evolução do, 50, 89, 178, 181
  lesões do, 180
  metades do, 53-54
  processamento neural no, 191
  punição altruística e, 217
  recomposição pelo, 67
  ressonância magnética do, 24, 26, 122, 174-176, 182, 217
  social, 282
  tamanho do, e inteligência, 89, 180
  teoria do caso tecida pelo, 197
  ver também partes específicas

cérebro límbico, *68*, 144, *183*, 190

cérebro neomamífero, *68*

cérebro paleomamífero, *68*, 144

cérebro reptiliano, *68*, 143

César, Júlio, 213

Charles, Príncipe de Gales, 34, 275

Chicago, 276, 278

Chicago, Universidade de, 25, 63, 108, 182, 241
  Centro de Neurociência Cognitiva e Social, 25

chimpanzés, 221-222
  agressividade em, 224
  altruísmo em, 223
  autorregulação em, 205, 224, 231
  caça por, 228
  competitividade em, 224, 226
  cooperação entre, 226-227
  corregulação em, 205, 224, 231, 233
  cuidados entre, 234
  DNA dos, 222
  estresse dos, 230
  evolução da predação em, 213
  expressão das emoções por, 167
  filhos dos, 90, 135
  hierarquia dos, 229, 231-234
  inteligência dos, 50
  justiça em, 205
  política em, 213
  reconciliação de, 169
  regulação social em, 158, 226
  sexo e, 228
  status em, 215
  testículos dos, 156

China, 275, 284, 288

Cho Seung-Hui, 29

Churchill, Winston, 147

ciclo feminino de ovulação, 180

ciclo menstrual, 40

Cidade do Cabo, 269

cigarro, 11, 116, 128, 163
  felicidade e, 238
  solidão e, 120

co-cognição, 187-188

coelhos, 137

coesão de grupo, 160, 217, 234

coesão social, 279

cognição social, 41, 45, 245
  no cérebro, *179*, 223
  solidão e, 31-33, 48, 181, 201, 236, 253
  teoria da mente como, 50

colmeias, 26, 78, 141

colônias de formigas, 26, 78, 142

Columbia, Universidade, 252

combate, *68*

comida gordurosa, 48, 61-63, 119, *120*

Comissão de Reconciliação e Verdade, 246

Compaq Center, 273
competitividade, 74
  em chimpanzés, 224, 226
comportamento pró-social, 285
comportamento submisso, 133
comportamento Tipo A, 115
compras, solidão e, 17
computadores, 134
comunicação, 142, *177*
comunidades online massivas, 274
condição de alfa, 215, 229-230, 233
conectores sociais, 34
confiança, 162, 243
confinamento em solitária, 27
confucionismo, 273
Congo, 163, 224
Congresso Pan-Africanista, 246
consanguinidade, 210
consciência, 170
contracepção, 150
contrato social, 73, 231
controle executivo, *53-55*, 205
  e ilusões românticas, 264
  empatia e, 186
  evolução do, 223
  solidão e, *53-55*, 63-64, 136,
    160-161, 186, 205, 236
  vínculos sociais e, 209
Convenções de Genebra, 212
conversa, 259
Coontz, Stephanie, 272
cooperação social, 209, 218
cooperação, 51, 128, 218, 236
  ambiguidade social e, 212
  dos organismos, 140
  e condição de alfa, 229
  efeito da barba verde e, 210-211
  em !Kung San, 76-80
  em bonobos, 228
  em chimpanzés, 226, 227

em lagartos, 210-211, 213
entre humanos, 222
evolução, *75-76*, 81-82, 210-211,
  243
na predação, 213
rejeição e, 237
social, 209, 218
coração, 123, 145
corregulação, 35, 74, 134, 141, 152,
  228, 244
ciclos de, 170
contentamento social e, 262
"conversa amena" e, 257
dos alfas, 230
em !Kung San, 78
em bonobos, 224, 231-232
em chimpanzés, 205, 224, 231, 233
evolução como, 74
justiça e, 205
produzida por seleção natural, 217
protocolos de dominação como, 231
saúde e, 116
correntes de compreensão, 131-132,
  135, 171, 286
corrida, saúde cerebral produzida por,
  28
córtex cingulado dorsal anterior, 24,
  24, *179*, 181, 187
córtex frontal, 190-191
córtex medial pré-frontal, 176, 178,
  181, 187
córtex orbitofrontal, *56*
córtex pré-frontal lateral, 187
córtex pré-frontal ventromedial, *56*
córtex pré-frontal, 50, 191
  lateral, 187
  medial, 176, 178, 181, 187
córtex visual, 183, *184*
córtex, *68*, 144, 145, 178, 190
cortisol, 94, 114, 125

estudo transversal, 103, 104

multidões, 26

crenças espirituais, 261

crianças, 90-138

    comportamento facial mimetizado por, 135

    ver também amamentação

cristianismo, 273

cromossomos, 114, 201

crueldade, 74, 215

cruz-vermelha, 248

Crystal Cathedral, 272

    evolução cultural, 181

culpa, 175

cultura:

    amizade e, 92

    casamento e, 92

    cinismo, 115

    encanto, 147

    estereótipos da, 91

    justiça na, 217

    solidão e, 91

da gratidão, 207

    como processo regulatório, 74

    da predação, 213

    do sistema nervoso, 190

    dos humanos, 27, 31, 35, 79, 82, 89, 91, 102, 123-124, 137-138, 221-223, 235

    dos laços sociais, 31, 48, 75, 82, 85, 90, 214

    no nível do gene, 75, 84, 85, 90-91, 225, 282

    tamanho dos testículos e, 156

    ver também seleção natural; seleção sexual Dale, Henry, 156

dados longitudinais, 63

Daly, Martin, 218

Damásio, Antônio, 145, 155, 170

Darwin, Charles, 74, 145, 287, 290

Dawkins, Richard:

    "memes" cunhados por, 229

    morte, 26, 83, 111-112, 273

    Morte e vida de grandes cidades americanas (Jacobs), 269

    sobre genes egoístas, 84, 210

de Waal, Frans, 168, 206

Decety, Jean, 186-187

    tomada de decisões, depressão e, 296

deferência, 236

Departamento de Agricultura, EUA, *120*

Departamento de Saúde e Assistência Social, EUA, *120*

dependência sensível a condições iniciais, 245

depressão, 254, 280

    animais de estimação e, 277

    como algo contagioso, 263

    como manipulação social, 102

    diagnóstico da, 296

    efeito da religião na, 282

    felicidade e, 239

    ilusões decepcionantes da, 46

    nos EUA, 267

    solidão e, 20, 51, 100-105, 108, 236, 250, 270

    tomada de decisões e, 296

    vínculo social e, 35

desamparo aprendido, 101

Descartes, René, 134

desconfiança, 243

desentendimentos, 264

deslealdade, 74

desvinculação social:

    desregulação causada por, 61-64

    vulnerabilidade a, 30, 45

determinismo genético, mito do, 100

Deus, 282-283

Devore, Irven, 77

Diamantides (estudo de caso), 92-94
digestão, *124*, 145
   reciprocidade direta, 225
   Sexto Distrito, 269
Dilema do Prisioneiro, 80-81, 195, 209, 211, 214, 286-287
Dinamarca, 100
distúrbio de déficit de atenção, 267
divórcio, 219, 264
   ilusões românticas e, 264
   solidão e, 48
DNA, 39, 82, 138, 201
   ambiente e, 138
   cachorros, 226
   comportamento dominante, 133, 228, 230, 236
   do sistema imunológico, 28
   efeito da solidão sobre, 125
   evolução do, 139
   mapeamento do, 49
   paternidade testada por, 215
   reprodução do, 85, 114, 139
   vínculo emocional em, 169
doença cardíaca isquêmica, 112
doença cérebro-vascular, 112
doença circulatória, 112
doença de Huntington, 41
doença:
   hostilidade e, 83
   solidão e, 19, 103
doenças, 273
Donne, John, 287, 289
dor física, *24, 25*
dor social, *ver* solidão
dorsal anterior cingulado, *24*, 187
   aumento de, 267
   felicidade e, 238
   oxitocina produzida por, 162
   por adolescentes, 289
   solidão e, 47, 51, 55, 118, 119

sonho, *177*
drogas, solidão e, 55
Durant, Michael, 247

EASE, 256
Easthampton, Mass., 275
   comida, *69*, 133
   depressão e, 296
   dietas e, 192
   oxitocina produzida por, 162
   solidão e, 17, 47, 51, 61-62, 63, 119
Édipo, Rei (Sófocles), 188
educação dos filhos:
   em humanos, 90
   em !Kung San, 78-79
   em mamíferos, 87
educação, 285
   solidão e, 29
Efeito Borboleta, 245, 258, 286
efeito da barba verde, 210
efeito de interferência, 66, 192
efeito placebo, 132
egoísmo, 256
eHarmony, 261
   Torre Eiffel, 278
Einfühlung, 169, 176
   solidão e, 186-187
ejaculação, 156
elefantes, vínculo emocional em, 169
e-mail, 279
emoções sociais negativas, 216
emoções, 82, 165-187, 205
   no cérebro, 172, 176-178, 180-184, 187, 217
Emory, Universidade, 168
   cérebro emocional, 144
   contágio emocional, 186
   inteligência emocional, 34
   reconhecimento emocional, 179
   vínculo emocional, 167-170

empatia, 147-148, 181
  ambiente, 35, 41, 123, 253
  autorregulação na, 186
  de humanos, 222
  emoções e, 170
  genes e, 138, 201
  Inglaterra, 73
  na alostase, 117
  neurociência da, 187
  regiões cerebrais envolvidas na, 26, 187
  sistema endocrinológico, 155
  solidão e, 188, 189
  temperamento e, 153
epinefrina, *86*
Epley, Nick, 276, 282
equilíbrio, *68*
ER (seriado televisivo), 188
Erfurt, Universidade de, 207
erro de Descartes, O, (Damasio), 155
  escuta dicótica, 53-54, 60, 66, 104, 191
  Princesa Diana, 29
Escala de Depressão do Centro de Estudos Epidemiológicos, 101
Escala de Solidão da UCLA, 22, *53,* 63-64, 94, 105, 108
Escandinávia, 209
escola, 33
esperança, 198
espontaneidade, 261
esportes, 136
estar sozinho versus sentir-se sozinho, 17, 21, 29
estensão, 256-258
estorninhos, 168
estresse, 138, 153
  ambiente, 186
  benefícios do, 118
  dano causado pelo, 119

de bonobos, 230
expectativa de vida reduzida pelo, 127
felicidade e, 238
estriado ventral, *179,* 182, *183*
Estudo de Whitehall, 115-116, 121
estudos longitudinais, 103, 107, 127, 152, 238-240
estupidez, 235
estupro, 194
etologia, 151, 153
eu coletivo, 96-97
eu íntimo, 96, 98
eu pessoal (íntimo), *96,* 98
eu relacional (social), *96,* 98
eu social, 96, 98
eu, três dimensões do, *96*-97
EUA:
  amizade nos, 92, 267
  crescimento do isolamento social nos, 71-72
  desigualdade social nos, 284
  famílias nos, 267
  saúde das crianças nos, 267
europeus, 108
evolução, 151, 203
  altruísmo e, 76, 144, 209-211
  da aparência dos bebês, 147
  da cooperação, 74, 80, 210-211, 243
  do controle executivo, 223
  do DNA, 139-140
  dos laços, 31, 48, 75, 85, 89
  flexibilidade emocional favorecida pela, 204
Evolution of Cooperation, The (Axelrod), 286
excitação empática, 187
excitação, 36
  controle cerebral da, *177*
exclusão social, 236

exercício, 21, 112, 128
  solidão e, 47, 119
exoesqueleto, 141
expectativa de vida, 127
expectativas, 262-266
  solidão e, 31
expressão das emoções no homem e nos animais, A, (Darwin), 165-168
expressões faciais, 137
  controle cerebral de, *177*
  mimetizadas por crianças, 135-136
extrema unção, 273
  oxitocina produzida por, 159-161

Fadiga, Luciano, 174
falar em público, 26
Falcão negro em perigo, 247
família Soprano, A, (programa televisivo), 28
família, 33, 100
  orgulho na, 97
  realocação da, 271
  separação da, 48
Faulkner, William, 188
felicidade, 237-240
  amor como decorrência da, 21
  depressão e, 238
  estresse crônico e, 238
  hostilidade e, 238
  idade e, 238-239
  renda e, 239-240
  solidão e, 240
  vínculos sociais como decorrência da, 21, 45, 238-239, 249
feromônios, 141-142, 156
festas de casamento, 34, 185
filosofia, 221
Finlândia, 92
Fitzroy, Robert, 165
fofocas, 216

formação de alianças, 237
formação de casais, 261, 274
formigas, 75
  altruísmo em, 210
freiras, 279
Freud, Sigmund, 197
fricção genital (GG), 227, 232
Fried, Linda, 252
Fried, Mark, 269
Friedman, Milton, 84
fuga, 68
Fulbright, bolsa de estudos, 245
função cardiovascular
  efeito da solidão na, 21, 47, 113, 125
  em alostase, 117, 124
  hostilidade e, 115
  resposta ao estresse e, 48
funções executivas, *179*, 260
  amor e, 62
  córtex pré-frontal e, 50
  e modos sociais, 209
  empatia e, 187
  solidão e, 57-63, 100, 119, 181, 191, 212
  ver também autorregulação
Fundação Amy Biehl, 246
Furacão Katrina, 247, 277

Gage, Phineas, *55, 56, 57,* 223, 236
Gandhi, Mohandas K. (Mahatma), 288
gangue, 218
ganho de peso, solidão e, 20
gansos, 141, 151
Gardner, Wendi, 96-98
Garland, Judy, 29
gatos, 142
gatos, vínculos emocionais em, 169
gaviões, 27, 75
gêmeos, 40-41

gene egoísta, O, (Dawkins), 84, 90, 210, 224

gênero
em mamíferos, 87
laços e, 86

genes, 35, 142, 201
ambiente e, 138-139, 200, 258
como coleira, 39, 41, 153
dos humanos, 50
evolução no nível dos, 75, 84, 90, 225, 282
justiça nos, 217
para vinculação social, 31, 39, 86, 90
propagação dos, 147, 170
solidão e, 20, 29,33,40-42, 45, 48, 86, 102, 153, 200, 253
temperamento e, 153

genoma humano, 50
Georgia (chimpanzé), 206
Gestalt, 96
gestos, 280
girassóis, 166
giro fusiforme, *179*
giro inferior frontal, 172
giro parahipo campal, *179*
glândula pineal, 153
glândula pituitária, *159-160*
glóbulos de "Bok", 278
gnósticos, 273
Gobi, 77
Goblin (chimpanzé), 233
golfinhos, vínculos emocionais em, 169
Goodall, Jane, 224, 233
Gordon, Gary, 247
gorilas, testículos dos, 156
Granada, Espanha, 42, 45
grande cérebro, *68*
gratidão, evolução da, 207
gravidade, 132
Greenwich Village, 38, 269

Greg (estudo de caso), 37-39, *50*
gregos, 93, 277
Grenada, 43, 46
Guerra do Iraque, 212
Guerra do Vietnã, 212

Haber, Suzanne, 133
habilidade atlética, 96
Hamilton, William D., *75*
Hanks, Tom, 277
Harlow, Harry, 148, *149*, 150
harmonia social, 158, 235, 237
Harvard, Universidade, 267
Hatfield, Elaine, 276
Hebb, Donald, 39
Hegel, 235
Heider, Fritz, 197
heliotrópios, 166
Heródoto, 235
heterarquia, 190
Hinckley, John, 29
Hipnose, 105, 107
hipocampo, *68, 179*
Hipotálamo, *68, 159, 160*
hipótese do cérebro social, 89, 180
hipótese do controle social, 112-113, 118
Hobbes, Thomas, 73-74, 80
homeostase social, 231
homeostase, 117
hora do poder, A, (programa televisivo), 272
hormônios, 83, 86
de crescimento, 140
de Diamantides, 94
efeito do sono nos, 127
na corrente sanguínea, 159
reação ao estresse e, 21, 39, 114
solidão e, 21, 113-114, 124-125
ver também hormônios específicos
vínculos e, 248

hormônios de estresse, 21, 161, 199
   de Diamantides, 94
   solidão e, 21, 114, 124-125
hormônios neurais, 147
hostilidade, 243
   doenças e, 83
   doenças cardíacas e, 115
   felicidade e, 238
   morte e, 83
   solidão e, 105, 115, 189, 206, 250, 270
   vínculo social e, 35
Houston, Tex., 273
humor, solidão e, 107
Humphrey, N. K., 171

Idade da Razão, 73
idade:
   felicidade e, 237-239
   solidão e, 29, 64
idosos:
   animais domésticos de, 278
   em ondas de calor, 112
   solidão em, 113, 118-119, 123-124, 271
   tutoria por, 252
ignorância, 235
Igreja da Inglaterra, 84
Ilhas Galápagos, 165
imigração, 100, 289
imitação, 153, 279
   e rejeição, 137, 171
   por crianças, 135-136, 150
   solidão e, 204
independência, 268
Índia, 284
Índice Robin Hood, 285
indignação, 217-218
individualismo, 275
industrialização, 73

inflamação, 125
informação social, 198, 216
insegurança, 235
insetos sociais, 78
insetos, 78
   como seres sociais, 282
ínsula anterior, 175, 178, 187
ínsula, 172
intelecto, 261
inteligência social, *177*
inteligência:
   como incorporação, 134
   encorajamento, 249
   moldada pelo vínculo social, 27
   o eu e a, *96*
   solidão e, 29
   tamanho do cérebro e, 89
internet, 280
introversão, solidão e, 105
inveja, *74*
inventário de personalidade, *57-58*
invertebrados, 210
investimentos, 207-209, 211, 217, 228
ioga, 19
Iraque, 280
irmãos, 151
Irving, John, 111
Islã, 273
   como letal, 286
   crescimento do, 71-72
   custo do, 284
   doenças causadas pelo, 103, 243
   economia do, 285-290
   ilusões decepcionantes do, 46
   isolamento social, 20, 33, 51, 92, 123, 127, 198, 280
   pensamento e, 27, 33, 107
   sensibilidade à sensação de, 86
Itália, 91-92
Jackson, John Hughlings, 189

326   Solidão

Jacobs, Jane, 269, 275
James, William, 132
Jerusalém, 273
Jesus, 253
Joplin, Janis, 28
jovens, solidão em, 119, 121, 196, 205
Judaísmo, 273
junção temporoparietal, 176, 181, 183, 184, 187
justiça, 217

Kaczynski, Ted, 29
Kagan, Jerome, 152-153
Kant, Emmanuel, 288
Kanzi (bonobo), 169
Katrina, Furacão, 247, 277
Kendall, Graham, 214
Kennedy, Bruce, 285
Kidogo (bonobo), 168
Kohler, Wolfgang, 168
Konner, Mel, 77, 79
Kosslyn, Steven, 105
Kuni (bonobo), 168-169

laços de casal, 89, 222
    sexo e, 161, 215
laços familiares, 162
laços sociais, 26, 166
    aprofundamento por mimetismo, 175
    em !Kung San, 76-80
    evolução dos, 31, 49, 75, 82, 85, 90, 215
    gênero e, 86
    hormônios e, 157
    oxitocina e, 159
lagartos, 210-211
Lago Michigan, 241
lateralização, 53
latinos, 108

Lee, Richard, 77
Lemott, Anne, 282
leões, 87, 137
Leviatã (Hobbes), 73
Levin, Simon, 140
Lewis, C. S., 289
Lewontin, Richard, 111, 126
linguagem corporal, 280
linguagem, 280
    mimetismo da, 137
    no cérebro, 57, 68
    solidão e, 180
Lippmann, Walter, 275
literatura, o eu e a, 96
lobos, 26
    evolução da predação em, 213
lóbulo temporal, 178
lóbulos frontais, 53-54, 89, 145, 177, 179
lóbulos occipitais, 177
lóbulos parietais, 177
lóbulos temporais, 177
London School of Economics, 207
Londres, 247
Lorenz, Konrad, 151, 153
louva-a-deus, 88
Lu Dadao, 275
Lucy (australopiteco), 222
luta-ou-fuga, 48-49, 123, 265
luxúria, 175
Lynchburg, Virginia., 164
macacos:
    córtex pré-frontal em, 50
    cuidados entre, 158
    evolução de, 67
    punição de, 27
    testículos de, 156
    vínculo emocional em, 62
macaco aranha, cérebro do, 180
macacos Rhesus, 169

anfetaminas tomadas por, 133
comportamento sexual de, 27
experimento de criação em, 148, 149, 150
maternidade em, 144
macacos, emoções em, 173, *174*
macacos, justiça em, 206
MacLean, Paul, *68*
maçons, 210, 279
Madame Bovary (Flaubert), 28
máfia, 218
magnetismo, 132
Mal de Alzheimer, solidão e, 28
mamíferos:
    diferenças de gênero em, 87
    formação dos filhos em, 87
    vínculo social em, 88
manipulação experimental, 103-104
manipulação social, 102
manto cortical, 27
Maomé, 100
marcha dos pinguins, A,, 88
Margulis, Lynn, 268
Marriage: A History (Coontz), 272
matemática, 59-60, 65
matéria cinzenta, 50
McClintock, Martha, 155-156
"Me and God" (música), 282
mecanismo de estímulo-resposta, 190
Medalha de Honra, 247
meditação, 29
medo:
    percepção do, 181
    solidão e, 250
medula espinhal, 142-143, 159, 190
medula oblonga, *177*
medula, *68*
megaigrejas, 272, 274
Melvill, Henry, 131, *245*, 286
Melville, Herman, 131

memes, 229, 231, 245
memória, *177*
metabolismo, 125
metaverso, 274
Middlebury, Vt., 286
Milton, John, 196
mimetismo, 152, 175, 280
    compreensão aprimorada pelo, 175
    e rejeição, 137, 171
    em crianças, 135-136, 150
    solidão e, 204
Mischel, Walter, 100
missões aleatórias, 104
mística, 279
Mitchell, Edgar, 283
Moby-Dick (Melville), 131
Mogadishu, 247
Moisés, 288
moldar, ensinar versus, 204
monges, 279
Monroe, Marilyn, 29
moral, 246
mórmons, 209
Moses, Robert, 269
movimento bípede, 222
movimento, 159
mundos virtuais, 274

nascimento, 26, 273
natureza versus formação, 39
Náufrago (filme), 277
neocórtex, *168, 223*
neurônios especulares, *173*, 174
neurônios motores, 173
neurose, solidão e, 105
neurotransmissores, 159
    vínculo social e, 158, 248
New England Journal of Medicine, The, 116
New York Times, 134, 173, 217, 275

New Yorker, 240
Newsweek, 29, 279
Nicholson, Jack, 154
Niebuhr, Reinhold, 256
Ningxia, China, 275
Nisa: The Life and Works of !Kung Woman (Shostak), 77-78, 216
nitrogênio, 140
noradrenalina, 158
Nova Orleans, La., 247
Nova York, N.Y., 37, 247, 269
Nowak, Martin, 81, 225
nutrição, felicidade e, 238

obesidade, 21, 112, 128
ódio, 74
odores, 142, 175
Olho por Olho (programa de computador), 80-82, 195, 214, 216, 247, 264, 286
onda de calor em, 112
organismo unicelular, 140
organismo, 139-142
Organização Mundial da Saúde, 111, 267
orgasmo, 161
origem das espécies, A, (Darwin), 165
Osteen, Joel, 273
ostracismo, 27
otimismo, solidão e, 107, 122
Our inner ape (de Waal), 168
ovelhas, 157
oxidantes, 114
oxitocina, 86, 157-163, 226, 265
  aumentada por álcool, 162
  aumentada por amamentação, 162
  aumentada por comida, 162
  aumentada por exercícios, 160
  formação de, 162
  sexo e, 161
  vínculo social e, 156-158, 226

padres católicos, 73
padrões de carreira, 72
padrões de moradia, 72
padrões de mortalidade, 72
paixão, 261
Panteras, As, 138
Paraguai, 84
Paris, onda de calor em, 112
pássaros, 88, 170
passividade, 256
  solidão como causa de, 100, 123, 206, 264
paternidade, 85, 147, 152, 215
peixes de aquário, extroversão em, 26
peixes, 141
pele, 141
pelos, 141
pensamento, isolamento e, 27, 33, 107
peptídeos, 156
percepção de cor, 105-106
percepção sensorial, 54
percepção social, 51, 229
percepções, 134
perseguição entre crianças, 267
persistência, solidão e, 204
personalidade, 262
peso:
  o eu e o, 96
  solidão e, 29
pessimismo, solidão e, 105, 122
pintinhos, 203
plâncton, 140-141
planejamento urbano, 275
plano de ação, 259
plasticidade, 209
Platão, 190, 197
plumas, 141
polvos, 26
povo Batwa, 163
Powell, Linda H., 281

prazer do ajudante, 244
preces, 281
predação, evolução da, 213
Prêmio Nobel, 235
pressão sanguínea, 21, *68*, 112, 119, 123, 159
   controle cerebral da, *177*
   de Diamantides, 94
   solidão e, 118, 126
primatas:
   cérebro dos, 145
   conflitos sociais em, 102
   inteligência dos, 89
   reprodução dos, 85
Primeira Guerra Mundial, 246, 287
problema mente-corpo, 111-112, 133, 145, 148, 155
processamento auditivo, *177*
propensões, 198
proteínas, 86, 139
Protestantismo, 73
psicologia evolutiva, 153, 204, 218, 288
   o assassinato explicado pela, 218
pulmões, 123
pulso, 159
punição altruística, 217, 288
Putnam, Robert, 270, 289

química corporal, 280

raciocinar, *68*
raciocínio espacial, 59, 64
raciocínio verbal, 59
Rádio Pública Nacional, 207
raiva, 107, 232
   solidão e, 107
Rand, Ayn, 84
ratos, 67, 144, 156-158
   em isolamento, 28

Reagan, Ronald, 29
reatividade, 115, 135
reciprocidade em rede, 225
reciprocidade indireta, 225
Rede de Interação Mente-Corpo da Fundação MacArthur, 25, 111
Rede de Pesquisa Templeton da Universidade de Chicago, 25
região pré-frontal, 154
Registro de Gêmeos da Holanda, 40
Regra de Ouro, 210, 288
regulação grupal, 227
regulação social:
   em chimpanzés, 226
   química da, 156, 158
Reino Unido, 246
   estudo de Whitehall no, 114-116, 121
   habitação no, 275
   saúde das crianças no, 267
rejeição:
   agressividade causada pela, 237
   cooperação e, 237
   em bonobos, 231
   mimetismo e, 136-137, 171
   solidão e, 192, 195
   sutilezas linguísticas e, 182
relações parassociais, 276, 278-279
relações significativas, 28, 64
religião, 197, 221, 279
   de Diamantides, 94
   depressão afetada pela, 282
   saúde e, 281-283
   solidão e, 272-274
Renascimento, 72, 270
renda, felicidade e, 239-240
renovação urbana, 269
representação de ação, 172
reprodução, 85, 273
répteis, 143-144

re-representação, 67
resolução de problemas, *68*
respiração, 145
  controle cerebral da, *177*
respiração, *68, 124*
resposta neural, 170
ressonância magnética funcional
  imagens por, 24, 26, 122, 147-148,
    172, 174-176, 183, 217
retorno social, 170
retração, solidão como causa de, 264
retribuição, 217
Rizzolatti, Giacomo, 172, *173*, 174-175
robôs, 134
Rockenbach, Bettina, 217
Roma, 91, 251
romance, idealização em, 264
Romênia, 150
Roshi, Yasutani, 188
rostos, reconhecimento de, 178
Rotary Club, 282
Russell, Dan, 112-113
Rússia, 284
saliva, 114, 125
Salmonella, 140
sanções sociais, 237

sanções, 208
Sankuru, reserva natural, 224
sapos-boi, 88
Sassoon, Siegfried, 246
satisfação social, 128
saúde:
  como definida na Organização
    Mundial de Saúde, 111
  corregulação e, 117
  regulação e, 117
  religião e, 281-283
  solidão e, 64, 109, 112-113,
    118-127, 284

Schuller, Robert, 272
Sears, William, 152
Second Life, 274, 279
Segunda Guerra Mundial, 246
seguro de saúde, 255
seleção consanguínea, 76, 210, 225
seleção de grupo, 225
seleção natural, 74, 82-83, 87, 138,
    140, 144
  bebês e, 147
  corregulação produzida pela, 216
  dos memes, 229
  flexibilidade comportamental
    favorecida pela, 204
  gratidão e, 207
  indignação moral favorecida pela,
    217
  no nível dos genes, 84
  Regra de Ouro escrita pela, 288
  retribuição favorecida pela, 217
seleção, 260-261
seleção sexual, 87
Seligman, Martin, 101
semântica da ação, 172, 280
Semin, Gun, 187
sensibilidade, 135
senso de humor, 261
sentimento, 159, 265
  de isolamento social, 265
seres humanos:
  como hipercooperativos, 222, 236
  como hiperempáticos, 222
  como inerentemente sociais, 21, 23,
    26, 30, 71
  córtex pré-frontal em, 50
  DNA dos, 222
  evolução dos, 27, 31, 35, 79-80, 82,
    89-91, 102, 124, 137-139,
    221-223, 235
  filhos dos, 90, 135

formação de crianças em, 90

herança e individualidade em, 91

Hobbes sobre, 73-74

laços de casal em, 89

polegar opositor dos, 89

postura ereta dos, 89

punição de, 27

reflexos dos, 166

resolução de conflitos em, 103

teoria da mente em, 171

ver também Terceira Adaptação

Sermão da Montanha, 288

serotonina, 86

sexo, *68*

chimpanzés e, 228

em bonobos, 169, 227-228

laços de casal e, 161, 215

oxitocina liberada pelo, 160

solidão e, 17, 51, 55, 120

testosterona e, 27, 74

Shahabi, Leila, 281

Shakespeare, William, 170, 196

sharia, 209

Sheba (chimpanzé), 65-66, 144, 194, 252

Shostak, Marjorie, 77

Shughart, Randall, 247

Simmel, Mary-Ann, 197

Sinagoga 3000, 274

sinais sociais, 167, 226

sinais sociais, interpretação de, 45, 181-182, 232

sincronização social, 236

sincronização, 136-137, 188, 237

sino-americanos, 132

sistema de saúde, 285

sistema imunológico, 28, 113, 155

DNA do, 28

em alostase, 117, 125

estresse e, 125

solidão e, 19, 21, 28, 51, 113, 125, 161

sistema integrativo, 50, 53

sistema motor, 50, *177*

sistema nervoso autônomo, 123, *124*, 159

sistema nervoso parassimpático, *124*

sistema nervoso simpático, 123, *124*

sistema nervoso, 142

sistema sensorial, 50, *177*

sistema sensor-motor, 135

sistemas adaptativos complexos, 245, 288

Slim, William, 246

Smith, Adam, 171

socialização, 236

soldados, 246, 287

solidão e, 121-126, 161

ambiente social e, 121

solidão:

adicção e, 237

afabilidade e, 105

álcool e, 47-48, 51, 55, 119, 162

ansiedade e, 105, 107, 189, 250

atenção e, *53-55*

autoestima e, 106-107

benefícios da, 23

células afetadas pela, 125

cérebro social e, 282

cigarro e, 120

coeficiente de herança de, 41

cognição social e, 31-32, 34, 48, 181, 200-201, 235, 253

com o passar do tempo, 201

comida e, 17, 47, 51, 61-63, 120

como ciclo de pensamentos negativos, 23, 199

como dor social, 23-24, 34, 86

como estímulo, 23

como individualmente única, 91

como transitória, 21, 23

comportamentos autodefensivos da, 121

compras e, 17

conflitos internos exacerbados pela, 188, 190

controle executivo e, 53-55, 64, 136, 161-162, 186, 205, 236

depressão e, 17, 20, 51, 100-104, 108, 118, 236, 250, 270

descrição de Sullivan da, 196

divórcio e, 17, 48

DNA afetado pela, 125

drogas e, 55

e autorregulação, 30-34, 51, 55, 60-64, 69, 101, 187, 205, 212, 253, 270

e avidez por agradar, 260

e interpretações distorcidas, 32-34, 200-201

e percepção de pessoas versus objetos, 182-184

efeito de interferência causado por, 188, 190

Einfühlung e, 176

em idosos, 108, 113, 119-120, 123-124, 271

em jovens, 119-120, 196, 204

empatia e, 186, 189

escuta e, 66

estar sozinho versus sentir, 17, 21, 29

estresse e, 121-126, 160

estudos do autor sobre, 63, 109, 121-122, 125-127, 238-239, 248

exercício e, 47, 119-120

expectativas e, 31

experimentos do autor sobre, 104-105, *106*, 113, 205-206, 212

felicidade e, 239

função cardiovascular afetada pela, 21, 47, 113, 124

função executiva e, 57-63, 101, 181, 191, 212

hipnose e, 105-107, 109

hormônios e, 21, 113-114, 125

hostilidade e, 105-106, 115, 189, 206, 250, 270

humor e, 106-107

idade e, 29, 64

influências culturais sobre, 92, 95

inteligência e, 29

introversão e, 105

justiça e, 205-206, 212

Mal de Alzheimer e, 28

medo de avaliação negativa e, 105

mimetismo e, 204

minando-se na, 196

na amizade, 95

no campo de batalha, 246

no casamento, 17, 28, 32, 95, 118, 121

opinião consensual adotada sobre, 204

otimismo e, 107, 122

padrões de trabalho e, 268

padrões de vida e, 268

passividade induzida por, 101, 122, 206, 245

pensamentos críticos causados pela, 264

percepção de cor e, 105

persistência e, 204

pessimismo e, 105-106, 122

predisposição genética para, 20, 30, 33, 40-42, 45, 48, 86, 102, 151, 200, 253

pressão sanguínea e, 119, 127

raiva e, 107

recuo ocasionado pela, 265

rejeição e, 192, 195

religião e, 272-274

RPTe, 126
saúde e, 64, 109, 113, 118-127, 284
sexo e, 17, 51, 121
sistema imunológico e, 19, 21, 28,
  51, 113, 125, 161
sono e, 19, 47
suicídio e, 55, 236
tendência à neurose e, 105
toque e, 163
três dimensões da, 98-100
universalidade da, 92
ver também Diamantides; Escala da
  Solidão da UCLA
vínculo social versus, 24, 176, 235
vulnerabilidade e, 30-33
Solitude (Storrs), 29
solitude, 29
sono, 127, 133
  de Diamantides, 94
  hostilidade e, 83
  solidão e, 19, 47
Southampton, Universidade de, 214
Spiegel, David, 105
Stanford, Universidade de, 105-106
status socioeconômico, 115-116
Stengel, Casey, 194
Storrs, Anthony, 29
Stroop, John Ridley, 191
Struthers, Sally, 155
subconsciente, 197
Suíça, 209
suicídio, solidão e, 55, 236
sulco temporal superior posterior, 176
sulco temporal superior, 176, *177*
  posterior, 176
Sullivan, Harry Stack, 196
Susan, 251-252

tálamo, *179*
Tao, 288

tartaruga marinha, 85
Telescópio Hubble, 278
telômeros, 114
temperamento, 154
  ambiente e, 153
  genes e, 153
tempo, 201
teoria da mente, 50, 169, 171-172, 181,
  183
"teoria do caso", 197
teoria do vínculo, 151-152
Terapia cognitivo-comportamental, 255
Terceira Adaptação, 222-223, 225, 235,
  240, 249, 283-284
Teresa, Madre, 235
teste de introversão/extroversão, 57
Teste de Stroop, 191
testemunha ocular, 194
  solidão e, 205-206, 212
testículos, 156
testosterona, 27, 74
There (mundo virtual), 274
Thoresen, Carl E., 281
timidez:
  dotados socialmente e, 250
  solidão e, 105, 107, 250
tomates, 140
tonsila *68, 159, 172, 178-180*
trabalho, 33
traição, 215
transtorno bipolar, 267
Tratado Norte-Americano de Livre
  Comércio, 201
Treetops, Mass., 275
tribo Ache, 84
tribos, 209, 288
tripla hélice, A, (Lewontin), 111, 126
tristeza, 245
Trivers, Robert:
  sobre ensinar versus moldar, 204

sobre sexos, 88
sobre traição, 217
tronco cerebral, *68, 143-145, 159, 190*
tropismo, 166
Turner, Josh, 282
Twenge, Jean, experimento sobre
   exclusão social de, 57

Uma vida com propósitos (Warren), 273
Unabomber, 29
unção, 273
União Soviética, 284
Unicef, 267
United States Census Bureau, 72
Universidade do Estado de Ohio, 25,
   53, 104, 106-108, 111, 113, 121,
   126-127
urina, 124

vadiagem social, 207
vagalumes, 141
valores, 262
vasopressina, 157
vergonha, 175
   aprendizado e, *179*
   córtex pré-frontal e, 191
   Darwin sobre, 166-168
   definição de, 170
   em macacos, 172, *173*, 174
   estímulo de, 176-178
   Freud sobre, 197
   maturação e, 189
   Platão sobre, 190, 197
   regulação de, *68*
   sinalização de, 83
   sociais, 215
verme (*Caenorhabditis elegans*), 49
vertebrados, 142
Viagem do Beagle, A (Darwin), 165
vícios, 237

vinculação coletiva, 98-100, 108
vinculação relacional, 98-99, 108
vínculo íntimo, 98-99, 108
vínculo social, 20, 51, *59*, 145, 198,
   241-242, 248, 289
   altruísmo e, 208
   altruísmo recíproco e, 224
   autorregulação e, 35, 236
   cinco dimensões do, 225
   como "calidez", 162
   controle executivo e, 209
   de Diamantides, 93
   de mamíferos, 26
   depressão e, 46
   dos organismos, 140
   experiência sensorial do, 27
   felicidade causada por, 21, 45,
      238-239, 249
   genes para, 31, 39, 86, 90
   hipnose e, 105-107
   hormônios e, 248
   hostilidade e, 34
   ilusões reconfortantes do, 46
   inteligência moldada por, 27
   necessidade humana de, 21, 23, 26,
      30, 71
   neurociência do, 186
   neurotransmissores e, *159*, 248
   oxitocina e, 157, 226
   prazer do ajudante como, 244
   significado subjetivo do, 95
   solidão versus, 24, 176, 192, 235
   variações no desejo de, 20, 29, 31,
      40
Vohs, Kathleen, 285
voluntariado, 270
Vonnegut, Kurt, 272

Wallace, Alfred Russel, 165
Warren, Neil Clark, 261-262

Warren, Rick, 274
Washington, D.C., 247
Waytz, Adam, 278
Weiss, Robert, 62, 268-269, 271
Weston, Russell, Jr., 29
Williams, George, 76, 88
Williams, Serena, 97
Williams, Venus, 97
Wilson, E. O., 290
    sobre genes como coleira, 39, 41, 153
Wilson, Margo, 218
Winfrey, Oprah, 34
Wingreen, Ned, 140
World Trade Center, 247

World Wide Web, 134

Xenófanes, 277

Yardley, Jim, 275
Yeats, William Butler, 289
Yerkes, Centro de Primatas, 168
Yinchuan, China, 275
Young, Cy, 243
YouTube, 92

Zen, 188
Zoológico Brooksfield, 168
Zoológico de Milwaukee, 168
Zoológico do Bronx, 163

Este livro foi composto na tipologia ClassGaramond BT,
em corpo 10,5/15, impresso em papel off-white 80g/m^2,
na Markgraph.